Schiefele/Stocker · Literatur-Interesse

D1694576

Hans Schiefele/Karl Stocker

Literatur-Interesse

Ansatzpunkte einer Literaturdidaktik

Beltz Verlag
Weinheim und Basel 1990

Über die Autoren:

Hans Schiefele, Jg. 1924, Dipl.-Psych., Dr. phil., Dr. phil. habil., seit 1968 Professor für Empirische Pädagogik und Pädagogische Psychologie an der Universität München. Mitherausgeber der Zeitschrift für Pädagogik.

Karl Stocker, Jg. 1929, Dr. phil., 1955–1970 Gymnasial- und Seminarlehrer, seit 1970 o. Professor für die Didaktik der Deutschen Sprache und Literatur an der Universität München (Schwerpunkt: Literatur, Medien).

CIP-Titelaufnahme der Deutschen Bibliothek

Schiefele, Hans:
Literatur-Interesse : Ansatzpunkte einer Literaturdidaktik /
Hans Schiefele ; Karl Stocker. – Weinheim ; Basel : Beltz, 1990
  (Reihe Pädagogik)
  ISBN 3-407-34044-3
NE: Stocker, Karl:

Lektorat: Peter E. Kalb

© 1990 Beltz Verlag · Weinheim und Basel
Satz: Satz- und Reprotechnik, Hemsbach
Druck und buchbinderische Verarbeitung: Druckhaus Beltz, 6944 Hemsbach
Umschlaggestaltung: Atelier Warminski, 6470 Büdingen 8
Umschlagabbildung: A. Holtfreter-Glienke
Printed in Germany

ISBN 3 407 34044 3

Inhaltsverzeichnis

Vorwort

Grundlage der in diesem Buch mitgeteilten Befunde und Ausgangspunkt weiterführender literaturdidaktischer Überlegungen ist ein Forschungsprojekt über „Literaturinteresse von Schülern". Dieses Projekt wurde von den Autoren entwickelt und unter ihrer Leitung in den Jahren 1982 bis 1987 durchgeführt. Die Deutsche Forschungsgemeinschaft hat das Vorhaben gefördert.

In den ersten vier Kapiteln wird neben einigen untersuchungsmethodischen Darlegungen hauptsächlich über solche Ergebnisse berichtet, die Schlußfolgerungen für den Literaturunterricht nahelegen oder wenigstens zulassen. Mit solchen Zusammenhängen zwischen empirischen Befunden und didaktischen Denk- und Handlungsformen beschäftigen sich die folgenden Kapitel des Buches. Dabei kann es sich freilich nicht um die Beweisführung handeln, daß im Literaturunterricht so und nicht anders zu verfahren sei, weil die Befunde es so verlangten. Empirische Ergebnisse sind keine zureichende Voraussetzung für die Forderung nach bestimmten didaktischen Maßnahmen, wohl aber ist die Deskription des Vorfindlichen notwendig, um präskriptive Überlegungen an der Realität auszurichten. Hilfreich ist Tatsachenwissen allemal. Die Interpretation der Ergebnisse gestattet die Sichtung und Bewertung literaturdidaktischer Arbeitsweisen. Sie bestärkt einige Auffassungen und zieht andere in Zweifel, legt methodische Praktiken nahe, die im Schulalltag durchaus schon anzutreffen sind und schlägt an einigen Stellen auch vor, neue Wege zu versuchen. Die Untersuchung führt keineswegs zu einer neuen Didaktik – es wäre ein törichtes Unterfangen, eine in Jahrzehnten von Fachleuten entwickelte Praxis besserwisserisch beiseite zu räumen oder auch bloß von Grund auf kritisieren zu wollen – aber sie setzt Akzente, öffnet Aspekte. Die Autoren fühlten sich auch nicht mißverstanden, wenn der eine oder andere Abschnitt des Buches als Empfehlung aufgefaßt würde.

Ein Forschungsprojekt größeren Umfangs kann nicht von Einzelpersonen bewältigt werden. Da sämtliche Tabellen, einige der Abbildungen und vereinzelte kleinere Textstücke in den Kapiteln I bis IV den Zwischenberichten und dem Schlußbericht an die Forschungsgemeinschaft entstammen, sind die Projektmitarbeiter insoweit auch als Mitverfasser zu betrachten. So bearbeiteten den 1. und 2. Forschungsbericht Frau Dr. Irene Märkle-Hanel und Ferdinand Walser, M.A.; der Schlußbericht entstand unter der Federführung von Frau Uschi Schmidt-Müller, M.A. und Ferdinand Walser. Ihnen sind die Autoren dieses Buches zu besonderem Dank verpflichtet.

Dankend zu erwähnen sind ferner Mitarbeiterinnen und Mitarbeiter, die entweder den Instituten der beiden Projektleiter angehören oder über Zeitverträge an den Arbeiten beteiligt waren; ihr jeweiliger Anteil an der vorgelegten Monographie kann selbstverständlicherweise nicht ins einzelne gehend bestimmt werden. Es sind dies Akad. Rätin E. Buchholtz, F. Burghardt, P. Forster, M.A., Akad. Dir. Dr. K. Franz, M.A., Dr. A. Heiland, M.A., U. Mühling, K.H. Schmidt, M.A., A. Weddeling und R. Weizer.

Frau Sigrid Syguda danken wir für ihre Aufmerksamkeit und Frustrationstoleranz bei der Herstellung des Manuskripts. Nachdrücklich bedanken wir uns bei der Deutschen Forschungsgemeinschaft, die durch ihre Finanzierung das Projekt ermöglicht hat.

I. Literarische Bildung:
Interesse als fachdidaktisches Ziel

Die Anzahl von Äußerungen, was alles Bildung heißen soll, ist unübersehbar. Auch bei bester Absicht ist es zwecklos, aus Hunderten von Begriffsbestimmungen und Umschreibungen den „wahren" Bedeutungsgehalt zu filtern. Die erziehungswissenschaftliche Auffassung des Bildungsvorgangs entfaltet sich aus *einem* Grundverständnis, das sich aus einer langen Denktradition herausgebildet hat. Demnach ist Bildung ein polarer Prozeß, der sich zwar in einem Pol, dem Subjekt, ereignet, aber auf den Einfluß eines Gegenstandes angewiesen ist.

Das bedarf einer kurzen Erläuterung. Kein Sachverhalt, keine Erfahrung, kein Werk, kein Gedanke kann von vornherein aus dem Kreis bildender Gegenstände ausgeschlossen werden, wenn auch für die einzelne Person nur eine beschränkte Zahl von Gegenständen Bildungswert gewinnen kann. Die Schule, eine Institution zur Vermittlung von Bildung, wählt Gegenstände aus, denen sie besondere Bildungswerte zuspricht. Sie erscheinen als die Fächer des Lehrplans, in denen die Tradition der geistigen und kulturellen Entwicklung der Menschheit ihren Niederschlag findet. Im Vorgang der Bildung erschließt sich die Person solche Gegenstände der menschlichen Wirklichkeit, der Werke, der Natur und des Geistes. Dieses Bemühen, Wissen zu erwerben, Zusammenhänge denkend zu durchdringen und zu verstehen, ist mit Gefühlserfahrungen und Werterlebnissen verbunden, und alle diese Prozesse zusammengenommen verändern den Menschen. Er erschließt sich die Gegenstände, und dabei erschließt er sich ihnen (Klafki 1959, S. 249; Willmann 1905; Piaget 1976). Einer dieser Gegenstände ist die Literatur, und literarische Bildung bezeichnet eben diesen Prozeß des Sich-Erschließens eines Werkes und dadurch Erschlossen-Werdens für und durch das Werk.

Betrachtet man das bisher nur sehr global gekennzeichnete Geschehen literarischer Bildung genauer, so ergibt sich eine Reihe näherer Bestimmungen, die schließlich auch die Ziele des Litera-

11

turunterrichts in unseren Schulen ausmachen. Solche Bestimmungen und Ziele sind gerade in unserer Zeit neu zu definieren, wo Bildung und Erziehung – Publikationen fragen nach dem „Wozu" von Literatur in der Schule – nicht mehr so eindeutig kanonisiert sind wie in früheren Jahrhunderten oder selbst Jahrzehnten.

Zunächst einmal gilt es, die Lesemündigkeit zu wecken und zu fördern: Das impliziert ein Hinführen des Schülers zum Buch und hat zum Ziel, jene „Lesekultur" zu unterstützen, die nicht isolierter Selbstzweck unter beispielsweise traditionalistischen Vorzeichen ist, sondern integrativer Bestandteil der – öffentlichen wie privaten – Gesamtkultur. Die damit erreichte oder angestrebte ästhetische Kompetenz, deren gezielte Erweiterung, ist Aufgabe und Mitgift der Schule für die schulische, außer- und nachschulische Lebenszeit.

Generell hat es literarische Erziehung zu tun mit Sprache und Stil, mit den Makro- und Mikrostrukturen ästhetischer Texte, ästhetischer Diskurse und „Botschaften". Die Erweiterung dieser gegenstandsspezifischen kulturellen Kompetenz hat den aufgeschlossenen, kreativen, also nicht den passivisch rezeptiven, sondern den aktiv partizipierenden Teilnehmer am zeitgenössischen (wie auch am vergangenen) kulturellen Leben vor Augen. In jeder im Unterricht angesetzten Lektüre, jeder geplanten, durchgeführten und ausgewerteten Exkursion sind Vorstellungen von Allgemeinbildung involviert, die gerade im Zeitalter der Spezialisten mit neuer Dringlichkeit zu fordern ist.

Leseerziehung betreibt die Schule, um Fähigkeiten besonderer Art entwickeln zu helfen. Zu wecken, zu fördern und zu erweitern ist das Verständnis für literarische Werke. Mit der stärkeren Beachtung des Kommunikationsvorgangs ist das Erkennen von Autor-Intentionen wie Leser-Absichten wichtiger geworden, und zwar mit Auswirkungen auf Rezeptions- wie Schreibstrategien einerseits und auf die Auswahl von Werken wie auf die angewandten Methoden andererseits. Beispielsweise sind kritisches Lesen, das adäquate Einschätzen von Texten, ihrer inhaltlichen und formalen Gestaltung usw. bis hin zur Technik des „Gegen-den-Strich-Lesens" wichtig. Dies gilt nicht nur für politische Dichtung, also für Texte von Engagement wie von Anti-Engagement, sondern auch für verschlüsselte, abstrakte und absolute Texte.

Die an die Zahl 6000 heranreichenden Publikationen zu Leben und Werk von Franz Kafka zeigen – und das bei einem vermeintlich „einfachen" Stil – die Zusammenhänge, aber auch die Spannweite(n) zwischen dem Gesagten (Dictum) und dem Gemeinten (Dictandum) auf. Literaturunterricht kann nicht gedeihen, wenn nicht die Freude am Lesen, speziell am literarischen Lesen, vorhanden ist. Literarisches Lesen kann der Belehrung und Information, kann aber auch der Unterhaltung, Entspannung oder Erbauung dienen. Der dezidiert literaturbezogene Aspekt ist dann ausgerichtet auf den Dichtungsgehalt, auf die Gattungs- und Formenlehre der Dichtung, unter Beachtung spezifischer Qualitäten, sprachlich-stilistischer Mindestanforderungen an literarische Texte.

Solche Vorstellungen über den Zweck literarischer Bildung machen deutlich, daß der Bildungsprozeß zwar auf den Augenblick gestellt ist, aber auf Dauer zielt. Die bildende Auseinandersetzung mit der Literatur beeinflußt die Entwicklung eines Menschen, bestimmt Merkmale seiner persönlichen Eigenart mehr oder weniger deutlich, für längere Zeit oder auch lebenslang. Und das wiederum besagt, daß eine Person immer wieder aus freien Stücken zu ihrem Gegenstand zurückkehrt, dabei immer neue Varianten literarischer Werke aufsucht (andere Werke des gleichen Autors, andere Autoren, andere Epochen, andere Genres), und sich mit ihnen auseinandersetzt. Literarische Bildung möchte Literatur als Lebenswert im Individuum verankern, und zwar als einen Wert, der keineswegs als lästige Pflicht aufgeladen wird, sondern begleitet ist von Stimmungen und Gefühlen der Freude, Spannung, Betroffenheit, Bewunderung oder auch des Humors, des heiteren Vergnügens. Ein solches Verhältnis einer Person zu ihrem Gegenstand bezeichnet die Alltagssprache als Interesse. Wie oben gesagt, kann literarische Bildung verschiedene Ziele haben, auch fakultative und mehr oder weniger wichtige, eines aber erscheint uns unverzichtbar: Interesse. Man kann ruhig behaupten, daß es dem an Allgemeinbildung mangelt, der sich nie für Literatur interessiert hat und darin kaum Bescheid weiß. Das gleiche gilt für andere Gegenstände, zum Beispiel für die Naturwissenschaften oder die Musik. Folglich bemüht sich die Schule erklärtermaßen darum, literarische Interessen zu stiften. Und es erscheint der Mühe wert, einmal zu untersuchen, wieweit ihr denn gelingt, was zu erreichen sie sich vornimmt und welchen Bedingungen Erfolge und Mißerfolge zuzuschreiben sind.

1. Elemente einer pädagogischen Theorie des Interesses

Um solchen Fragen nachzugehen, bedarf es eines präziseren als des alltagssprachlichen Interessenbegriffs. Interesse, das meistgebrauchte Fremdwort in der deutschen Sprache, tritt in einer Bedeutungsvielfalt auf, die diejenige des Bildungsbegriffs womöglich noch übertrifft. Keine Aussicht also, durch Konkordanzversuche die wahre Wortbedeutung zu finden! Da auch ein Rückgriff auf die Wortgeschichte wenig dienlich erscheint, bleibt als Alternative die präzisierende Begriffsbestimmung auf der Grundlage eines pädagogisch besonders bedeutsamen Verständnisses von Interesse, das im übrigen seine Wurzeln in der geistesgeschichtlichen Epoche der Aufklärung hat. Nach dem bisher bereits Gesagten wird Interesse grundsätzlich als Relation zwischen Personen und Gegenständen definiert. Diese Person-Gegenstands-Relation ist durch drei Gruppen von Merkmalen näher bestimmt:

Im kognitiven Merkmalsbereich treten Wissenserweiterungen auf, zunehmendes Verständnis, Aspektdifferenzierung und -integration zu übergeordneten Kategorien, Diskrepanzerfahrungen, Problembewußtsein etc. Und als Folge davon, so nehmen wir weiter an, entsteht ein zunehmend komplexeres Wissen über einen Gegenstandsbereich; ferner entsteht eine vergleichsweise hochentwickelte gegenstandsspezifische Denkfähigkeit. Für das aktuelle Handeln zeigt sich dies in einer „vielfältig variierbaren Gegenstandsauffassung sowie in einem umfangreichen Repertoire von Handlungsmöglichkeiten" (Prenzel u. a. 1986, S. 166).

Interessen sind zweitens durch emotionale Erlebnisse gekennzeichnet; sie sind bestimmt „durch eine insgesamt als anregend und angenehm erlebte gefühlshafte Tönung des gegenstandsbezogenen Erlebens". Anmutungen von Freude, des Staunens und der Bewunderung stellen sich ein oder auch die gespannte Versunkenheit des Ganz-in-der-Sache-Aufgehens. Neben solchen kontinuierlichen, eher stimmungsmäßigen Tönungen lassen sich Kompetenzgefühle beobachten. „Auch das Denken oder Reden über einen Interessengegenstand ist von angenehmen Gefühlen begleitet" (Prenzel u. a. 1986, S. 166).

Die Beschäftigung mit dem Interessengegenstand wird drittens anderen Beschäftigungen vorgezogen. In der Hierarchie der Wertschätzungen, die eine Person gegenüber vielerlei Gegenstandsbezügen und Handlungsanlässen herausbildet, nimmt der Interessengegenstand einen hohen Rang ein. „Die Auseinandersetzung mit dem Gegenstand ist für sich genommen wertvoll und wird deshalb intendiert; das Handeln braucht durch keine darüber hinausgehende instrumentelle Zwecksetzung veranlaßt zu werden ... das Selbstkonzept wird durch den Gegenstand geprägt. Die Person gewinnt Identität über ihren Bezug zum Interessengegenstand" (Prenzel u.a. 1986, S. 167).

Soweit also die allgemeine Fassung des Interessenkonzepts, das im folgenden einer pädagogischen Theorie des Interesses zugrunde liegt. Die Tauglichkeit eines solchen Konstrukts wird grundsätzlich auch für literaturdidaktische Überlegungen unterstellt. Dem Pädagogen stellen sich an dieser Stelle, wenn nicht schon früher, zwei weiterführende Fragen: Wie kommt Interesse zustande? Was ist die Folge von Interesse? Die erste Frage erscheint als die weitaus schwierigere; sie wird im folgenden Bericht mehrfach angesprochen und deshalb zunächst hintangesetzt. Dagegen lassen sich zwei Wirkungen von Interesse bereits in der Alltagserfahrung ausmachen und in entsprechenden Untersuchungen auch bestätigen. Die während der Lektüre sich einstellenden kognitiven, emotionalen und Bewertungsprozesse führen, je nach Qualität und Ausprägung, dazu, daß die Beschäftigung mit weiteren Texten aufrechterhalten bzw. gesteigert wird, oder aber sie wird abgeschwächt und womöglich aufgegeben. Auch über längere Latenzphasen hinweg hält die interessierte Person ihren Gegenstandsbezug aufrecht. Das zeigt sich darin, daß sie bei jeder sich bietenden Gelegenheit und ohne äußere Veranlassung ihre Beschäftigung mit dem Gegenstand wieder aufnimmt. Prozesse dieser Art von der Aufgabe bis zur Steigerung werden nachfolgend mit dem Konstrukt „Persistenz" gekennzeichnet.

Bei der Fortsetzung der Lektüre unterscheiden wir verschiedene Richtungen: Der gleiche Text wird noch einmal gelesen; die nachfolgende Lektüre bleibt im selben Lektürebereich bzw. ist ein bisher unbekanntes Werk des gleichen Autors oder der Leser geht auf einen neuen Lektürebereich oder einen neuen Autor über. Wir vermuten weiter, daß sich interessenspezifische Erfahrungen auf die inhaltliche Ausrichtung der Gegenstandsbezüge auswirken, die eine Person überhaupt aufnimmt; sie läßt sich bevorzugt auf solche Gegenstandsbereiche ein, die ihr wichtiger bzw. wertvoller erscheinen als andere. So kann jemandem Lesen wichtiger sein als bestimmte Fernsehprogramme oder Fernsehen überhaupt oder Musikmachen wichtiger als die Beherrschung des Englischen oder Lateinischen. Aber auch innerhalb eines Gegenstandsbereiches können sich Präferenzen ausbilden; bei der Beschäftigung mit Literatur können z. B. bestimmte Genres, Autoren, Epochen stärker interessieren, während andere vernachlässigt werden. Was immer die Gründe sein mögen, hinsichtlich ihrer Interessengegenstände verhalten sich Menschen wählerisch. Darüber hinaus verändern, erweitern oder vertiefen sich die inhaltlichen Schwerpunkte im Laufe der wiederholten Auseinandersetzungen mit einem Gegenstand: Sie werden zunehmend personspezifischer. Diesen Sachverhalt bezeichnen wir als „Selektivität" des Interessenhandelns.

Der jetzt beschriebene Zusammenhang der verschiedenen Variablen kann als Wirkungsmodell interessierten Handelns bezeichnet werden. Für die im folgenden zu berichtende Untersuchung bildet dieses Modell die Leitschnur, komplementär zu einer leserorientierten Literaturdidaktik. Es sei deshalb noch einmal zusammengefaßt wiedergegeben.

Interesse ist eine Person-Gegenstands-Relation. Kognitive Prozesse, wie Erwerb von Wissen, Diskrepanzerfahrung und -bewältigung bilden einen notwendigen Merkmalsbereich von Interessen. Ein zweiter liegt im emotionalen Erleben. Eine interessenbestimmte Person-Gegenstands-Relation nimmt in der Wertehierarchie einer Person eine herausgehobene Stellung ein. Diese äußert sich in der „selbstintentionalen" Handlungssteuerung des Interessenhandelns. Was der selbstintentional Handelnde erreichen will, ist nicht (nur) Mittel für irgendeinen Zweck, weder für gebildete Konversation, noch für gute Zensuren, noch bloß für berufliches Fortkommen. Der Zweck liegt (immer auch) in der Sache selbst. Handlungen, die durch Merkmale aus diesen drei Bereichen zu kennzeichnen sind, haben Persistenz und Selektivität zur Folge. Umgekehrt kann, wo wiederholtes und personspezifisch bestimmtes Handeln in Erscheinung tritt, Interesse vermutet werden. Dabei ist allerdings zu bedenken, daß Selektivität und Persistenz auch in anderen als Interessenzusammenhängen feststellbar sind. „Wenn sie aber ohne feststellbare äußere Veranlassung auftreten und durch kognitive, emotionale, bewertende (Steuerungs-) Prozesse in der Person-Gegenstands-Beziehung bedingt sind, ist auf Interesse zu schließen … Auch für weiter ausholende Fragestellungen, die etwa das Interesse an Gegenstandsbereichen über ganze Lebensgeschichten untersuchen, bleiben die Prozesse, die bei den einzelnen Gegenstandsauseinandersetzungen ablaufen, notwendige Erklärungsfaktoren" (Prenzel 1986, S. 169). Die folgende Abbildung zeigt die Variablenstruktur des Wirkungsmodells von Interesse im Überblick.

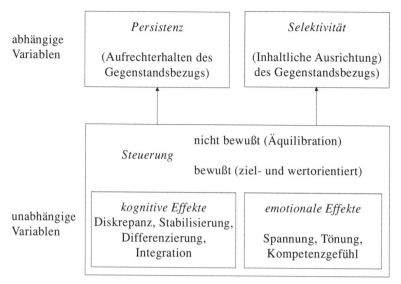

Abb. 1: Die Variablenstruktur des Wirkungsmodells

Unter pädagogischem Zielaspekt erschien Interesse bisher als ein Merkmal von Bildung, also Interesse an Literatur als Kennzeichen literarischer Bildung und dementsprechend als erwünschte Folge bildenden Lehrens und Lernens. In der Schulpädagogik wird aber Interesse ebenso oft als wünschenswerte Lernvoraussetzung behandelt. Und das ist es natürlich auch: das am meisten zu bevorzugende Lernmotiv, allem Zwang und aller Nötigung überlegen und auch der Leistungsmotivation vorzuziehen, die über mehr als zwei Jahrzehnte hinweg die Diskussion über Lernmotive in der Pädagogik beherrscht hat.

Aber nicht alle Schüler (vielleicht sogar keiner) interessieren sich für alles, was sie lernen sollen. Interessen kann man nicht herstellen wie Werkstücke, weder durch Überredung noch durch Druck. Was Lehrer und Eltern tun können, ist, familiale und schulische Lebenswelten so zu arrangieren, den Umgang mit Kindern und Jugendlichen so zu gestalten, daß Interessen entstehen können. Ob sie sich dann bilden, liegt nicht in der Hand der Erzieher. Wenn deshalb in Handreichungen für die Praxis ganze Trickkisten für interessantes Unterrichten angeboten werden, handelt es sich in aller Regel nicht um Interesse im hier dargestellten Sinn. Es sind Kniffe, die mitgeteilt werden, kurzzeitig wirksame Anreize und Aufreißer, die die Neugierde ansprechen, die Lethargie der Stundenfolge durch unwillkürliche Aufmerksamkeit unterbrechen, Abwechslung schaffen. Aber dadurch sind Unterrichtsstoffe noch lange nicht in die Zone beteiligter Auseinandersetzung zu bringen. Nichts dagegen! Ein um Abwechslung bemühter Lehrer, der auch billigere Showeffekte nicht verschmäht, ist auf alle Fälle besser als ein langweiliger. Er sollte sich nur über die Wirkung seiner Anstrengungen keiner Täuschung hingeben.

So wichtig also Interessen als Leitmotive sind, so wenig ist damit zu rechnen, daß sie sich augenblicklich einstellen, auch nicht von einer Stunde zur nächsten. Kontinuierliche Entwicklungsarbeit ist nötig. Unsere Untersuchung sollte einige Auskunft darüber geben, wie das aussehen könnte. Natürlich ist es richtig, daß Interessen irgendwann anfangen müssen. Und der Anfang kann sehr wohl in einer schnell erweckten Neugier liegen oder in einem ersten Versuch, sich auf eine Sache einzulassen, auch wenn dies zunächst ohne Begeisterung, vielleicht auch gegen Widerstände geschieht. Weil ein kleines Interesse sich zu einem großen entwickeln kann, weil aus der keimhaften Zuwendung zu Gegenständen eine dauerhafte und personspezifische werden kann, deshalb ist es richtig zu sagen, Interessen seien Voraussetzungen und Folge bildenden Lernens. Nicht die einzige Voraussetzung und nicht die einzige Folge, aber anzustrebende allemal. Im pädagogischen Umgang lassen sich Interessen pflegen und steigern. Sie können auch, trotz wohlwollenden pädagogischen Bemühens, allmählich zu Ende gehen oder ganz abrupt aufgegeben werden. In dieser Hinsicht ist die Person souverän; zum Lernen kann man sie überreden und notfalls zwingen, aber nicht dazu, Interesse zu haben.

2. Aufgaben der Literaturdidaktik

Didaktik im weiteren Sinne ist die Wissenschaft von Lernen und Lehren, eine Disziplin, die u. a. die Voraussetzungen des Lernens in möglichst optimaler Weise zu arrangieren hat. Fachdidaktik ist mit der Konkretisierung von Elementen, Beziehungen und Prozessen im Rahmen eines bestimmten Gegenstandsbereiches befaßt, in unserem Falle des Faches Deutsch. Durchgesetzt hat sich die Benennung „Didaktik der deutschen Sprache und Literatur".

Literaturdidaktik ist die Wissenschaft vom Literaturunterricht und damit, wie Didaktik generell, Teil der umfassenden Theorie der Bildungsinhalte. Sie erschließt Gegenstände (= Objektbereiche), Methoden und Forschungsergebnisse speziell der Literaturwissenschaft für Bildungs- und Erziehungsaufgaben. Somit ist sie die den Literaturunterricht strukturierende Theorie. Sprachdidaktik ist dann – in vergleichbarer Weise – die Theorie des Lehrens und Lernens im Gegenstandsbereich Sprache. In zwei Diagramme gefaßt, sind die Aufgaben der Literaturdidaktik wie folgt zu skizzieren (Stocker 1987[2], S. 22):

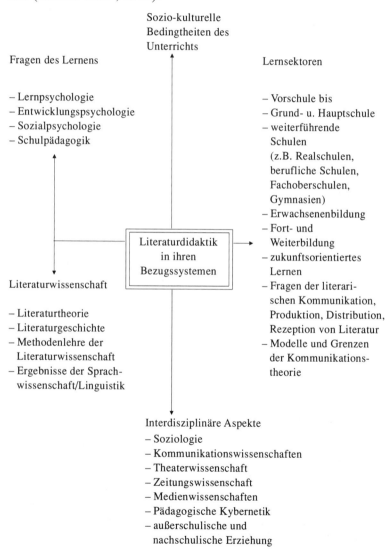

Abb. 2: Literaturdidaktik in ihren Bezugssystemen

1. Normativer Aspekt	2. Bildungstheoretischer Aspekt
– Ableitung von Bildungs- und Erziehungzielen – Erarbeiten von Modellen und Rahmenvorschlägen (keine Rezeptologie)	– Didaktik als Theorie der Bildungsinhalte (und der Lehrpläne) – Bezug zur Schulpraxis (Hospitation und Unterrichtsversuche bis empirische Forschung) – Fragen der (Unterrichts-) Methodik
3. Informationstheoretischer Aspekt	4. Lerntheoretischer Aspekt
– Unterrichtstechnologie (elektron. Medien, Programme, Disketten) – Formale Fragen (Dosierung, Experiment, Innovation, Effizienz; Evaluation von Beobachtungen und Versuchsanordnungen)	– Aufarbeiten und Kontrollieren bzw. Initiieren von Einflußfaktoren (Schule, Elternhaus, Familie, Freundes- und Bekanntenkreis) – Möglichkeiten einer inneren (seltener: äußeren) Differenzierung – Sozial-, Aktions- und Übungsformen des Unterrichts – Bedingtheiten des vorwiegend kognitiv bestimmten oder des emotiv/affektiven sowie des sozialen Lernens
5. Kommunikationstheoretischer Aspekt	6. Semiotische Aspekte
– Unterrichtliche Interaktionsprozesse – Unterrichtssprache, Sprache des Lehrers – Rollenfrage(n) im Unterricht – Spielen in der Schule (herkömmliches Schulspiel, Rollenspiel, Szenenanspiel, Aufführung, darstellendes Spiel)	– Lehre von den sprachlichen und nicht-sprachlichen Zeichen (verbale und non-verbale Kommunikation) – Systemgebiete der Syntaktik, Semantik und Pragmatik – Semantische und sigmatische Zeichenrelation

Abb. 3: Die speziellen Aspekte der Literaturdidaktik

Prüfungsordnungen definieren die inhaltlichen Anforderungen in der Didaktik für die Aufgaben einer Mittlerfunktion zwischen Fachwissenschaft und Unterrichtsgeschehen.

Für die Literaturdidaktik zeichnet sich in der Diskussion eine Dreiphasigkeit ab, wobei eine Zusammenschau der Ansätze realitätsgerechter ist als eine Vorgehensweise des partiellen Ausklammerns. Erinnert sei an die seit Mitte der 80er Jahre wieder stärker in den Vordergrund getretene Leseerziehung (Verständnisförderung, Leseweisen bis zur Gegen-den-Strich-Lesetechnik, Freude am literarischen Lesen, literatur-, z.B. gattungsbezogene Aspekte); da ist ferner das Ziel einer literarisch-ästhetischen Kompetenzerweiterung (Lesemündigkeit, ästhetisches Lernen, polyästhetische Einstellung, Horizonterweiterung, Allgemeinbildung in einem Zeitalter zunehmender Spezialisierung) und schließlich die politische und gesellschaftliche Ausrichtung (Aufklärung, Intentionalität des Schreibens, pragmatisches wie ästhetisches Lesen, psychologische, soziale und soziologische, sozialpsychologische, kultur-anthropologische und interkulturelle Aspekte).

Zur Lehre hinzu kommen Aufgaben der fachdidaktischen Forschung. Die Erfahrung zeigt, daß Fachdidaktik zunächst in der Grundlagen- wie auch in der Spezialforschung am ehesten mit interdisziplinären Ansätzen vorankommt. Fachdidaktische Untersuchungen, fachintern oder interdisziplinär, sind vor allem dann weiterführend, wenn sie prozeßorientiert sind. So ist Interesse an Literatur nicht nur an den einzelnen (z.B. Schüler) gebunden, sondern an eine Reihe von inner- und außerschulischen Faktoren, an Bildungs- und Miterzieherelemente, an die Verbindungen, Bezüge und Oppositionen oder Kollisionen zwischen Schule und Freizeit.

Der Literaturunterricht hat im Rahmen der aufgezeigten Bezugssysteme (vgl. Abb. 2 u. 3) pädagogische, lernpsychologische, lehrpsychologische und sozio-kulturelle Faktoren zu berücksichtigen. Sie zu realisieren heißt, Beiträge zu leisten für fach- und gegenstandsgemäße Methoden, Lehrformen, Lernformen, Kommunikations- und Interaktionsformen, Aktionsformen (Vortrag, Korreferat, Gespräch, Experiment). Dies bedingt ein Abwägen wesentlicher Methodenkonzeptionen (z.B. ganzheitlich-analytisch, elementenhaft-synthetisch, projektierend) (Jüngel 1975, S. 22). Angesichts einer solchen Aufgabenstellung erscheint der leicht überheblich wirkende Rückzug auf die allein fachwissenschaftliche Orientierung nicht hilfreich.

3. Zur Untersuchungsmethode

Die Untersuchung, über deren Ergebnisse nun zu berichten ist, steht in den beschriebenen Zusammenhängen. Wie Schüler der zehnten und späteren Jahrgangsstufen des Gymnasiums ihre Beziehungen zum weiten Gegenstandsbereich Literatur erwarten und wie sie entsprechend handeln, sollte erfaßt werden, aber auch die Rolle des Literaturunterrichts in diesem Zusammenhang. Dabei ging es in einer ersten Phase darum, mittels eines Fragebogens einen allgemeinen Überblick über den Umgang mit Literatur zu gewinnen. Daneben sollten aber auch schon unterschiedliche Ausprägungen der Person-Gegenstands-Bezüge, also der Beziehungen einzelner Schüler zu einzelnen Werken, erfaßt werden. Wir gingen davon aus, daß sich graduelle Abstufungen interessenorientierten Handelns auffinden lassen, wobei die Abstufungen der Interessenausprägungen durch die unterschiedlichen Ausprägungen der Bestimmungsstücke von Interesse erkennbar werden, also durch die Art und den Grad der Selektivität und Persistenz. Diesen wiederum liegen bestimmte Niveaus von kognitiver Ausprägung, emotionaler Abbildung und von Bewertungsprozessen zugrunde. Da Interessen höchst individuumspezifische Merkmale sind, weshalb sie letztlich auch bloß in Einzelfallstudien hinreichend genau erfaßt werden können, ergibt eine Survey-Studie hauptsächlich Hinweise auf durchschnittliche Tendenzen. Die mit Fragebogen gewonnenen Ergebnisse erlauben weder eine hinreichend genaue Beschreibung der Variablen, noch können sie als Belege für ihre Wirksamkeit im Sinne der Interessentheorie gelten.

In einer zweiten Projektphase begleiteten wir deshalb Gruppen von Schülerinnen und Schülern mit unterschiedlicher Ausprägung ihres Literaturinteresses in längsschnittlich angelegten Einzelfallstudien. Neben einer Vertiefung und Spezifizierung der Überblicksbefunde aus der Fragebogenerhebung erwarteten wir von dieser qualitativ orientierten Längsschnittstudie vor allem Einsichten in alltägliche Interessenvollzüge bei literaturinteressierten Personen. Die Einzelfallstudien sollten ferner Hinweise auf den Einfluß des sozialen Umfeldes und natürlich des Literaturunterrichts auf die Entwicklung und auf das Schicksal von Interessen liefern. Aus solchen Befunden erhofften wir zum einen Hinweis auf unsere interessentheoretischen Konzepte, die es ermöglichen, die Rahmentheorie und das Wirkungsmodell zu überprüfen und ggf. zu modifizieren. Dieser Problemstrang einer gewissermaßen theorieimmanenten Kritik kommt in diesem Bericht mit seinem literaturdidaktischen Schwerpunkt von Fall zu Fall zur Sprache. Zum anderen sollten Einblicke gewonnen werden in Anregungs- und Entstehungsbedingungen von Interesse, wobei insbesondere der Literaturunterricht als interessenstiftender Faktor ins Auge gefaßt wurde.

Noch ein Wort zur Verallgemeinerungsfähigkeit von Befunden aus Einzelfallstudien! Zunächst einmal dienen solche Studien der Überprüfung von Hypothesen, die Aussagen über einzelne Individuen machen. Im Unterschied dazu erbringen Gruppenuntersuchungen (Zufallsstichproben oder merkmalspezifisch zusammengestellte Personenaggregate wie z. B. Farbenblinde oder Gymnasiasten der 10. Jahrgangsstufe) Befunde, die zur Beschreibung der Gruppe „mit Hilfe von Mittelwerten, Varianten, Trends, statistischen Strukturen etc." (Krumm 1981) verwendet werden. Die Übertragung solcher Ergebnisse auf Einzelfälle ist um so prekärer, je größer die Streuung der Werte ist. Genau genommen kann man aus keiner Gruppenuntersuchung auf den individuellen Fall schließen, auch nicht, wenn mit homogenen Gruppen gearbeitet wird, weil die Gruppe nur hinsichtlich eines oder einiger weniger Merkmale homogenisiert werden kann. Hinsichtlich anderer Merkmale ist die Gruppe heterogen, und die Relevanz dieser unterschiedlichen Merkmale für das Untersuchungsergebnis bleibt unaufgeklärt. Für die Einzelfallanalyse ist der Zusammenhang von Merkmalen innerhalb einer Person von Belang, unabhängig davon, ob der Zusammenhang auch bei anderen Personen besteht. In unserem Fall sind die einzelne Versuchspersonen betreffenden Zusammenhangshypothesen aus dem allgemeinen (hypothetischen) Wirkungsmodell von Interesse abgeleitet. Die entsprechenden Einzelbefunde können folglich die Wirkungsannahmen bekräftigen oder ihnen widersprechen und sie so in Zweifel ziehen. Ebensowenig wie sich aus Gruppenuntersuchungen Schlüsse auf Einzelfälle ziehen lassen, können aus Einzelfallstudien Merkmale der Grundgesamtheit gefolgert werden (Induktionsproblem). Uns stehen aber über zwei Jahre hinweg Längsschnitte von 24 Einzelpersonen zur Verfügung. Auf dieser Grundlage ist über die von den Probanden berichteten Erfahrungen differenzierter zu sprechen, als dies je mittels der Daten aus einer einmaligen Querschnitterhebung möglich wäre. Darüber hinaus bietet sich die Möglichkeit, mehrere auf bestimmte Wirkungsannahmen bezogene Einzelbefunde vorsichtig zusammenzufassen und so die Argumentation dafür bzw. dagegen zu verstärken. So entdecken wir Schwerpunkte, Tendenzen, vorherrschende Einstellungen. Damit sind natürlich immer noch nicht allgemeine Zusammenhangsbehauptungen zu beweisen. Aber das Spektrum der möglichen Übertragung der Ergebnisse auf gleiche Einzelfälle ist erweitert, vor allem auch deshalb, weil ein und derselbe Zusammenhang durch die verschiedenen individuellen Aufweise in mehrfacher Variation erscheint. Eine abwägende Kontaminierung der Befunde wäre nur dann obsolet, wenn das Erfahrungsfeld, das durch unsere Probanden abgesteckt ist, außerhalb oder am Rande der Schülerallgemeinheit läge. Das ist aber, wie der Vergleich mit der großen Anfangsbefragung zeigt, nicht der Fall. Befunde von dort kehren allenthalben in den Interviews und Tagebüchern wieder, aber ins einzelne gehend, die subjektiven Zusammenhänge und Spielarten wiedergebend und damit in größerer Nähe zu Alltagsrealität.

Nun ist die Generalisierbarkeit wissenschaftlicher Resultate in der Erziehungswissenschaft eine Sache; eine andere ist ihre Anwendbarkeit zur Unterstützung praktischen Handelns. Die Konzentration auf Einzelfälle erleichtert die Einbeziehung solcher Ergebnisse in die schulische Alltagspraxis. Denn auch dort begegnen Schülerinnen und Schüler als einzelne, es sei denn, eine Lehrperson wäre blind und taub für die Vielfalt der Erscheinungsweisen und Äußerungsformen der Subjekte. Aber bei aller Besonderheit der Individuen: Lehrpersonen arbeiten in der Regel mit mehreren, manchmal auch mit (zu) vielen Schülern und müssen ihr praktisches Handeln an Generalisierungen ausrichten. Sie können sich dabei weniger auf systematisch erhobene Daten stützen (wie wir sie durch die Untersuchung zur Verfügung haben) und ziehen statt dessen ihre Schlüsse aus dem unmittelbaren und reflektierten Erleben (das uns wiederum fehlt).

Aber das ist kein prinzipieller Unterschied zu unserer interpretierenden Zusammenfassung einzelner Befunde. Diese liefert Ergebnisse, wie sie in ähnlicher Art dem Handeln von Lehrern zugrunde liegen, wenn auch, wie gesagt, dort weniger objektiviert. Die größere Praxisnähe wird bezahlt mit der Unbestimmtheit des Ausmaßes möglicher Verallgemeinerung.

II. Lektüre in Freizeit und Unterricht: Ein Überblick

Der Fragebogen stellte fest, welche literarischen Texte Schülerinnen und Schüler lesen, in welcher Form dies geschieht und ob sie dabei besondere kognitive, emotionale und bewertende Bezüge zu den Texten entwickeln. Ferner fragten wir nach der Bedeutung des Lesens für die Jugendlichen allgemein, im Vergleich zu anderen Freizeitaktivitäten und nach Erwartungen, welche die Leser mit ihrer Lektüre verbinden. Da auch produktive literarische Tätigkeit Ausdruck eines spezifischen Literaturinteresses ist, erkundigten wir uns ebenfalls danach. Die Befragten sollten ihre Schullektüre bewerten, sowie das Fach Deutsch und insbesondere den Literaturunterricht einschätzen. Schließlich wurde von ihnen eine vergleichende Bewertung der gelesenen Texte, der Rezeptionsweise und der Verständnisschwierigkeiten gefordert.

Die Fragebogenerhebung wurde an 12 Gymnasien (bei jeweils 2 Klassen der 10. Jahrgangsstufe) durchgeführt. 7 der ausgewählten Gymnasien liegen im Ballungsraum München, 5 im weiteren Umkreis. 18 der in die Stichprobe einbezogenen 24 Klassen gehörten dem mathematisch-naturwissenschaftlichen Schulzweig an, 6 dem neusprachlichen. Von 710 verteilten Fragebögen wurden 468 ausgefüllt. Das entspricht einer Rücklaufquote von 66%. Möglicherweise wirkte sich die damals gleichzeitige Diskussion um die Volkszählung ungünstig auf die Bereitschaft aus, an der Befragung mitzuwirken. Der Anteil der beteiligten Mädchen beträgt 34,6%. Im mathematisch-naturwissenschaftlichen Schulzweig sind die Mädchen zu 31,1%, im neusprachlichen Schulzweig zu 68,9% vertreten. Ein Vergleich dieser Zahlen mit der Schulstatistik des Bayerischen Statistischen Landesamtes für das Schuljahr 1982/83 zeigt, daß diese Verteilung repräsentativ ist. Da sich die meisten Mädchen der Stichprobe in neusprachlichen Gymnasien des Umlandes befinden, entsprechen die Aussagen über Unterschiede zwischen Mädchen und Jungen auch den Unterschieden zwischen Gymnasien im Umland und solchen im Stadtgebiet bzw. zwischen neusprachlichen und mathematisch-naturwissenschaftlichen. Unter diesem Vorbehalt gehen wir in unserem Bericht durchgängig auf geschlechtsspezifische Unterscheidungen ein.

1. Freizeitaktivitäten

Zur Frage steht hier der Stellenwert, den das Lesen unter den Freizeitbeschäftigungen einnimmt. Acht Freizeitaktivitäten wurden für eine Rangordnung durch die Befragten vorgegeben, darunter zwei Arten von Lektüre: zum einen das Lesen von Gattungsformen der Literatur, zum anderen von nicht-literarischen Texten (Textsorten), worunter Zeitungen, Zeitschriften, Prospekte, Lehrund Sach- bzw. Fachbücher zusammengefaßt waren. Die Liste der Freizeitaktivitäten konnte beliebig ergänzt werden. Neben der Reihung nach Beliebtheit hatten die Schüler auch den durchschnittlichen Zeitaufwand pro Woche anzugeben. Die Ordnung der Angaben der insgesamt genannten zwölf Freizeitaktivitäten erfolgt nach den Mittelwerten der Rangplätze: je niedriger der Mittelwert, desto beliebter die Freizeittätigkeit. Wie die folgende Tabelle 1

Tab. 1: Rangreihenfolge und verwendete Zeit für Freizeitaktivitäten

Freizeitaktivitäten	Probanden in % (N = 468)	Mittelwerte	
		Rang	Stunden pro Woche
Programmieren	7.5	2.34	6.97
Sportliche Tätigkeit	20.1	2.38	5.82
Musik spielen	27.4	2.55	6.77
Sich mit Freunden treffen	89.5	2.58	9.25
Mit Freund/Freundin beisammen sein	71.8	2.67	9.96
Aktiv Sport treiben	88.0	2.68	5.98
Musik hören	94.7	3.01	11.16
Werken	21.2	3.30	5.44
Literatur lesen	84.0	4.36	4.56
Fernsehen	91.5	4.37	8.33
Andere Texte lesen	81.8	4.60	3.64
Arbeiten/Jobs zum Geldverdienen	57.5	5.37	2.49

zeigt – die neben dem Grad der Bevorzugung und der je Tätigkeit verwendeten Zeit auch den Prozentanteil derjenigen wiedergibt, die Freizeitaktivitäten ausüben – steht an erster Stelle das Programmieren von Personal-Computern: eine Freizeitbeschäftigung, die im Fragebogen gar nicht vorgegeben war. Sie wurde von den Schülern eingebracht. Dabei ist allerdings zu beachten, daß sie nur von 7,5% der Schüler ausgeübt wird; absolut sind das 35 Personen. Für diese – übrigens ausschließlich Jungen – steht die Beschäftigung mit dem Computer mit solcher Entschiedenheit an erster Stelle, daß alle anderen Tätigkeiten bei der Gesamtheit der Befragten auf niedere Rangplätze verwiesen werden.

Die Tabelle läßt auch erkennen, daß das Lesen im Rahmen der Freizeitaktivitäten einen relativ geringen Stellenwert einnimmt. Das gilt für literarische wie für andere Texte in gleicher Weise. Dem entspricht auch der Zeitaufwand für das Lesen. Fernsehen ist in etwa gleich beliebt, die aufgewendete Zeit entspricht der für die Lektüre aller Arten von Texten. Obwohl Mädchen und Jungen dem Fernsehen denselben Stellenwert einräumen, verbringen die Mädchen mit durchschnittlich 6 Stunden pro Woche deutlich weniger Zeit vor dem Bildschirm als die Jungen mit durchschnittlich 10 Wochenstunden. Keine Unterschiede ergeben sich hinsichtlich der für das Lesen verwendeten Zeit; allerdings rangiert bei den Mädchen die Lektüre von Literatur an höherer Stelle als bei den Jungen.

Lesen ist eine schlichte Lebensnotwendigkeit; das gilt insbesondere für die alltägliche Information. Da im hier vorliegenden Zusammenhang ausschließlich literarische Texte interessieren, haben wir uns – gleichsam als Hintergrund – einen Überblick über das Lesen nicht-literarischer Texte in der Freizeit verschafft. Neben Zeitungen und Zeitschriften sind auch Sachbücher verschiedener Thematiken erfaßt; ausgeschlossen sind dabei selbstverständlich solche, die pflichtgemäß für schulische Zwecke gelesen werden müssen. Die pro Woche für diese Lektüre aufgewendeten $3\frac{1}{2}$ Stunden werden, wie zu erwarten, von den meisten Schülern für das Lesen von Zeitschriften und Zeitungen verwendet. Am geringsten ist die Zahl derjenigen, die Sachbücher über Wirtschaft und Welthandel lesen. Auffallend sind die Unterschiede zwischen Jungen und Mädchen in der Bevorzugung einzelner Textbereiche. So werden z.B. Bücher über Naturwissenschaft und Technik von Jungen ungefähr fünfmal so häufig genannt wie von Mädchen, die ihrerseits Lektüre über Reisen, Länder und Völker bevorzugen. Ein bemerkenswerter Zusammenhang, weder positiv noch negativ, zwischen der Lektüre literarischer Texte und anderen Texten war nicht festzustellen; es ergab sich auch kein signifikanter Zusammenhang zwischen einzelnen Freizeitaktivitäten und der Lesehäufigkeit. Die folgende Tabelle 2 gibt, getrennt nach Mädchen und Jungen, die Prozentanteile der Nennungen wieder.

Tab. 2: Lesen nicht-literarischer Texte in der Freizeit

	Mädchen	Jungen	Gesamt
Zeitschriften	80.5	75.1	77.0
Zeitungen	68.6	79.7	75.9
Bücher über Politik, Geschichte, Gesellschaft und den Menschen	48.6	38.3	41.9
Bücher über Reisen, Länder, Völker	52.1	14.3	20.5
Praktische Ratgeber, Hobby	25.2	37.2	33.0
Bücher über Theater, Oper, Musik, Bildende Kunst	25.2	14.0	17.8
Lehrbücher (z.B. für Sprachen)	20.1	13.6	15.9
Prospekte, Werbung	16.4	22.3	20.2
Bücher über Film, Funk und Fernsehen	14.5	17.3	16.3
Bücher über Naturwissenschaft und Technik	8.8	44.9	32.4
Bücher über Wirtschaft und Welthandel	2.1	5.7	4.4

2. Bevorzugte Titel literarischer Texte

27% der Mädchen, aber nur 17% der Jungen geben an, in ihrer Freizeit regelmäßig und nicht nur gelegentlich zu lesen. Nachdem das Lesen von literarischen Texten innerhalb der Freizeitaktivitäten keine besondere Rolle spielt und auch nicht allzu viel Zeit beansprucht kann, überrascht es, daß über die Hälfte der Befragten (53%) im Zeitraum eines halben Jahres mehr als fünf Texte gelesen hat, 40% der Schüler nannten bis zu fünf Texte und nur 7% keinen. Epische Texte werden bevorzugt. Für Lyrik und Dramatik liegt die Nichtlesequote bei über 50%.

Zur Erfassung der Freizeit-Lesestoffe sollten die Schülerinnen und Schüler Autoren und Titel der im letzten halben Jahr gelesenen Bücher nennen und diese je nach Gefallen ordnen (weiter zurückliegende Lektüre war nicht ausgeschlossen). Obwohl sich die Auswertung auf *die jeweils drei ersten* Nennungen beschränkte, ergab sich eine stattliche Liste von zusammen 851 verschiedenen Titeln. Insgesamt wurden sie 1254 mal genannt. Die folgende Tabelle 3 gibt die Rangordnung der Bücher wieder, denen von wenigstens 10

Tab. 3: Die beliebtesten Texte der Freizeitlektüre

Rang	Autor/Titel	Häufigkeit	
		Anzahl der Nennungen	%
1	F., Christiane: Wir Kinder vom Bahnhof Zoo	28	2.2
2	Ende, M.: Die unendliche Geschichte	27	2.2
3	Ende, M.: Momo	24	1.9
3	Orwell, G.: 1984	24	1.9
5	Tolkien, J. R.: Der Herr der Ringe	20	1.6
6	Charrière, H.: Papillon	15	1.2
7	Remarque, E. M.: Im Westen nichts Neues	14	1.1
8	Fynn, A.: Hallo Mister Gott, hier spricht Anna	11	.9
9	Saint Exupéry, A.: Der kleine Prinz	10	.8
9	Simmel, J. M.: Es muß nicht immer Kaviar sein	10	.8
	Sonstiges (unvollständige bzw. unleserliche Angaben)	133	10.6
	Weitere Nennungen zu anderen Texten (weniger als 10mal)	938	74.8
Summe		1254	100.0

Schülern der erste, zweite oder dritte Platz zugewiesen wurde. Es fällt auf, daß auf die einzelnen Titel relativ wenige Nennungen entfallen; das spricht dafür, daß in dieser Altersstufe in einem sehr breiten Spektrum gelesen wird. Auch die Titelnennungen, die weniger als zehnmal auftraten, machen dies deutlich.

Nach derselben Methode verfuhren wir mit der Unterrichtslektüre. Die Befragten sollten die im laufenden und vorausgegangenen Schuljahr gelesenen Bücher nach ihrer Beliebtheit ordnen; die jeweils drei erstgenannten Titel berücksichtigten wir für einen Gesamtüberblick. Im Durchschnitt nannte jeder Schüler 6 Lektüren, insgesamt waren das 234 Titel. Die folgende Tabelle 4 gibt diejenigen Werke wieder, die mindestens 10 Schüler auf den ersten, zweiten oder dritten Rangplatz setzten. Da in den 24 Klassen verschiedene Lektüren behandelt werden, muß die so entstandene Reihenfolge auf die Anzahl der Klassen bezogen werden, in denen der Text überhaupt gelesen wurde. Behandelten nur wenige Klassen eine Lektüre, so ist zu erwarten, daß sie aufgrund der weniger möglichen Nennungen auch einen niedrigeren Rangplatz erhält. Steht ein Titel auf einem der oberen Plätze, obwohl er nur in wenigen Klassen zur Sprache kam, so ist daraus zu schließen, daß die Schüler dieser Klassen den Text besonders hoch einstuften. Bedenkt man dies alles, so erscheint bemerkenswert, daß unter den ersten 10 Titeln immerhin die Namen von vier späteren Klassikern auftauchen. Im Unterricht werden offensichtlich solche Texte durchaus akzeptiert, obwohl sie in der Freizeitlektüre eigentlich keine Rolle spielen.

3. Kategorien

Für eine Interpretation über die bloßen Titellisten hinaus erschien eine qualitative Gruppierung der gelesenen Texte unerläßlich. Das ist aber beim gegenwärtigen Stand der texttheoretischen und linguistischen Diskussion noch ein schwieriges und letztlich fragwürdiges Unterfangen.

Hauptprobleme der Kategorienbildung lagen im Pluralismus der Differenzierungskriterien sowie bei der – angestrebten – Kombination verschiedenartiger Betrachtungsweisen und Abstraktionsebenen. So konnten allein spezifisch sprachlich-literarische Kriterien nicht genügen, da sich – zumindest beim freizeitlichen Leseverhalten – etwa die Frage nach den Gattungen im traditionellen Sinn als irrelevant erwies. Die Schüler lesen freizeitlich

Tab. 4: Die im Deutschunterricht beliebtesten Texte

Rang	Autor/Titel	Häufigkeit		
		Anzahl der Nennungen	%	Anzahl der Klasse
1	Schiller, F. von: Die Räuber	80	6.4	11
2	Plenzdorf, U.: Die neuen Leiden des jungen W.	73	5.9	9
3	Remarque, E. M.: Im Westen nichts Neues	54	4.3	3
4	Orwell, G.: 1984	51	4.1	3
4	Frisch, M.: Biedermann und die Brandstifter	51	4.1	8
6	Goethe, J.W. von: Die Leiden des jungen Werthers	50	4.0	7
7	Horvath, Ö. von: Jugend ohne Gott	49	3.9	6
8	Goethe, J.W. von: Götz von Berlichingen	40	3.2	5
9	Dürrenmatt, F.: Der Richter und sein Henker	38	3.1	8
10	Schiller, F. von: Kabale und Liebe	37	3.0	8
11	Hesse, H.: Unterm Rad	33	2.7	6
12	Zuckmayer, C.: Der Hauptmann von Köpenick	27	2.4	2
12	Dürrenmatt, F.: Der Besuch der alten Dame	27	2.2	10
14	Draste-Hülshoff, A. von: Die Judenbuche	26	2.1	7
15	Borchert, W.: Draußen vor der Tür	25	2.0	2
15	Dürrenmatt, F.: Die Physiker	25	2.0	4
15	Fontane, T.: Unterm Birnbaum	25	2.0	4
18	Hoffmann, E.T.A.: Das Fräulein von Scuderi	17	1.4	4
19	Brecht, B.: Der gute Mensch von Sezuan	16	1.3	2
19	Bauer, J.M.: So weit die Füße tragen	16	1.3	1
19	Zuckmayer, C.: Des Teufels General	16	1.1	2
22	Wassermann, J.: Das Gold von Caxamalca	14	1.1	1
22	Meyer, C.F.: Das Amulett	14	1.0	1
24	Gotthelf, J.: Die schwarze Spinne	13	1.0	3
25	Wells, H.G.: Die Zeitmaschine	12	1.0	2
25	Golding, W.: Herr der Fliegen	12	1.0	5
27	Böll, H.: Wo warst du, Adam	11	0.9	2
28	Raabe, W.: Zum wilden Mann	10	0.8	1
28	Fährmann, W.: Es geschah im Nachbarhaus	10	0.8	2
	Sonstiges (unvollständige bzw. unleserliche Angaben)	37	3.0	
	Weitere Nennungen zu anderen Texten (weniger als 10mal)	1021	82.0	
Summe		1244	100.0	

neben Informationstexten (Sachbücher) vor allem fiktive Erzähl-literatur (Romane), so daß auch Kategorien wie epische Langform vs. Kurzform eliminiert bleiben konnten. Für die Betrachtung des schulischen Lesens ist deren Relevanz eindeutig höher, doch war mit Rücksicht auf die Vergleichbarkeit beider Lesebereiche zunächst dasselbe Kategoriensystem anzuwenden und die Klärung spezifischer Gattungsfragen weiteren Einzelauswertungen vorbehalten.

Als ergiebiger für die Gesamtauswertung erachteten wir Kriterien, welche die Alters- und Adressatenbezogenheit (Erwachsenen- vs. Jugendliteratur), deren literarische Wertordnung (ästhetisch vs. „trivial") und die zeit- bzw. stiltypologische Zuordnung (klassisch vs. modern) beleuchten. Wegen der auffälligen Präferenz bezogen wir Science-fiction als einzigen inhaltlich-thematischen Aspekt in das Kategoriensystem mit ein. Die Zuordnung von Einzeltiteln in die Kategorien „Sachbuch" und „Jugendbuch" erwies sich als relativ problemlos, da in der Regel die Dominanz bestimmter Textkonstituenten eindeutig ist bzw. die Altersbezogenheit kundgetan wird. Über die Fragwürdigkeit der rigorosen Dichotomisierung in „ästhetisch" vs. „trivial", zumindest für einen Teil der genannten Titel, sind wir uns im klaren, fanden aber keine praktikable Alternative. Eine Unterscheidung von Erwachsenen- und Jugendsachbuch, wie sie ursprünglich erwogen wurde, erwies sich nach der Prüfung der Titelliste als wenig ergiebig, da das altersgemäße Sachbuch weder in der Schule noch in der Freizeit eine bemerkenswerte Rolle spielt. Aufgrund solcher Überlegungen und in Anlehnung an Hempfer (1973), Waldmann (1973), Schulte-Sasse (1976), Gülich/Raible (1977), Zimmermann (1973) u. a. erfolgte die Zuordnung der Lesestofftitel zu den folgenden literarischen Kategorien in einem Expertenrating.

a) Ästhetisch-klassisch:
Die Kategorie umfaßt allgemein als „hohe" Literatur eingestufte Werke mit einem zeitlich breiten Spektrum von antiken Schriftstellern über Walther von der Vogelweide, Shakespeare bis zum Beginn der „Moderne" (etwa Ende des 19. Jahrhunderts; wobei hier stiltypologisch eindeutig rückgewandte Werke etwa des ersten Jahrhundertdrittels mit einbezogen sind). „Klassisch" wird nicht als Epocheneingrenzung verstanden, sondern stiltypologisch und wertend im Sinne des bewährten Überlieferten. Einzelkriterien sind etwa (in Anlehnung an die Formulierungen Zimmermanns 1979) in bezug auf den Autor der anerkannte Name, dessen Nicht-Austauschbarkeit, hohes Sozialprestige, in bezug auf das Werk die

hohe „Gattungsflexibilität", ein elaborierter Code, Originalität, Mehr-schichtigkeit, hoher Reflexions- und Abstraktionsgrad, gedankliche Differenziertheit und Innovation. Dabei handelt es sich nicht primär um Entspannungslektüre, sondern vorwiegend um Titel, die bis in die Gegenwart im schulischen Lektürekanon vertreten sind und so häufig zum Lese-Pflichtpensum zählen.

Titelbeispiele: J.M.R. Lenz: Die Soldaten; F. v. Schiller: Die Räuber; J. Gotthelf: Die schwarze Spinne; G. Keller: Kleider machen Leute; F. Dostojewski: Der Spieler; A. Dumas: Der Graf von Monte Christo.

b) Ästhetisch-modern:

Die Abgrenzungskriterien ergeben sich größtenteils aus der vorangehenden Kategorie. Das Wertungsmoment „ästhetisch" für „hohe" Literatur bzw. „Literatenliteratur" der Moderne bleibt relevant; der hier von der „Klassik" unterschiedene Zeitraum greift bis zur Jahrhundertwende (Naturalismus/Expressionismus), also auf den eigentlichen Beginn der „Moderne" zurück. Das Spektrum der Gegenwartsliteratur ist regional stark ausgeweitet (Exilliteratur, übernationale Literatur).

Titelbeispiele: Th. Mann: Der Zauberberg; B. Brecht: Die heilige Johanna der Schlachthöfe; H. Hesse: Das Glasperlenspiel; E. Hemingway: Der alte Mann und das Meer; G. Grass: Die Blechtrommel; F. Innerhofer: Schöne Tage.

c) Ästhetische Science-fiction:

Die Kategorie beschränkt sich unter Berücksichtigung des literarisch wertenden Kriteriums „ästhetisch" (vgl. o.) auf ein Genre, das sich aufgrund verschiedener inhaltlicher, motivlicher und intentionaler Textkonstituenten bestimmen läßt. Neben technisch-wissenschaftlichen überwiegen spekulative, utopische, futuristische Aspekte. Eine zeitliche Abgrenzung ist nicht vorgenommen.

Titelbeispiele: J. Verne: Reise durch das Sonnensystem; A. Huxley: Schöne neue Welt; G. Orwell: 1984; St. Lem: Die Astronauten.

d) „Triviale" Science-fiction:

Die bei der vorhergehenden Kategorie genannten Gattungskennzeichen gelten auch hier, doch werden nur die Werke des Genres erfaßt, die primär Unterhaltungsfunktion haben, inhaltlich und sprachlich keine höheren Anforderungen stellen, sich bewußt an ein breiteres, häufig jugendliches Lesepublikum wenden und damit literaturwissenschaftlich der sogenannten Trivialliteratur zugerechnet werden können (zum Kriterium „trivial" vgl. im einzelnen die folgende Kategorie). Weitgehend handelt es sich um Gegenwartsliteratur bzw. um Reihentitel und Serien (wie z.B. Perry Rhodan). Titelbeispiele: W. Kotzwinkle: E.T. der Außerirdische und seine Abenteuer auf der Erde; Th. LeBlanc: Canopus; B. Leigh: Wächter am Todestor; G. Lucas: Krieg der Sterne.

e) „Trivialliteratur" (Massenliteratur):

Darunter verstehen wir eine aufgrund des textkonstituierenden Unterhaltungsanspruchs und der nicht geplanten zeitlichen Abgrenzung sehr weitgefaßte Kategorie, die alle literarisch mindergewerteten, vorzugsweise affirmativen und allein Entspannungszwecken dienenden fiktiven Werke ohne erkennbar höheren Rezeptionsanspruch umgreift (mit Ausnahme der anderen, als „trivial" erkannten Gattungen im Bereich „Science-fiction" und „Jugendbuch", die bei einer weiteren Auswertung hier wieder mit einbezogen werden könnten). Im Unterschied zu „ästhetisch" gelten als Bestimmungskriterien im einzelnen die häufige Anonymität bzw. Austauschbarkeit des Autors, die Priorität des Produktnamens, die geringe Gattungs- und Formflexibilität, der eingeschränkte Code, Einschichtigkeit, Standardisierung, Klischeehaftigkeit und weitgehende inhaltliche Voraussagbarkeit, der „Fluchtcharakter" (Eskapismustendenz), die Einhaltung literarischer und sozialer Tabus, die starke Bindung an Publikumserwartungen. Das Spektrum umfaßt vornehmlich alle narrativen Genres wie Kriminal-, Wildwest-, Arzt-, Heimat-, Frauen-, Liebesromane etc.; eingeschlossen ist ferner die sogenannte „gehobene" Unterhaltungsliteratur. (Zum Begriff „Massenliteratur" s. Baumgärtner 1987, S. 282). Textbeispiele: E. Wallace: Der Hexer; R. M. Stern: Hölle im Schnee; J. M. Simmel: Es muß nicht immer Kaviar sein; F. Sagan: Ein gewisses Lächeln; L. Raintree: Dallas; V. Holt: Der Fluch der Opale.

f) Sachbuch:

Die Kategorie umfaßt Werke, die Sachverhalte aus verschiedenen Wissenschaftsbereichen einem größeren laienhaften Leserkreis in popularwissenschaftlicher Form erschließt. Der vorrangige Aktualitätsaspekt macht eine zeitliche Abgrenzung überflüssig, wegen der stark fließenden Übergänge ebenso eine altersbezogene. Autoren und Lesern geht es um angemessene Information.

Titelbeispiele: Th. Dolezol: Aufbruch zu den Sternen; E. Cardinal: Meditation und Widerstand; J. Fest: Hitler; C. Julius: Von feinen und kleinen Leuten; E. E. Kisch: Entdeckungen in Mexiko.

g) Ästhetisches Jugendbuch:

Dieser Kategorie haben wir altersspezifische fiktive Literatur mit gehobenen Ansprüchen inhaltlicher, sprachlicher und formaler Art zugeordnet. Die Zuschreibung „ästhetisch" gilt in diesem Bereich nur bedingt, d. h. stets unter Berücksichtigung des Alters, des Entwicklungs- und möglichen Bildungsstandes der Rezipienten.

Titelbeispiele: M. Ende: Momo; J. Kerr: Als Hitler das rosa Kaninchen stahl; L. Ossowski: Die große Flatter; H. G. Noack: Rolltreppe abwärts; J. Christopher: Die Wächter.

h) „Triviales" Jugendbuch:

In Abgrenzung zum vorigen ist dies der Bereich der Jugendliteratur, der relativ geringe Ansprüche an den Leser stellt und offensichtlich Tendenz zu eskapistischer Unterhaltung aufweist. Dabei handelt es sich vorrangig um zeitgenössische Erzeugnisse und um Heft- bzw. Buchserien, bei denen die Person des Autors stark zurücktritt. Titelbeispiele: K. May: Der Schatz im Silbersee; S. E. Hinton: Jetzt und hier; O. Hassencamp: Die Glücksritter von Schreckenstein; W. Farley: Der Junge mit dem großen Hund.

i) Sonstiges:

Unter dieser Kategorie sind unvollständig oder unleserlich angegebene Titel gesammelt und solche, die aufgrund fragmentarischer Angaben nicht zuzuordnen sind.

Für die Kategorisierung der Freizeitlektüre wurden nur die ersten drei Texte der Rangliste jeden Schülers herangezogen. Das Ergebnis gibt Tabelle 5 wieder. Zusammengefaßt beträgt der Anteil der ästhetischen Literatur 41,0% und der Anteil der „Trivialliteratur" 42%, neben 5,5% Sachbüchern und 11% nicht zuordenbaren Texten. Bei einigen Lektürekategorien treten geschlechtsspezifische Unterschiede auf. Besonders auffällig ist der jeweils höhere Anteil der ästhetischen und „trivialen" Science-fiction-Literatur bei den Jungen. Demgegenüber lesen die Mädchen mehr ästhetische und „triviale" Jugendbücher und geringfügig auch mehr ästhetisch-mo-

Tab. 5: Kategorisierung der Freizeitlektüre

| Lektürekategorien | Häufigkeit | | | | | |
| | Mädchen | | Jungen | | Gesamt | |
	Anz.	%	Anz.	%	Anz.	%
Ästhetisch-klassisch	27	5.7	46	5.9	73	5.9
Ästhetisch-modern	108	22.9	133	17.2	241	19.3
Ästhetische Science-fiction	18	3.8	58	7.5	76	6.1
„Triviale" Science-fiction	2	0.4	54	7.0	56	4.5
„Trivialliteratur"	153	32.5	255	32.9	408	32.7
Sachbuch	27	5.7	41	5.3	68	5.5
Ästhetisches Jugendbuch	62	13.2	59	7.6	121	9.7
„Triviales" Jugendbuch	29	6.2	36	4.6	65	5.2
Sonstiges	45	9.6	93	12.0	138	11.1
Summe	471	100.0	775	100.0	1246	100.0

derne Literatur. Vergleicht man die Anteile gehobener und der Massenliteratur, so zeigt sich, daß die Mädchen gehobene Literatur bevorzugen (50% gegenüber 43%) während bei den Jungen der Anteil der „Trivialliteratur" überwiegt (51% gegenüber 43%).

Da die Unterrichtslektüre von den Schülern nicht beliebig ausgewählt werden kann und auch die Lehrer sich an Rahmenvorgaben zu halten haben, liegt es nahe, daß sich Freizeitlektüre und Unterrichtslektüre hinsichtlich der bevorzugten Kategorien unterscheiden. So werden verständlicherweise Werke der ästhetisch-klassischen und der ästhetisch-modernen Literatur am häufigsten genannt. Auf diese beiden Bereiche entfallen fast 90% der Titel. Zwei Drittel davon sind der ästhetisch-modernen Literatur zuzuordnen, die auch in der Freizeitlektüre einen hohen Rang einnimmt (s. Tab. 6).

Tab. 6: Kategorisierung der Unterrichtslektüre

| Lektürekategorien | Häufigkeit | | | | | |
| | Mädchen | | Jungen | | Gesamt | |
	Anz.	%	Anz.	%	Anz.	%
Ästhetisch-klassisch	160	35.5	244	31.2	404	32.7
Ästhetisch-modern	241	53.4	461	58.9	702	56.9
Ästhetische Science-fiction	4	0.9	13	1.7	17	1.4
„Triviale" Science-fiction	2	0.4	3	0.4	5	0.4
„Trivialliteratur"	8	1.8	18	2.3	26	2.1
Sachbuch	2	0.4	10	1.3	12	1.0
Ästhetisches Jugendbuch	14	3.1	13	1.7	27	2.2
„Triviales" Jugendbuch	—	—	1	0.1	1	0.1
Sonstiges	20	4.4	20	2.6	40	3.2
Summe	451	99.9	783	100.2	1234	100.0

4. Gründe der Bevorzugung

Ehe wir auf die Gründe für das Gefallen bestimmter Texte und Kategorien etwas ausführlicher eingehen, sei kurz dargestellt, woher die Befragten ihre Anregungen zum Lesen bestimmter Texte in der Freizeit beziehen. Der Fragebogen gab sieben Antwortmöglichkeiten vor, die in der nachfolgend aufgezeigten Häufigkeit angekreuzt wurden (Tab. 7).

Tab. 7: Anregung zum Lesen der Freizeitlektüre

	Mädchen	Jungen	Gesamt
Durch Empfehlung von Freunden	74.1	54.6	61.8
Durch Herumstöbern in Buchhandlungen und Bibliotheken	68.6	55.2	60.1
Durch Theaterstücke und/oder Verfilmungen von Literatur	44.7	36.9	39.8
Durch Empfehlung der Eltern	44.2	29.2	34.8
Durch die frühere Lektüre anderer Texte	29.1	33.0	31.5
Durch den Deutschunterricht in der Schule	22.3	25.3	24.2
Durch Literaturbesprechung in den Medien	11.3	8.9	9.8

Die Grafik macht die überragende Bedeutung der Altersgruppe deutlich. Sie ist bei Mädchen dreimal, bei Jungen doppelt so hoch wie der Anregungsgehalt des Deutschunterrichts. Dieser immense Unterschied läßt sich wohl z. T. auf entwicklungstypische Merkmale dieser Altersstufe zurückführen. Auch die Anregung durch Theaterstücke und/oder Verfilmungen von Literatur übertrifft die schulisch geleistete erheblich.

Rund 60% der Schüler geben an, etwa ein- bis dreimal pro Jahr ein Theater zu besuchen. Gut ein Viertel der Befragten hört pro Jahr durchschnittlich 5 Hörspiele. In beiden Fällen – obwohl Theatertexte leichter zu beschaffen sind als Hörspielmanuskripte – wird zusätzliche Lektüre kaum praktiziert. Vier Fünftel aller Schüler sehen sich literarische Verfilmungen im Fernsehen oder Kino an, durchschnittlich sind es vier Filme pro Jahr. In diesem Zusammenhang wird am stärksten auf die Originaltexte zurückgegriffen. Die Vermutung, daß jene Literaturleser, für die Lesen eine hohe Bedeutung besitzt, auch die Medien stärker nutzen, um hierdurch weitere Anregungen zu erhalten, ließ sich nicht bestätigen. Selbst der Zusammenhang zwischen starkem literarischem Interesse und der Häufigkeit des Theaterbesuchs ist nur schwach ausgeprägt. An Orten, an denen Theater schwerer zu erreichen sind als in München und Umgebung, dürfte er eher überhaupt keine Rolle spielen.

Was das Besondere an den mit Gefallen gelesenen Texten sei, sollte die Bearbeitung einer weiteren Mehrfach-Wahlantwort ergeben. Aus fünf vorgegebenen, ziemlich allgemein gehaltenen Begründungen (die sich im übrigen in Vorgängerstudien als relevant ergeben hatten), wählten die Befragten ihnen angemessen erscheinende aus. Die folgende Tabelle 8 gibt die Ergebnisse wieder.

Tab. 8: Gründe für das Gefallen der Texte

| Antwortvorgabe | Häufigkeit | | | |
| | Freizeit | | Unterricht | |
	Anzahl	%	Anzahl	%
Die Handlung insgesamt	348	80.0	339	79.8
Die gesamte Stimmung des Textes	288	66.2	249	58.9
Das Verhalten bestimmter Personen im Text	270	62.1	269	63.4
Die im Text vorkommenden (z.B. Natur- oder Zustands-) Beschreibungen	190	43.9	125	31.3
Die sprachliche Gestaltung	167	38.6	158	37.4

Der Vergleich zwischen Freizeit und Unterricht ergibt nur eine Positionsverschiebung. Man kann also davon ausgehen, daß für das Lesen in der Freizeit und für die Unterrichtslektüre in etwa die gleichen Beurteilungskriterien gelten. Die Bevorzugung bestimmter Texte hängt natürlich auch mit den Gründen zusammen, aus denen überhaupt gelesen wird. Warum also zu bestimmten Freizeitlektüren gegriffen wird, erhoben wir mit Antwortvorgaben, die die Befragten durch abgestufte Zustimmung (trifft zu; trifft weniger zu; trifft nicht zu) gewichten konnten (Likert-Skala). Die nachfolgende Tabelle 9 gibt die Mittelwerte der Zustimmung wieder: je niedriger der Mittelwert ist, desto mehr halten die Befragten die Antwortvorgabe für zutreffend. Bei dieser Tabelle und einigen der folgenden wurde außer den Mittelwerten auch das Signifikanzniveau (SIGN), d.i. die statistische Irrtumswahrscheinlichkeit, angegeben; die Wert sind durchwegs gering.

Tab. 9: Gründe für das Lesen in der Freizeit

| Antwortvorgabe | Mittelwert | | | |
	Mädchen	Jungen	Gesamt	SIGN
Ich war einfach auf den Text neugierig	1.18	1.28	1.24	.043
Ich kenne den Autor und wollte mehr von ihm lesen	1.60	1.84	1.75	.004
Ich wollte mir die Zeit vertreiben	1.84	1.78	1.80	—
Ich wollte etwas für meine Bildung tun	2.04	2.27	2.19	.003
Ich wollte mein Wissen über Literatur erweitern	1.97	2.41	2.25	.000
Ich wollte durch das Lesen etwas über mich erfahren	2.35	2.65	2.54	.000
Ich wollte im Kreis meiner Freunde mitreden können	2.60	2.70	2.67	—

Ein weiteres Kriterium für die Bevorzugung von Texten sind die Erwartungen, die mit der Lektüre verbunden werden. Es zeigt sich, daß vor allem persönliche Relevanz und Verständlichkeit eine Rolle spielen. Spannung und Überschaubarkeit der Handlung sind weitere Gesichtspunkte, nach denen die Lektüre beurteilt, fortgeführt oder aufgegeben wird. Daß auf gehobene, „schöne" Sprache nur wenig Wert gelegt wird, liegt durchaus in der Tendenz zeitgenössischer Literatur (Tab. 10).

Tab. 10: Erwartungen an literarische Texte, die in der Freizeit gelesen werden

	Mädchen	Jungen	Gesamt
Er sollte sich mit Problemen und Themen befassen, die mich persönlich angehen und interessieren	74.1	62.2	66.4
Er sollte sprachlich verständlich sein	73.6	67.1	69.4
Er sollte eine überschaubare Handlung haben	53.8	55.6	54.9
Er sollte spannend sein	51.3	73.2	65.5
Er sollte eine gehobene, schöne Sprache aufweisen	20.9 / 19.8		20.2

In zwei Punkten weist die Tabelle geschlechtsspezifische Unterschiede auf. Mädchen erwarten in erster Linie, daß sich ein Text mit Problemen und Themen befaßt, die für sie von persönlicher Bedeutung sind, während die Jungen einen Text vorwiegend nach dem Grad der Spannung beurteilen.

Das Gegenstück zu den Erwartungen liefert die Frage nach den Gründen für die Enttäuschungen, die im Umgang mit verschiedenen Lesestoffen erfahren werden. Wir haben sie wiederum mit einer Likert-Skala erfaßt (je niedriger der Mittelwert, desto größer die Zustimmung); Tabelle 11 liefert die Ergebnisse. Verwirrende Handlung, geschraubter Stil und für Jugendliche irrelevante Probleme im Text enttäuschen gleichermaßen. Auf mangelnde Spannung reagieren männliche Jugendliche deutlich negativer als weibliche, ein Befund, der mit den (bereits erhobenen, s. Tab. 10) geschlechtsspezifisch unterschiedlichen Erwartungen zusammenhängt.

Tab. 11: Gründe für die Enttäuschung beim Lesen literarischer Texte in der Freizeit

Antwortvorgabe	Mittelwert			
	Mädchen	Jungen	Gesamt	SIGN
Der Text war nicht spannend	2.04	1.82	1.89	.003
Die Handlung war zu verwirrend	1.99	2.08	2.05	—
Der Stil war zu geschraubt, las sich „geschwollen"	2.09	2.00	2.03	—
Es war kein Problem angesprochen, das mich interessierte	1.95	2.08	2.04	—

Bisher schon mitgeteilte Daten und Antworten auf einige weitere Fragen liefern die Grundlage für die Einschätzung, wie die Jugendlichen ganz allgemein ihre Lektüre bewerten. Daß zwischen Schul- und Freizeitlektüre in dieser Hinsicht Unterschiede bestehen, liegt nahe. Während drei Viertel der Schüler die Freizeitlektüre positiv bewerten (wegen der selbstbestimmten Lektüreauswahl war das zu erwarten), geschieht dies für die Schullektüre nur noch von weniger als der Hälfte. Das wirkt sich auch auf die Einschätzung des Faches Deutsch aus. Etwa die Hälfte aller Befragten reagiert mit Indifferenz; diese Schülerinnen und Schüler stehen dem Fach in einigen Hinsichten positiv, in anderen negativ gegenüber. Beliebt ist das Fach bei etwa 40% der Schüler, wobei der Anteil der Mädchen signifikant höher ist als der der Jungen; etwa 10% lehnen das Fach ab, darunter kein Mädchen.

5. Leseweisen

Insbesondere für die Gestaltung des Literaturunterrichts ist es nicht gleichgültig, auf welche Weise Schülerinnen und Schüler an einen Text herangehen, wenn sie sich auf literarische Inhalte und Formen einlassen. Geschlechtsspezifische Unterschiede haben sich dabei nicht ergeben, wohl aber solche zwischen Freizeit- und Unterrichtslektüre.

Tab. 12: Leseweisen bei literarischen Texten in Freizeit und Unterricht

Antwortvorgabe	Mittelwert	
	Freizeit	Unterricht
Ich halte mich an die vorgegebenen Leitfragen	—	1.72
Ich lasse den Text zunächst auf mich wirken und denke im nachhinein manchmal darüber nach	1.51	1.75
Ich lasse den Text einfach nur auf mich wirken	1.78	1.98
Ich lese halb genießend, halb reflektierend	1.88	2.15
Ich lese von vornherein kritisch und mit Distanz	2.33	1.98
Ich streiche bestimmte Textstellen an	2.71	2.01
Ich schreibe mir bestimmte Textstellen heraus	2.83	2.61

Nicht nur für die Freizeitlektüre wird eine naive, offene Herangehensweise bevorzugt, wenn auch bei Texten für den Unterricht weniger häufig. Eine halb genießende, halb reflektierende Leseweise wird bei Unterrichtslektüren bereits von einer kritischen und distanzierenden Einstellung zum Text übertroffen. Das wiederum braucht einen nicht zu verwundern; denn Unterrichtslektüre wird in der Schule behandelt und ist deshalb (auch) unter bestimmten Zweckvorstellungen zu lesen. Man kann diese Befunde als Symptome einer gewissen Reserve gegenüber der Schullektüre und dem Literaturunterricht insgesamt interpretieren. Eine solche Vermutung wird verstärkt durch die großen Unterschiede, die hinsichtlich intensiverer Formen der Beschäftigung mit den Texten auftreten (anstreichen, herausschreiben). Wie die Tabelle zeigt, spielen die von den Lehrpersonen vorgegebenen Leitfragen eine große Rolle. Für alle Schüler insgesamt, für Mädchen aber stärker als für

Jungen, wirken die Leitfragen als „advance organizers", die die Rezeption des Textes in eine bestimmte Richtung lenken. Lerntheoretiker (z.B. Ausubel 1960) gehen davon aus, daß advance organizers die Aufnahme und Verarbeitung eines Textes (oder eines sonstigen Sachverhaltes) in der vorgegebenen Richtung fördern. Daß sich die Befragten bei ihrer Auseinandersetzung mit der Schullektüre in erster Linie an den von der Lehrperson vorgegebenen Leitfragen orientieren, spricht für den kaum zu überschätzenden Einfluß der Sichtweisen, Urteile, des Textverständnisses und wohl auch darüber hinausgehender Auffassungen und Einstellungen von Lehrerinnen und Lehrern. Das ist alles in allem nicht zu beklagen, aber bewußt zu machen. Obwohl man sich schon fragen kann, ob solche Einengungen und Trassierungen der Rezeption für die Literatur grundsätzlich wünschenswert sind.

6. Verständnisschwierigkeiten

Da sich die Jugendlichen ihre Freizeitlektüre selbst aussuchen, liegt es nahe, daß sie bei dieser Lektüre kaum Verständnisschwierigkeiten haben. Das zeigt auch die Tabelle 13. Mädchen und Jungen unterscheiden sich in ihrem Antwortverhalten allerdings signifikant voneinander. So geben doppelt so viele Jungen als Mädchen an, nie Verständnisschwierigkeiten zu haben. Bei der sehr kleinen Gruppe derer, die angeben, öfter Schwierigkeiten zu haben, sind dagegen die Jungen deutlich stärker vertreten.

Tab. 13: Verständnisschwierigkeiten beim Lesen literarischer Texte

| Antwortvorgabe | Häufigkeit | | | | | |
| | Mädchen | | Jungen | | Gesamt | |
	Anz.	%	Anz.	%	Anz.	%
öfter	2	1.2	9	3.1	11	2.4
manchmal	39	24.4	53	18.2	92	20.4
selten	99	61.9	155	53.3	254	56.3
nie	20	12.5	74	25.4	94	20.8
Summe	160	100.0	291	100.0	451	99.9

Daß die Unterrichtslektüre etwas mehr Schwierigkeiten macht, liegt nahe; es handelt sich ja um verordnete Texte, die nach der Bewertung ihres literarischen Gehalts in den Lehrplan aufgenommen worden sind (wenn auch lediglich als Empfehlung zur Auswahl). Erstaunlich ist allerdings der geringe Unterschied zur Freizeitlektüre, der in der Tabelle 14 zutage tritt. Da sich der Literaturunterricht in der Regel mit anspruchsvollen Texten befaßt und die Lehrperson nicht jede (subjektive) Verständnisschwierigkeit vorwegnehmen kann, ist er auch nicht einfach zu erklären. Wahrscheinlich lesen die Jugendlichen auch in der Freizeit anspruchsvolle Texte, und die Bevorzugung der Freizeitlektüre ist nicht in deren leichterer Verständlichkeit begründet.

Tab. 14: Verständnisschwierigkeiten bei der Unterrichtslektüre

Antwortvorgabe	Häufigkeit					
	Mädchen		Jungen		Gesamt	
	Anz.	%	Anz.	%	Anz.	%
öfter	15	9.6	18	6.1	33	7.3
manchmal	58	37.2	83	28.1	141	31.3
selten	51	32.7	127	43.1	178	39.5
nie	32	20.5	67	22.7	99	22.0
Summe	156	100.0	295	100.0	451	100.1

Trotz der geringen Häufigkeit erschien uns die Art der Verständnisschwierigkeiten von Belang. Mädchen benennen häufiger als Jungen Schwierigkeiten, wie sie im Fragebogen anzukreuzen waren und in der Tabelle 15 (aus der Verrechnung als Likert-Skala) wiedergegeben sind. Möglicherweise hängt das damit zusammen, daß Mädchen mehr gehobene Lektüre als Jungen lesen. Der Befund läßt aber auch die Vermutung zu, daß ihnen die Verständlichkeit eines Textes wichtiger ist als den Jungen. Die Unterrichtslektüre bereitet geringfügig Schwierigkeiten, wenn auch in derselben Gewichtung.

Tab. 15: Art der Verständnisschwierigkeiten beim Lesen literarischer Texte in Freizeit und Unterricht

Antwortvorgabe	Mittelwert	
	Freizeit	Unterricht
Schwierigkeiten, einzelne Wörter oder Sätze des literarischen Textes zu verstehen	2.02	1.94
Schwierigkeiten, Zusammenhänge bzw. den Sinn des Textganzen zu verstehen	2.27	2.12

Im großen und ganzen unterscheiden sich Freizeit- und Unterrichtslektüre auch nicht in bezug auf die Reaktion auf Verständnisschwierigkeiten. Auffallend ist allenfalls, daß bei der Unterrichtslektüre
eher aufgegeben wird, wenn einzelne Schwierigkeiten auftreten.
Fällt es schwer, Zusammenhänge oder den Sinn des Textganzen zu
verstehen, dann wird die Freizeitlektüre rascher aus der Hand gelegt (Tab. 16).

Tab. 16: Reaktionen auf Verständnisschwierigkeiten beim Lesen literarischer Texte in Freizeit und Unterricht

Antwortvorgabe	Häufigkeit							
	Einzelne Wörter, Begriffe, Sätze betreffend				Den Zusammenhang oder Sinn betreffend			
	Freizeit		Unterricht		Freizeit		Unterricht	
	Anz.	%	Anz.	%	Anz.	%	Anz.	%
Ich gebe die Lektüre des Textes auf	4	1.2	8	2.4	9	3.0	15	4.8
Ich versuche, den Text zu verstehen, wenn ich je-doch nicht vorankomme, gebe ich das Weiterlesen auf	81	24.0	94	28.7	121	40.7	102	32.9
Ich bemühe mich so lan-ge, bis ich den Text verstanden habe	253	74.9	226	68.9	167	56.2	193	62.3
Summe	338	100.1	328	100.0	297	100.0	310	100.0

Treten Verständnisschwierigkeiten beim Lesen auf, so verhalten
sich die Schüler unterschiedlich, je nachdem, ob es sich um Schul-
oder Freizeitlektüre handelt. Verständlicherweise werden Eltern
und Bekannte in erster Linie zu Rate gezogen, wenn Schwierigkeiten bei der Freizeitlektüre auftreten. Bei Problemen mit der
Schullektüre wenden sich die Schüler vorrangig an den Lehrer, sehr
viel seltener an die Eltern. Was in der Schule behandelt wird,
scheint kein Thema zu sein, zu dem man sich von zu Hause wesentliche Hilfe verspricht. Offenbar werden Eltern und Bekannte
für diesen Bereich als weniger kompetent betrachtet als Freunde,
die vermutlich in vielen Fällen dieselbe Klasse besuchen. Umgekehrt werden Probleme, die der einzelne mit seiner Privatlektüre
hat, nur selten an die Lehrpersonen herangetragen; als Auskunft-
geber in Privatangelegenheiten spielen Lehrer wohl eine unterge-
ordnete Rolle (Tab. 17).

Tab. 17: Vorgehensweise zur Überwindung von Verständnisschwierigkeiten beim Lesen

Antwortvorgabe	Häufigkeit			
	Freizeit		Unterricht	
	Anzahl	%	Anzahl	%
Mit Eltern und Bekannten beraten	184	63.9	120	38.2
Mit Freunden reden	120	41.8	138	43.9
In Textinterpretationen nachschlagen	84	29.7	91	29.2
Mit dem Deutschlehrer sprechen	22	7.7	193	60.9

7. Lektürewirkungen und -folgen

Die Probleme, die in der Freizeitlektüre angesprochen werden,
scheinen eher solche zu sein, von denen sich die Schüler betroffen
fühlen. Knapp drei Viertel der Schüler gaben an, als Konsequenz
der Freizeit-Lektüre mehr über die Probleme wissen zu wollen, die
im Text angesprochen sind. Dieselbe Antwort kreuzten für die
Schullektüre dagegen nur gut die Hälfte der Schüler an.

Die Privatlektüre motiviert darüber hinaus mehr als dreimal so
viele Schüler, selbst zu schreiben, als dies durch die Schullektüre
der Fall ist; freilich sind das insgesamt nur wenige. Anders als die
Freizeitlektüre scheint die Schullektüre vor allem den Zwecken des
Literaturunterrichts zu dienen. Damit ist gesagt, daß die im Un-

Tab. 18: Auswirkungen der Freizeitlektüre allgemein

Antwortvorgabe	Häufigkeit			
	Freizeit		Unterricht	
	Anzahl	%	Anzahl	%
Ich möchte mehr über die Probleme wissen, die in den Texten angesprochen sind	197	74.9	114	57.6
Ich möchte mehr über Literaturgeschichte wissen	74	28.6	57	28.9
Ich kann jetzt mit dem Literaturunterricht in der Schule mehr anfangen	58	22.4	102	51.5
Ich wurde angeregt, selber zu schreiben	36	14.0	10	5.1

terricht behandelte Literatur aus der Sicht der Schüler vorwiegend unterrichtsspezifische Funktionen erfüllt (Tab. 18). Auf diesem Hintergrund scheint es dann auch plausibel, wenn mehr als die Hälfte der Schüler angibt, aufgrund der bisherigen Freizeitlektüre motiviert zu sein, auch weiterhin literarische Texte zu lesen, während nur gut ein Viertel dies als Folge der im Unterricht gelesenen Literatur tut. Umgekehrt äußern viermal so viele Schüler die Absicht, wegen ihrer Erfahrungen mit Texten im Literaturunterricht so schnell nicht mehr Vergleichbares zu lesen, als dies in der Folge der Freizeitlektüre der Fall ist. Tabelle 19 zeigt auch, daß die Unterrichtslektüre insgesamt mehr Unentschiedene hinterläßt.

Tab. 19: Auswirkungen der Textlektüre auf das weitere Leseverhalten

Antwortvorgabe	Häufigkeit			
	Freizeit		Unterricht	
	Anzahl	%	Anzahl	%
Ich werde bestimmt auch weiterhin literarische Texte lesen	220	53.7	109	26.1
Kann ich nicht sagen	100	24.4	124	29.7
Ich möchte vielleicht auch in Zukunft literarische Texte lesen	76	18.5	128	30.7
Ich möchte so schnell keine literarischen Texte mehr lesen	14	3.4	56	13.4
Summe	410	100.0	417	99.9

Tab. 20: Persönliche Bedeutung des Lesens literarischer Texte

Antwortvorgabe	Mittelwert			
	Mädchen	Jungen	Gesamt	SIGN
Es erweitert Wissen und Horizont	1.50	1.67	1.61	.006
Es gibt mir wichtige Anregungen zum Nachdenken	1.46	1.82	1.69	.000
Es sorgt für Entspannung und Unterhaltung	1.61	1.75	1.70	.045
Es hilft mir, mich in der Gesellschaft zu orientieren	2.25	2.45	2.38	.002
Es hilft mir, etwas über mich zu erfahren	2.33	2.61	2.51	.000
Es hilft mir, meine Pläne und Wünsche zu klären	2.56	2.73	2.67	.003

Die Frage nach den Folgen der Lektüre wurde in mehrfacher Hinsicht gestellt. Eine Likert-Skala mit vorgegebenen Antworten sollte ermitteln, welche Bedeutung die Befragten dem Lesen ganz allgemein zuerkennen. Wieder geben die niedrigsten Mittelwerte das höchste Maß an Zustimmung. Tabelle 20 zeigt, daß der größte Teil der Befragten die persönliche Bedeutung des Lesens literarischer Texte in einer Wissens- und Horizonterweiterung sieht.

Die Einschätzung der Bedeutung der Literatur sollten zwei weitere Fragen differenzieren. Zum einen wurden die Schüler gefragt, ob Literatur für die Gesellschaft wichtig sei und wenn ja, aus welchen Gründen. Zum anderen sollten sie ihre Meinung darüber äußern, ob es bestimmte allgemeine, menschliche oder gesellschaftliche Werte gibt, die für die eigene Person erstrebenswert sind und denen man durch das Lesen von Literatur näherkommen kann. Wurde diese Frage bejaht, sollten solche Werte benannt werden.

Die Frage nach der gesellschaftlichen Bedeutung der Literatur beantworteten 82% der Schüler mit „ja" (94% Mädchen, 76% Jungen). Als wesentlichsten Grund nannten 45% das Erreichen von Allgemeinbildung, Wissen und Information. Nur 11% hielten Literatur als Möglichkeit zur Vermittlung ethischer und idealler Werte für wichtig. 5% nannten instrumentelle Gründe, wie z.B. den Erwerb besserer Umgangsformen, Aneignung von Gesprächsstoff oder die Verbesserung des persönlichen Stils und Ausdrucks. 9% schrieben der Literatur gleichzeitig entspannende, bildende und instrumentelle Funktionen zu.

Etwa die Hälfte aller Schüler, die die Frage bearbeitet haben (65% der Mädchen; 46% der Jungen), war der Auffassung, es gebe allgemein menschliche und gesellschaftliche Werte, denen durch Lektüre näherzukommen sei. Auf die offene Frage, welche Werte dies seien, gaben die Schüler sehr differenzierte Antworten. Der größte Teil der Schüler (18%) nannte ethische und ideelle Werte wie z.B. Mitmenschlichkeit, Gleichberechtigung, Wertschätzung von Mensch und Natur, Reflexion des eigenen Verhaltens sowie sozialer Probleme, Selbstfindung, kulturelle Überlieferung. 16% der Befragten gaben an, durch das Lesen Allgemeinbildung, Information und Aufklärung anzustreben. 3% nannten ausschließlich instrumentelle Zwecke, die durch das Lesen erreicht werden sollen. Lesen zur Unterhaltung und Entspannung wurde nur in Verbindung mit anderen Leseabsichten genannt (4,5%). Die Schüler scheinen einen deutlichen Unterschied zu machen zwischen der Bedeutung, die die Lektüre für sie selbst und für die gesellschaftliche Allgemeinheit besitzt.

III. Interesse – Nicht-Interesse: Erscheinungsweisen und Ausprägungsformen

Durch weitere statistische Bearbeitung der Fragebogendaten ließen sich Schülerinnen und Schüler entdecken, denen verschiedene Ausprägungsgrade von Leseinteressen gemeinsam sind. Außerdem erwarteten wir – wie bereits in der Einleitung bemerkt – von einzelfallanalytischen Längsschnitten weitere differenzierende Auskunft. In diese Einzelstudien waren 10 Schülerinnen und 14 Schüler einbezogen.

Über den Zeitraum von November 1984 bis Januar 1986 – während der 12. und 13. Jahrgangsstufe – erstellten die Schüler kontinuierlich Dokumentationen zu folgenden drei Bereichen:

In den sogenannten Lesetagebüchern oder Leserbiographien beantworteten sie zu jeder gelesenen Freizeitlektüre offene Fragen zum Umgang mit der Lektüre. Die beiden anderen Bereiche – der Literaturunterricht und allgemeine Fragen zum Lebenskontext – wurden anhand zweier kurzer, teilweise geschlossener Fragebogen erfaßt. Den ersten Fragebogen beantworteten die Teilnehmer wöchentlich, den zweiten monatlich. Zusätzlich fanden zwei fokussierte Interviews (vgl. Merton u. Kendall 1979) statt – das erste am Ende der 12. Jahrgangsstufe, das zweite nach Abschluß der kontinuierlichen Erhebungen etwa nach der 1. Hälfte der 13. Jahrgangsstufe. Daneben beantworteten die Schüler am Ende der 12. Jahrgangsstufe noch einen Fragebogen zu spezifischen Aspekten des Literaturunterrichts.

Für die Auswertungen wurden inhaltsanalytische Kategoriensysteme erstellt. Durch querschnittliche Analysen sowie die einzelfallorientierte Beschreibung der rekonstruierten Entwicklungen im Sinne von N=1 und Klein-N-Studien (vgl. Petermann u. Hehl 1979) wurde insbesondere interessentheoretischen Fragestellungen nachgegangen (s. hierzu auch Walser u. Schmidt-Müller 1986). Ferner wurden schulische Bedingungen untersucht, die als interessenhemmend bzw. -förderlich eingeschätzt werden.

Zur Erinnerung: Das Persistenztheorem besagt, daß Literaturinteresse in häufigem und ausdauerndem Lesen (auch über verschieden verursachte Latenzphasen hinweg) zum Ausdruck kommt. Persistenz wird im folgenden auch als Leseintensität bezeichnet. So war also danach zu fragen, welche Bedingungen mit einer Verstärkung, Stabilisierung oder Abschwächung der Persistenz einhergehen, bzw. unter welchen Umständen das Lesen ganz aufgegeben, angefangen oder in einer Richtung weitergeführt wird, die bis dahin unbeachtet geblieben war. Zum Zwecke der übersichtlicheren Darstellung der Befunde trennen wir die Teilnehmer an der Längsschnittstudie in 4 Gruppen mit ungleich starker Leseintensität. Diese Unterscheidung bezieht sich ausschließlich auf die Freizeitlektüre. Sie ist insofern nicht wörtlich zu nehmen, als Nicht- und Wenig-Leser sich mit ihrer Schullektüre sehr wohl ausgelastet fühlen können und auch einige Menge lesen. Wir sind allerdings der Meinung, daß ein Leseverhalten, das nicht oder nur geringfügig über die schulisch geforderte Lektüre hinausgreift, oft nicht primär durch Interesse motiviert ist. Für diese auf Unterrichtsbelange eingeschränkte Lektüre sind andere (instrumentelle) Gründe maßgebend, zumal die Lese-Zumutungen des Literaturunterrichts in der Regel nicht unmäßig sind. Interessierte Schüler begnügen sich kaum mit den Verordnungen des Lehrplans und den thematischen Akzentsetzungen durch ihre Lehrer; sie wollen mehr, genauer und vor allem auch anderes lesen. Deshalb vermuten wir, den theoretischen Vorannahmen entsprechend, die interessierten Leser in der Gruppe der Viel- und Sehr-viel-Leser. Obwohl unsere Nicht-Leser-Gruppe immerhin noch bis zu 5 Titeln im Untersuchungszeitraum von 15 Monaten liest (es gibt sicher noch „vollkommenere" Nicht-Leser, die über Jahre hinweg freiwillig überhaupt kein Buch in die Hand nehmen), erwarten wir dort, wie auch bei den Wenig-Lesern, kein oder nur verschwindend geringes Leseinteresse. Den ganz besonderen Fall, daß sich das Leseinteresse einer Schülerin oder eines Schülers so genau mit der Unterrichtslektüre deckt, daß weitere Lesebedürfnisse nur sporadisch aufkommen, halten wir nicht für unmöglich. Wir betrachten ihn aber, wie schon gesagt, als nicht sehr wahrscheinlich und lassen uns überraschen. Vielleicht finden wir Spuren. Außerdem ist grundsätzlich davon auszugehen, daß Leseinteressen in unterschiedlichen Ausprägungsgraden auftreten, so daß mit unscharfen Übergängen zu rechnen ist. Die Unterscheidung der Probanden in Leser, die ihre Lektüre mit hoher bzw. niedriger Selektivität auswählen, bezieht sich auf zwei Aspekte: Einerseits läßt sich Selektivität inhaltlich betrachten, d.h. als lektürebereichsspezifische Präferenz. Andererseits ist die Selektivität formal über Typen der Gegenstandsaus-einandersetzungen bestimmbar. Dabei wird angenommen, daß Gegenstandsauseinandersetzungen „repetitiv", „immanent" oder „transzendierend" sein können (vgl. Prenzel 1984, S. 18ff.).

Persistenzgruppe	Pbn.-Nr./Name	Selektivitätsgruppe	
„Nicht-Leser"	12 Siegfried (LK)	–	
	21 Daniela	–	
	25 Berthold	–	
	29 Anton	–	
	35 Ludwig	–	
	37 Boris	–	
„Wenig-Leser"	13 Susanne	niedrig	
	19 Britta	niedrig	
	27 Klaus	niedrig	
	39 Bodo	hoch	100
	34 Sarah	niedrig	
	41 Helmut	niedrig	
„Viel-Leser"	15 Kilian	hoch	200
	16 Lorenz	hoch	100
	20 Karl	niedrig	
	28 Sebastian (LK)	niedrig	
	30 Silvia	hoch	100
	33 Richard	hoch	200
„Sehr-viel-Leser"	11 Beate	hoch	200
	22 Marietta (LK)	hoch	100
	31 Andrea	niedrig	
	38 Sabine	hoch	100
	40 Zacharias (LK)	hoch	100
	43 Clara	hoch	100

Abb. 4: Beteiligte Schüler – Persistenz und Selektivität

Eine Gegenstandsauseinandersetzung ist *repetitiv*, wenn „sie innerhalb der Menge der bereits einmal ausgeführten (oder bereits beherrschten) Gegenstandsauseinandersetzung bleibt" (ebd. S. 18) – d.h. in unserem Fall, wenn ein bereits gelesenes literarisches Werk wiederholt gelesen wird. Eine *immanente* liegt vor, wenn sich eine Person mit neuen, bis zu diesem Zeitpunkt noch nicht ausgeübten Gegenstandsauseinandersetzungen befaßt, die ihr nur in dem Sinne bekannt sind, daß ein Wissen über ihr Vorhandensein vorliegt. Es handelt sich demnach um eine Ausweitung von bereits ausgeführten auf bekannte Gegenstandsauseinandersetzungen, was in unserem Fall bedeutet, daß sich eine Person mit anderen Werken eines bereits gelesenen Autors und/oder eines bereits gelesenen Literaturgenres auseinandersetzt. Die Ausweitung der bekannten, bereits ausgeführten Gegenstandsauseinandersetzung in Richtung neuer, unbekannter – d. h. eines neuen Autors und eines neuen Literaturgenres – definiert die *transzendierende* Gegenstandsauseinandersetzung.

In den folgenden Ausführungen gebrauchen wir den Begriff der Selektivität für die inhaltliche Orientierung der Gegenstandsauseinandersetzung, d. h. um lektürebereichsspezifische Präferenzen auszudrücken. Für die formale Bestimmung der Lektüre nach dem Typus repetitiv, immanent oder transzendierend behielten wir den Begriff der „Richtung der Gegenstandsauseinandersetzung" bei.

1. Verschiedene Zusammenhänge von Interessenmerkmalen

Die Befunde zeigen – was ja eigentlich auch zu erwarten war – daß zwischen zwei Extremgruppen, den nicht-interessierten und den sehr interessierten Lesern, mehrere Mischformen liegen, bei denen einzelne Interessenkennwerte stark ausgeprägt sind, während andere fehlen und vernachlässigt werden können. So gibt es eine Gruppe, die mit großer emotionaler Beteiligung liest und auch über beachtlichen Wissenserwerb aus ihrer Freizeitlektüre berichtet, sich aber über Wertbezüge ihrer Lektüre ausschweigt und offenbar keinerlei Handlungskonsequenz (z. B. Weiterlesen, mehr Wissen erwerben wollen) mit der Lektüre verbindet. Dieselben Personen erwarten von der Lektüre auch keinen besonderen Wissens- bzw. Bildungszuwachs.

Eine andere Gruppe ist durch starke Wertbezüge und kräftige Handlungstendenzen, bezogen auf ihre weitere Freizeitlektüre, gekennzeichnet, während dieselben Merkmale nicht für ihre Schullektüre gelten. Die Handlungsfolgen für die Schullektüre sind sogar extrem niedrig. Da die vielerlei Zwischentypen hauptsächlich für interessentheoretische Fragestellungen bedeutsam sind, behandeln wir sie jetzt nicht systematisch, beziehen einzelne Befunde aber dann in die Erörterung ein, wenn dies unter literaturdidaktischen Aspekten geboten erscheint.

Berechnet man die Korrelationen der Interessenmerkmale (also Kognition, Emotion, Bewertung; s. Abb. 1, S. 17) untereinander, so ergeben sich Werte im Bereich zwischen $R = .20$ bis $R = .30$. Diese Werte sind niedrig. Das kann vielleicht dadurch erklärt werden, daß der Fragebogen die Interessenkennwerte nur oberflächlich und mit schwankender Genauigkeit erfaßt. Beachtet man allerdings die Interessenkennwerte für die Freizeit- und Unterrichtslektüre gesondert, ergeben sich gewisse Korrekturen. Es zeigt sich nämlich, daß die Werte für die Freizeitlektüre von geringfügigen Ausnahmen abgesehen, sämtlich höher liegen als die Vergleichswerte für den Unterricht. Das ist einzusehen, da ja die Schullektüre in der Regel nicht freiwillig, sondern nach Anordnung und für alle gemeinsam aufgenommen wird. Außerdem sind die Lese- und Verarbeitungsprozesse in der Schule stärker geregelt, so daß individuelle Zeitordnungen, Pausen oder auch Fragestellungen und Problemakzentuierungen nur eingeschränkt zur Geltung kommen.

Andererseits hatten die Befragten sehr wohl den Eindruck, im Literaturunterricht Wissen zu erwerben, an dem ihnen auch liegt, insbesondere natürlich Kenntnisse über Autoren, Werke und zeitgeschichtliche Zusammenhänge. Aber diese Lektüregewinne schlagen sich nicht in einer höheren Wertschätzung des Unterrichts nieder.

Schüler bewerten ihre Freizeitlektüre unabhängig davon, ob ihnen der Deutschunterricht zusagt oder nicht. Diejenigen, die den Deutschunterricht als unzulänglich ablehnen, unterscheiden sich in dieser Hinsicht nicht von den Schülern, die über sehr gute Unterrichtserfahrungen berichten. Offenbar ist der Zusammenhang zwischen Schul- und Freizeitlektüre in den Köpfen der Befragten nicht besonders eng. Untersucht man, wie die Interessenmerkmale mit der Leseintensität und der Lektürewahl zusammenhängen, so zeigen bereits die Fragebogenergebnisse, daß interessierte Schülerinnen und Schüler häufiger und eher selektiv lesen, d.h. sie bevorzugen Büchen mit bestimmten Thematiken. Dabei ist allerdings zu beachten, daß in bestimmten Lektürebereichen ganz allgemein häufiger gelesen wird als in anderen.

Die für die Auswertung des Fragebogens verwendeten Lektürekategorien haben wir für die inhaltsanalytische Bearbeitung der Längsschnittdaten vereinfacht. Sämtliche von den 24 Versuchspersonen gelesenen Lektüren wurden durch Expertenurteil einem der folgenden vier Lektürebereiche zugeordnet:

– Gehobene, moderne und klassische Literatur;
– Unterhaltungslektüre;
– Sachbücher und theoretische Texte;
– ästhetische Jugendliteratur.

Die folgende Grafik gibt die Häufigkeit gewählter Lektürebereiche für die Freizeitlektüre wieder. Der sprunghafte Anstieg der Lektüre von Sachbüchern und theoretischen Texten bei gleichzeitigem Abfall gehobener Literatur im 5. Quartal ist wohl darauf zurückzuführen, daß in diesem Zeitraum die Facharbeit zu erstellen war; Sachliteratur wurde wichtig und Lese-Freizeit knapp.

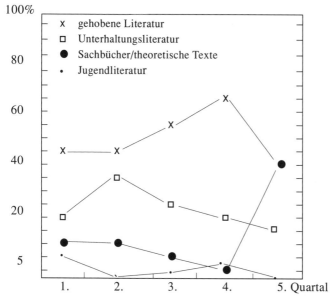

Abb. 5: Lektürespezifische Anteile an den insgesamt gelesenen Lektüren (quartalsbezogen) – Persistenz und Selektivität

Die Interessierten bewerten das Fach Deutsch, die Unterrichtslektüre und ihren Zusammenhang mit der Privatlektüre positiver als die anderen. Die Feststellung solcher Zusammenhänge läßt freilich keinerlei Aussagen über kausale Beziehungen zu. So kann das bereits bestehende Interesse auf den Literaturunterricht ausstrahlen und die Unterrichtslektüre wie auch die didaktisch angeleitete Arbeit am Text in einem freundlicheren Licht erscheinen lassen, während umgekehrt ein anregender Umgang mit literarischen Texten in der Schule Interessen wecken, stärken, stabilisieren kann, was sich dann wieder in einer stärkeren Ausprägung der entsprechenden Kennwerte zeigt. Über alle Kennwerte hinweg zeigen sich Mädchen stärker interessiert als Jungen. Lediglich die Bewertung der Unterrichtslektüre ergibt keinerlei signifikanten Unterschied, was vermuten läßt, daß hier Einigkeit besteht, wohl auch deshalb, weil sich in den Klassen bald ein Konsens herstellt, was von den einzelnen im Unterricht behandelten Texten zu halten ist.

2. Emotionale Leseerfahrungen

Bei dem Versuch, emotionale Erlebnisqualitäten zu erfassen, muß man erfahrungsgemäß mit großen Schwierigkeiten rechnen. Das liegt vor allem an der intersubjektiv nicht kontrollierbaren Bedeutung von Begriffen, die zur Bezeichnung von Gefühlsqualitäten und -ausprägungen zur Verfügung stehen. Gefühlserlebnisse, die sich auf Inhalt und Handlung der gelesenen Lektüre bezogen, versuchten wir nach folgenden Kategorien zu unterscheiden:

– Zustandsbeschreibungen starker emotionaler Betroffenheit – z.B. „erschüttert", „entsetzt", „aufgewühlt";
– Mitgerissenheit, Eingenommenheit durch die Thematik, die Handlung, den Inhalt; das Miterleben der Handlung – z.B. im Sinne von „gebannt", „ergriffen";
– Einfühlen in Personen, ins Geschehen: Rührung, Bewunderung, Mitweinen, Empathie – im Sinne von Identifikation, Stimmungsübertragung, die inhaltlich genauer spezifiziert wurde;
– formale Hinweise auf Einfühlung, Anteilnahme, Identifikation, Mitfühlen mit einer Person, dem Geschehen, einer Situation;
– Gefühle der Begeisterung, Faszination sowie Belustigung, Erheiterung, des Amüsements.

Die Auswertung der Tagebuchblätter und Interviews brachte ein Ergebnis, das aus der Fragebogenerhebung bereits bekannt war: Zwischen nicht-interessierten Lesern und Personen mit hohem Lektüreinteresse finden sich vielerlei Mischformen, die mit unterschiedlichen Gefühlserfahrungen einhergehen.

Das trifft auch für sogenannte Flow-Erlebnisse zu (Flow: in unserem Zusammenhang wohl am besten zu verstehen als „widerstandsloses Dahingleiten bei reduziertem Raum- und Zeitbewußtsein"). Wir versuchten, Flow mit den folgenden Indikatoren auszumachen:

– „Versunkenheit" beim Lesen;
– (visualisierte) Entrücktheit, Weggetretenheit;
– Gleichgültigkeit gegenüber der physikalischen oder personellen Umwelt, Nichtwahrnehmung von Personen, Telefon etc.;

- Gleichgültigkeit gegenüber persönlichen Problemen;
- Verlust des Zeitgefühls, Nichtwahrnehmung der Zeit.

Wie sich Schülerinnen und Schüler über Leseerfahrungen äußern, die wir dem Flow-Erleben zuordnen, sollen ein paar Interview-Ausschnitte illustrieren (vgl. dazu auch Kapitel VII).

Zu einer Lektüre von E. Kishon berichtet Klaus: „... die direkte Umgebung von mir ist dann restlos abgeschaltet. Das kann also durchaus sein, z. B., daß vorher strahlender Sonnenschein war und in der Zwischenzeit gewittert es, und ich merke das gar nicht. Oder es kann auch sein, ich lese und lese, und es steht jemand vor mir und möchte was von mir und rührt sich aber nicht, und ich merke das gar nicht ... beim Kishon gerate ich irgendwie in eine tiefe Versenkung ... Ich merke dabei nicht, wie die Zeit vergeht. Es ist ... auch schon mal vorgekommen, daß ich da was übersehen habe, was ich hätte machen wollen zu einem bestimmten Zeitpunkt. Weil ich gar nicht merke, daß die Zeit vergeht und was ich vorhabe ..., weil ich eben ganz automatisch, wenn ich einen Kishon nehme, in ihn hineinversinke ... beim Kishon versink' ich hinein, bei manchen anderen Büchern fall' ich heraus."

„Also ich – es ist bei mir schon öfter mal der Fall gewesen, daß ich bis zur Größenordnung von Böllerschüssen vergessen habe, was um mich rum vorgeht ... manchmal versumpfe ich schon, das merke ich dann selber gar nicht so. Aber es ist schon öfter mal so, daß ich laut angeredet werde, oder das Telefon läutet, oder wer geklingelt hat, oder die Pizza im Ofen verbackt ..., und ich das nicht merke" oder:

„... ich kann es mir immer nicht vorstellen (daß ich so lange gelesen habe), denn ich bin ja immer (beim Lesen) in einer anderen Welt – was sind da Tage, Wochen, Jahre. Dadurch, daß ich ja beim Lesen zeitlos werde, Zeitsprünge mache, habe ich schon immer das Gefühl gehabt ..., ich habe doch da beim Lesen keine zeitlichen Eingrenzung, dann soll die Uhr doch darauf Rücksicht nehmen und stehen bleiben. Das tut sie nicht. Das habe ich inzwischen erfahren" (Bodo).

Hinweise dafür, daß mit Flow-Erlebnissen (Eskapismus-Tendenzen) (vgl. Groeben 1975) verknüpft sein können, liegen bei Richard und Silvia vor. Von beiden wurden als Leseanlässe u.a. auch das „Wegdenken" von privaten Problemen angegeben.

Zur Lektüre von „Räder" (A. Hailey) sagt Richard: „Die Schule ist noch nicht so anspruchsvoll, außerdem habe ich private Probleme, und man kann beim Lesen gut abschalten und den Alltag verdrängen." Auf die Frage, ob er für sich einen Zusammenhang zwischen persönlichen Problemen und seinem Leseverhalten sehe, führt er weiter aus: „Ja, das kommt darauf an. Ich würde sagen, wenn ich unter schulischem Druck stehe, lese ich weniger ... Bei anderen Problemen liest man vielleicht ein bißchen mehr, um vielleicht so ein bißchen abzuschalten. Weil man gerade zu dem Zeitpunkt (Probleme mit seiner Freundin) nicht weggeht, sondern dann lieber zu Hause ist und dann mal wirklich abschaltet und ein Buch zu Rate zieht, um sich halt ein bißchen abzulenken" (Richard).

„Also, während dem Lesen bin ich in dem Buch drin, und das ist schon schön, wenn man alles andere vergessen kann." „Ja, weil das Buch einfach so spannend ist, und das fesselt mich halt wirklich, und da ist es dann schon so, daß, wenn ich das Buch lese, daß ich dann alles vergesse. Da vergesse ich sogar beinahe das Aussteigen im Bus." „(Beim Lesen), da vergesse ich dann alles. Da wird mir dann auch vieles egal. Normalerweise käme ich mir dumm vor, wenn ich mit einem Buch in der Hand herumsteh' und lese, aber das ist mir dann egal. Wenn ich auf den Bus gewartet habe, bin ich an der Straße gestanden und habe gelesen. Es ist mir dann ganz egal, was die anderen denken..." (Silvia).

Demgegenüber äußerte sich der Leser Anton auf die Frage nach dem Verlust des Zeitgefühls beim Lesen sehr bestimmt negativ. Von einem Verlust der Zeitwahrnehmung könne er überhaupt nicht reden; ihm käme im Gegenteil die Zeit zum Teil viel länger vor.

Auch über Kompetenzgefühle berichten die Probanden. In unserer Auswertung faßten wir darunter Äußerungen über

– die Freude, es geschafft, die Lektüre bewältigt zu haben;
– die Genugtuung, eigene Vermutungen und Vorstellungen bestätigt zu finden;
– Gefühle der Bereicherung durch bisher unbekannte Erfahrungen und neues Wissen, auch über sich selbst, durch Einstellungsänderung.

Wie schon bei den inhalts- und handlungsspezifischen Gefühlen und beim Flow-Erleben gestatten auch die Mitteilungen der Schülerinnen und Schüler über Kompetenzgefühle keine lineare Zuordnung von häufigen und positiven emotionalen Erfahrungen zu den beiden Kriterien für Interesse: Persistenz und Selektivität. Hier zunächst einmal zwei Beispiele dafür, wie sich Probanden darüber äußerten.

„Ich weiß zwar eigentlich hinterher nie so konkret, was mir das (die Lektüre) gebracht hat, das ist eigentlich fast bei jedem Buch so. Also, ich weiß jetzt irgendwie mehr, und jetzt verstehe ich die Welt auch anders. Aus einem bestimmten Blickwinkel kenn' ich sie jetzt doch besser ..." „Sicher, man ist zufrieden, daß man es geschafft hat, und daß man durch ist, und man ist eigentlich immer bereichert, wenn man ein Buch fertig gelesen hat…" (Andrea).

„… also ich war zufrieden, daß ich sie (die Lektüre von H. Hesse: Narziß und Goldmund) fertig hatte, einfach. Ich weiß nicht, aber ich bin doch immer zufrieden, wenn ich ein Buch fertig habe – bei jedem Buch eigentlich" (Lorenz).

Es gibt Probanden, die wenig lesen, aber mehr über Kompetenzgefühle berichten als z. B. die Viel-Leser. Alles in allem läßt sich vermuten, daß bei häufiger und gezielter Lektüre das Lesen zur eher alltäglichen Erfahrung wird und deshalb gefühlshafte Leseerfahrungen abflachen, vielleicht sogar ganz verschwinden; nur noch herausragende Emotionen werden registriert. Für eine solche Annahme spricht auch die Tatsache, daß sich Häufigkeit und Art der Gefühlsäußerungen nach Lektürebereichen unterscheiden. So werden von allen im Zusammenhang mit Unterhaltungslektüren und ästhetischer Jugendliteratur mehr Flow-Erlebnisse berichtet als dies bei gehobener Literatur und Sachbüchern der Fall ist. Der Befund wiederholt sich, wenn man die einzelnen Personen betrachtet. Schülerinnen und Schüler, die nahezu ausschließlich gehobene Literatur lesen, berichten weniger über emotionale Leseerfahrungen als Unterhaltungsleser und solche, die in mehreren Lektürebereichen lesen. Bei den beiden letzteren Gruppen ist aber auch eine große Streuung emotionaler Effekte zu beobachten. Man kann, wenn man die unterschiedlichen Befunde zusammenfassend betrachtet, feststellen, daß sich lektürebegleitende Gefühlswahrnehmungen nach dem Inhalt der gelesenen Werke, nach der Richtung der Gegenstandsauseinandersetzung, nach der Anzahl und Qualität vorausgehender Lektüreerfahrungen unterscheiden; das heißt, man muß die Einzelfälle sorgfältig betrachten. Wohl läßt sich als ein verallgemeinerungsfähiger Befund feststellen, daß deutliche emotionale Effekte verhältnismäßig mehr von Probanden berichtet wurden, die mehr lesen. Aber, wie gesagt, gibt es große Schwankungen, und man ist vor Verallgemeinerungen gewarnt.

Deutlicher zeigt sich der Zusammenhang von Interesse und Gefühl, wenn man sich nach emotional negativen Leseerfahrungen erkundigt. Die Probanden, die viel lesen, berichten (über die verschiedenen emotionalen Varianten hinweg) über weniger negative Gefühlserlebnisse. Dasselbe gilt auch für Angaben darüber, ob eine Lektüre gefallen hat oder nicht, Urteile, in denen ebenfalls gefühlsmäßige Anteile enthalten sind. (S. auch Tab. 11.)

Betrachtet man jedoch nicht nur das Auftreten, sondern auch die Wirkung negativer emotionaler Erfahrungen, so zeigt sich bei allen Befragten gleichermaßen eine Häufung nachfolgender Lesepausen. Das sind Befunde, die für die Freizeitlektüre plausibel erscheinen, die im übrigen ja jederzeit abgebrochen werden kann. Bezieht man jedoch in die Überlegungen die Schullektüre mit ein, so ergeben sich daraus bemerkenswerte Konsequenzen für die Auswahl und die Art der Behandlung von Literatur im Unterricht.

3. Kognitive Lesegewinne

Interessierte Leser, diese Annahme wurde jetzt mehrfach geäußert, erwerben umfänglichere und gründlichere Kenntnisse über Literatur als andere. Und dieses größere Wissen ist wiederum Anlaß, mit größerem Interesse weiterzulesen. Als spezifisch kognitive Lesegewinne haben wir in unserem Material erfaßt:

– Wissen, Fachkenntnis im literarischen Bereich;
– Wissen, Fachkenntnis in verschiedenen Sachbereichen;
– sonstige Auswirkungen der Beendigung der Gegenstandsauseinandersetzung;
– Einsichten, Einstellungen in sozialer, gesellschaftlicher Hinsicht;
– Informationen über Persönlichkeiten;
– Einstellungs- und verhaltensmäßige selbstbezogene Entwicklungen.

Sieben der Befragten, die der Gruppe mit mittlerer Lesehäufigkeit angehören (6 bis 20 Lektüren) äußern sich ausschließlich positiv; d.h. ihnen brachte jede Lektüre kognitiven Lesegewinn. Bei 7 weiteren liegen die Angaben zwischen 57 und 80%. Demgegenüber gibt keiner der „Nicht-Leser" zu erkennen, daß er aus seiner (seltenen) Lektüre gelernt hätte. Für das Lesen von Unterhaltungsliteratur werden kognitive Lesegewinne entschieden häufiger verneint als für die anderen Literaturbereiche. Die Angaben über emotionale Erlebnisse und die erfahrenen kognitiven Effekte dieser 14 Probanden (und 3 weiterer Sehr-viel-Leser) gibt die folgende Grafik wieder:

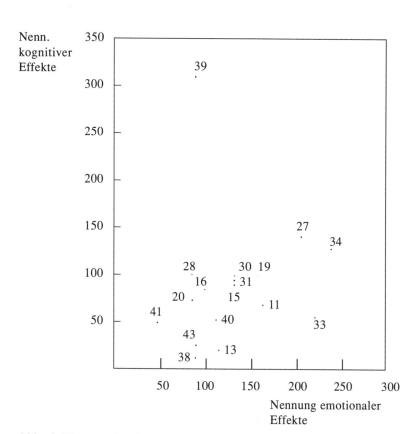

Abb. 6: Nennungshäufigkeit von emotionalen und kognitiven Effekten

Vergleicht man die Häufigkeit der geäußerten kognitiven und emotionalen Erfahrungen, so läßt sich vermuten, daß wir hier die Teilnehmer mit nach Stärke und Qualität unterschiedlich ausgeprägtem Literaturinteresse vor uns haben. Kein Nicht-Leser äußerte sich derart, daß er in die Übersicht hätte aufgenommen werden können. Die Verteilung der Werte zeigt, daß die Nennung emotionaler Effekte weiter streut und in der Zahl überwiegt. Wie schon erwähnt, läßt sich aber kein systematischer Zusammenhang zwischen den Maßen für Persistenz und Selektivität und der Nennungshäufigkeit emotionaler Erlebnisse feststellen (ausgenommen der eindeutige negative Befund bei den Nicht-Lesern). Über kognitive Lesegewinne berichten am häufigsten Viel- und Sehr-viel-Leser.

Zuwachs an Wissen und Einsicht wird besonders vom Literaturunterricht erwartet – und auch erbracht. Nur 5 Probanden stellen fest, der Unterricht habe so gut wie nichts genutzt. Von den übrigen schätzt die Mehrheit ihre schulisch vermittelten Literaturkenntnisse über beide Schuljahre hinweg positiv ein, besonders eindeutig die vier Teilnehmer am Leistungskurs (was für diese Einrichtung spricht). Sie sprechen von Kompetenzgewinn, neuen Einsichten, Horizonterweiterung. (S. auch Tab. 20.)

„(Es ist) schon irgendwie befriedigend, daß man so einen Zugang gekriegt hat zu Literatur. Ich meine, ich habe immer ziemlich viel gelesen und gerne gelesen, aber daß das irgendwie bewußter ist, oder Zusammenhänge erkannt werden – drum macht's mir auch so viel Spaß, weil ... ich wirklich gedanklich profitiere" (Zacharias).

„Also erst einmal die Kenntnis, daß man ein Buch nicht nur so liest, sondern auch die Einzelheiten betrachtet, ..., die der Autor ganz bewußt einsetzt; und ich finde es ganz gut – man kriegt auch einen Blick dafür, was sich der Autor für eine Arbeit gemacht hat, das zu schreiben. Was der alles bewußt so eingesetzt hat – von der Form her und vom Inhaltlichen: so ganz kleine Sachen, die aber dazupassen und die dann aber auch das Buch ausmachen" (Daniela).

„Ja, daß ich eben speziell mit meiner Privatlektüre umgehen kann und daß ich eben, was ich zum großen Teil nur rein intuitiv erfassen konnte – daß ich da jetzt eben in der Lage bin, das auch einigermaßen auszuformulieren, also auch in Worte zu kleiden. Das ist schon mal ganz wichtig, auch in einem Gespräch über ein Buch" (Sebastian).

„(da waren doch einige Sachen dabei), auf die ich vielleicht nicht gekommen wäre, ... ‚Mephisto‘, ‚Transit‘ oder Exilliteratur – da wäre ich vermutlich nicht oder erst sehr spät oder allenfalls erst durch Zufall draufgestoßen. Und das reizt mich doch sehr und hat mir sehr gefallen ... und hat mir vielleicht auch ein bißchen den Mut gegeben, mal was zu lesen, von dem ich bisher noch überhaupt keine Ahnung habe ... etwas Mut, auch mal neue Gebiete zu entdecken, weil ich eben festgestellt hab, daß nicht nur das, was ich bisher gelesen habe, gut und schön ist, sondern, daß es auch andere Dinge gibt, die interessant sind" (Siegfried).

Weitere Aufschlüsse über die Bedeutung kognitiver Lesegewinne ergeben sich wiederum bei der Betrachtung negativer Befunde. Auffällig und erwartungswidrig ist zunächst einmal, daß bei Sachbüchern und theoretischen Texten signifikant weniger Verständnisschwierigkeiten berichtet werden als bei Unterhaltungsliteratur und bei Texten aus der modernen wie der klassischen Literatur. Über Verständnisschwierigkeiten berichten am häufigsten die Leser bevorzugt gehobener Texte, was sie aber offenbar von weiterer Lektüre nicht abbhält, denn sie bilden im wesentlichen die Gruppe derjenigen, die mit großer Intensität lesen. Das wird noch einmal bestätigt durch die Tatsache, daß bei ihnen Verständnisschwierigkeiten nicht zu längeren Lesepausen bzw. zu Lektüreabbrüchen führen. Lediglich Personen, die sehr wenig lesen, reagieren auf Verständnisschwierigkeiten tendenziell häufiger mit längeren Lesepausen. Mit der Lektürehäufigkeit steigen auch die Angaben über Unsicherheiten des Sinnverstehens. Das gilt auch für Probanden, die vorzüglich in einem Lektürebereich lesen. Und das sind wiederum hauptsächlich die Leser (gehobener) moderner und klassischer Literatur. Ein vergleichsweise hohes Verständnisniveau schreiben sich dagegen eher Teilnehmer zu, die weniger lesen. Da nicht anzunehmen ist, daß jemand um so mehr liest, je weniger er versteht, und um so mehr versteht, je weniger er liest, kann man aus diesen Befunden auf eine höhere Sensibilität der interessierten Leser gegenüber Irritationen des Sinnverstehens schließen. Die anderen lesen entweder in Lektürebereichen, die keine besonderen Anforderungen an das Sinnverstehen stellen oder aber sie nehmen, weil als Leser weniger geübt und erfahren, Verständnisschwierigkeiten dieser Art weniger wahr, oder sie machen ihnen keinen so großen Eindruck, daß sie darüber berichten. Für eine solche Interpretation spricht auch, daß insbesondere der Unterhaltungslektüre Klarheit, Eindeutigkeit und gute Verstehbarkeit zuerkannt werden. (Vgl. auch Tab. 13, 14, 15, 16.)

Mit Verständnisschwierigkeiten und zum Teil Verständnislosigkeit (nicht bloß selbstverschuldeter) haben auch kritische Stimmen zum Deutschunterricht zu tun. Besonders auffällig ist die Stellungnahme von Bodo, der in seiner Freizeit nicht viel liest, aber moderne Literatur bevorzugt und in Deutsch seit Jahren beste Leistungen erzielt.

„Was wir in vier Semestern Deutsch geboten bekommen haben, war unwahrscheinlich viel Quantität – die Möglichkeit, in der Woche vier Stunden im geheizten Schulgebäude zu sitzen und Luft zu verbrauchen – aber nur sehr wenig … qualitativ. Für mich eine der wenigen Möglichkeiten, eben dagegen zu rebellieren und mir da immer wieder meine eigenen Vorstellungen zu machen, mir immer wieder zu denken: ‚Was stimmt da nicht? Was müßte anders sein?' – Und daß ich daraus vermehrt zum Selbstdenken … angeregt werde. Im wesentlichen ist es keimabtötend" (Bodo).

„Deutsch ist halt auch das Fach, wo man jetzt sagt: ‚Da ist mal eine gute Pause, da muß man nicht gerade hingehen und da versäumt man auch nichts.' Wenn ich im Unterricht bin, krieg ich genauso viel mit, wie wenn ich nicht da bin. Ich muß halt nur die Blätter kriegen. Das ist alles, weil lesen kann ich die selber." Im 4. Interview ergänzte er: „... in den ganzen beiden Deutschjahren hab ich so gut wie nichts gelernt..." (Boris).

„Das sieht man eigentlich nie unter dem Gesichtspunkt, ob es sich lohnt. Man sieht halt in erster Linie immer nur die Noten und das Abitur. Meistens so im nachhinein sieht man schon, daß es sinnvoll war, was man gelernt hat." „Hm. Tja, nicht so arg. Das ist halt auch daher, weil man immer nicht weiß, wenn er was hinschreibt ... daß man selber praktisch noch immer mitdenken muß, ob das auch stimmt, was er hinschreibt. Das stört irgendwie die Sache ... und weil er kein System hat. Das kommt bei ihm einfach nicht raus, was wesentlich ist und was er nur dazuschreibt" (Ludwig).

In den Interviews gingen wir auch der Frage nach, ob die Leser ihre Texte eher nachvollziehend oder problemorientiert verarbeiten. Als „nachvollziehend" wurden Leseformen charakterisiert, die dem Text gefügig folgen, also nicht besondere inhaltliche, die Handlung und die Personen betreffende oder *stilistische* Aspekte ins Zentrum ihrer Aufmerksamkeit rücken, nicht *vergleichen, zurücklesen, Verbindung herstellen*, Wissen aktivieren, nach verborgenen Absichten des Autors fragen oder visuelle Vorstellungen entwickeln etc. Zunächst fällt auf, daß die „Nicht-Leser", wenn sie schon einmal zum Buch greifen, hauptsächlich nachvollziehend lesen. Am meisten problemorientiert lesen diejenigen, die gehobene Literatur bevorzugen; Unterhaltungsliteratur, ästhetische Jugendliteratur und Sachbücher werden signifikant häufiger nachvollziehend gelesen. Oder anders gesagt: Die stärkste Herausforderung zur aktiven Auseinandersetzung mit den Texten geht von der (gehobenen) modernen und klassischen Literatur aus, bzw. die Leser solcher Literatur verarbeiten ihre Texte signifikant häufiger unter Einsatz ihrer kognitiven Fähigkeiten.

Dieses Kapitel abschließend, noch eine Bemerkung: Was das Literaturinteresse angeht, läßt sich zwar die Hälfte der Probanden, die viel liest (16 bis 38 Lektüren in der Berichtszeit) deutlich von den „Nicht-Lesern" (weniger als 5 Lektüren) unterscheiden, aber unter den Wenig-Lesern findet man neben Uninteressierten auch andere. Für interessierte Wenig-Leser halten wir definitionsgemäß solche, die trotz geringerer Leseintensität (Persistenz) über emotionale Lektüreerfahrungen, kognitive Lesegewinne und positive Bewertung des Gelesenen berichten.

Nun macht dieser Befund unsere Annahme noch nicht obsolet, daß kognitive, emotionale und Bewertungseffekte Persistenz und Selektivität bewirken. Wir können nämlich annehmen, daß Persistenz, also fortgesetztes Aufrechterhalten des Gegenstandsbezugs, sich nicht nur in der Lesehäufigkeit zeigt. Es gibt sehr wahrscheinlich Formen intensiver Beschäftigung mit literarischen Texten, die durch quantitative Kriterien nicht oder nur unzureichend erfaßt werden. Außerdem ist es natürlich immer möglich, daß Personen unter besonderer Beanspruchung oder in kritischen Lebensphasen anderer Art ihrem Interesse wenig oder gar nicht zu folgen vermögen.

Dabei ergibt sich eine bemerkenswerte Ausnahme, die hier als Sonderfall von Interesse ausführlicher dargestellt werden soll. Es handelt sich um den schon an früherer Stelle zitierten Wenig-Leser Bodo.

Zu „Nine Stories": „Salinger hat so ein Gefühl für Sprache, seine Charaktere sind so interessant, und ihm scheint beim Beobachten gewisser Leute nichts zu entgehen – wie könnte ich da nichts lernen?" ... „Gerade die Verdrängungsmechanismen – ich habe mich immer gefragt, schon seit Kindesalter an, warum Leute gewissen Dingen gegenüber absolut bewußt ignorant gegenüberstehen oder sie verdrängen – warum Leute Sachen, die jedes kleine Kind merkt, nicht wahrhaben wollen ... Ich glaube, wenn man da etwas weiß, dann weiß man auch ziemlich viel über Verdrängungsmechanismen, weil das ist auch eine Schlüsselproblematik bei der Sache ..., die können das nicht aufarbeiten, diese Leute, gerade die vom Salinger, und können es aber auch nicht verdrängen" ... „Und wenn mir da wieder einmal was klar geworden ist, warum jetzt dies und jenes von Leuten bevorzugt werden könnte ..., dann habe ich vielleicht wieder Lust, auch noch mehr davon zu wissen... (das Ganze) hat einen gewissen Wiedererkennungswert. Ja, irgendwie wird das doch auch ein Bestandteil der eigenen Persönlichkeit" ... „(Lesen) prägt die Denkfähigkeit irgendwie, vor allem die detektivische Denkfähigkeit, und die haben Leute, die viel lesen. Gerade Autoren haben so ein wahnsinniges Gespür, so Gedankenlinien nachzugehen, mit detektivischer Sorgfalt – Hypothesen aufzustellen und die dann zu verfolgen, möglichst konkret zu machen, das finde ich sehr interessant. Das macht eine Person irgendwie mobiler, weil man erlebt die ganzen Sachen wie simulierte Szenen mit, die man liest. Erfahrungen kann man nie genug haben, und es prägt irgendwie die Fähigkeit, sich in Sachen reinzudenken."

Über „Ebony Tower": (J. Fowles): „... Es ist besser als meine Anforderungen ... Er hat bessere Lösungen, bessere Wendungen der Geschichte auf Lager, er ist sprachlich gut. Er bringt mich auch immer wieder auf neue Sachen" ... „Für mich ist (die Geschichte) so gut wie erlebt. Jeder kann das natürlich anders erleben, wenn er es liest, aber speziell, wenn eine Person über längere Zeit beobachtet wird, dann erlebe ich die Person, die nehme ich in mir auf" ... „Alles, was eine Person erlebt hat, ist irgendwo noch da, auch wenn sie es längst glaubt vergessen zu haben, kann sie es doch immer noch mobilisieren in entscheidenden Situationen, und das ist eigentlich das, was so stimulierend wirkt an literarischen Werken, das hat man dann auch irgendwo. Man hat die Möglichkeit, wenn man will, sich eigentlich Sachen anzueignen, ohne daß man es unbedingt selber machen muß."

Die inhaltliche Ausrichtung des Gegenstandsbezugs (Selektivität) betreffend, ist bei der Mehrzahl der Probanden ein Zusammenhang zwischen hoher Leseintensität und der Bevorzugung eines bestimmten Lektürebereiches festzustellen; Personen mit geringerer Intensität variierten die Wahl der Lektürebereiche (s. Abb. 4). Bei der Lektüre gehobener Literatur wird verstärkt immanent gelesen. Transzendierende Gegenstandsauseinandersetzungen, in diesem Fall der Wechsel zu neuen, bisher unbekannten Autoren, finden sich vor allem bei Lesern von Sachbüchern und Unterhaltungsliteratur. Mit größerer Leseintensität wird seltener ein bereits bekannter Text wiedergelesen (repetitiv), immanente und transzendierende Lektürewahlen nehmen zu. Personen, die hauptsächlich einen Lektürebereich bevorzugen, lesen überwiegend Texte bereits bekannter Autoren oder Genres. Geringere Selektivität verbindet sich häufiger mit transzendierendem Leseverhalten. Diese aus den Einzelfallanalysen sich ergebenden Tendenzen bedürfen natürlich umfangreicherer Überprüfung. Der in den Befunden angedeutete Zusammenhang von Persistenz und Selektivität, der Bevorzugung von Lektürebereichen (hier hauptsächlich der gehobenen Literatur) und bestimmter Richtungen der Gegenstandsauseinandersetzung entspricht den theoretischen Annahmen; zumindest widerspricht er ihnen nicht.

IV. Interesse an Literatur und der Beitrag des Deutschunterrichts

Die Längsschnittstudie sollte auch Auskunft über diejenigen schulischen Bedingungen im Kollegstufenunterricht geben, die für die Anregung von Literaturinteresse bedeutsam sind. Durch eine Erhebung der Auswirkungen sowohl der organisatorischen Rahmenbedingungen der Kollegstufe als auch der individuellen Unterrichtserfahrungen, die die Schüler im Grundkurs bzw. Leistungskurs machten, waren Aufschlüsse über die Wirkungen von Unterrichtsformen und -methoden zu erwarten.

Im Vergleich zum Sekundarbereich I ist die Kollegstufe, die in Bayern die 12. und 13. Jahrgangsstufe mit vier Kurshalbjahren umfaßt, durch eine größere Spezialisierung und Differenzierung gekennzeichnet. Aus dem Kursangebot stellt jeder Schüler seine Abiturprüfungsfächer – zwei Leistungskurse und zwei Grundkurse – zusammen. Sofern nicht bereits als Leistungskurs gewählt, ist Deutsch als Grundkurs verpflichtend. Eine Ausnahme besteht, wenn es sich bei den beiden Leistungskursen um Fremdsprachen handelt. Dann ist der Grundkurs Deutsch in der 13. Jahrgangsstufe abwählbar. Durch die Kombination von Grund- und Leistungsfächern müssen die drei folgenden Bereiche abgedeckt sein:

- Sprachlich-literarisch-künstlerischer Bereich (Kunsterziehung, Musik, Fremdsprachen, Deutsch);
- gesellschaftswissenschaftlicher Bereich (Erdkunde, Geschichte, Wirtschaft/Recht, Religion, Ethik);
- mathematisch-naturwissenschaftlich-technischer Bereich (Mathematik, Biologie, Physik, Chemie).

Wir fragten unsere Probanden, welche Kurse sie belegten und wie sie die Wahl bzw. Nicht-Wahl von Deutsch als Leistungskurs begründeten. Von Bedeutung ist dabei, ob der Entscheidung eher instrumentelle oder interessentheoretische Überlegungen zugrunde lagen. Zu denken wäre auch an institutionell-organisatorische und/oder personelle Gründe, die – trotz vorhandener Präferenz – den Schülern die Wahl des Leistungskurses Deutsch nicht geraten erscheinen ließen. Zu klären war weiterhin, ob bei der Leistungskurswahl – in der 11. Jahrgangsstufe – bereits berufliche Wünsche mitberücksichtigt wurden. Insbesondere für Schüler, die den Leistungskurs Deutsch wählten, stellte sich die Frage, ob dann am Ende der Schulzeit – gebunden an das Interesse an der Auseinandersetzung mit Literatur – Berufsorientierungen stattfanden. Für die „interessierten" Schüler, die diesen Leistungskurs – aus welchen Gründen auch immer – nicht wählten, war uns wichtig zu wissen, ob sie auf Zusatzkurse im künstlerisch-literarischen Bereich auswichen, sofern sie in der jeweiligen Schule angeboten wurden.

In der Kollegstufe, besonders im Leistungskursfach, sollen die Schüler zur selbständigen Auseinandersetzung mit den Unterrichtsinhalten befähigt werden und deshalb auch das Unterrichtsgeschehen aktiv mitplanen. Dementsprechend erkundigten wir uns, ob ihnen der Lehrplan bekannt war, ggf. woher, und wir fragten nach Mitbestimmungs- und Mitgestaltungsmöglichkeiten. Solche Einflußmöglichkeiten betrafen die Auswahl der Lektüre, Gesichtspunkte der Arbeit mit den Texten und die methodische Gestaltung des Unterrichts.

Abgesehen von den Einflußmöglichkeiten der Kollegiaten können bestimmte Unterrichtsformen und die Schulroutine überschreitende Arten der Beschäftigung mit Literatur als Interessenanreger wichtig sein:

– Projektorientierte und auch fächerübergreifende Unterrichtsformen;
– synchrone und diachrone Vorgehensweisen im Wechsel;
– Einsatz von Unterrichtsmitteln, insbesondere von audio-visueller Veranschaulichung;
– Führungen (Verlage, Bibliotheken) und Besuch von Veranstaltungen (Theater, Kino, Lesungen);
– Buchbesprechungen als Leseanreize, Büchertips durch Altersgenossen und Lehrpersonen.

Eine wichtige, wenn auch nicht voraussetzungslose Anregungsbedingung könnte die Facharbeit sein, die von jedem Kollegiaten in der 13. Jahrgangsstufe in einem seiner Leistungsfächer zu erstellen ist. Dabei geht es sowohl um die Gründe für die Wahl (oder Nichtwahl) einer Facharbeit in Deutsch und um Literaturinteressen fördernde Erfahrungen, evtl. auch bei der Bearbeitung von Themen aus anderen Fachbereichen.

Da Zensuren in der Schule eine große Rolle spielen – insbesondere in der Abschlußklasse unter dem Fallbeil des Numerus clausus – ist zu vermuten, daß zwischen interessierter Freizeitlektüre und der Deutschnote ein irgendwie gearteter Zusammenhang besteht. Literaturinteresse und /oder erreichte Punktzahl stehen möglicherweise auch in Beziehung zur Wahl bzw. Nicht-Wahl von Deutsch als Prüfungsfach – insofern aufgrund der Prüfungsbestimmungen eine Wahl erfolgen kann. Die jeweils in der 12. und 13. Jahrgangsstufe erzielten Noten, die Zufriedenheit damit, die allgemeine Notenorientierung und die Frage, ob Deutsch Abiturprüfungsfach ist oder nicht, waren somit ebenfalls Gegenstand der Untersuchung. Ferner wurde ermittelt, inwieweit sich die Bearbeitung literarischer Texte im Unterricht (und auch anderer Inhalte) unmittelbar auf den Erwerb von Leistungsnachweisen richtete. Geleitet war diese Fragestellung von der Überlegung, daß sich eine zu starke oder einseitige Orientierung der Unterrichtsinhalte an Klausuren und am Abitur negativ auf das Interesse (z.B. im Sinne eines positiven emotionalen Bezugs) auswirken kann, weil nämlich dann überwiegend zweckgerichtet und unter dem Aspekt der Aneignung reproduzierbaren Wissens gearbeitet wird.

Neben solchen instrumentellen Aspekten untersuchten wir aber auch die ideelle Einschätzung des Deutschunterrichts: Wir fragten nach dem persönlichen Lerngewinn aus dem Unterricht. Denn gute Kenntnisse und Wertschätzung der Literatur können einesteils Ergebnisse interessierter Auseinandersetzung sein, andererseits sind sie aber auch Voraussetzungen für die zukünftige Beschäftigung mit dem Gegenstand.

1. Die Wahl von Leistungskursen

Die folgende Abbildung gibt einen Überblick, welche Leistungskurse Schüler mit unterschiedlich intensivem Leseverhalten in der Freizeit wählten.

Die größte Gruppe unserer Probanden entschied sich für die Leistungskurse in den Fächern Mathematik und Physik. Am zweithäufigsten folgten Wahlen aus dem sprachlich-literarisch-künstlerischen Bereich, darunter signifikant viele Sehr-viel-Leser; an letzter Stelle rangierten gesellschaftswissenschaftliche Fächer. Nur vier Schüler wählten Deutsch als Leistungskurs: Siegfried, Mariet-

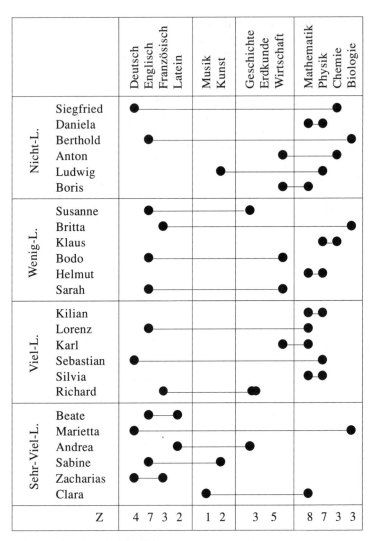

Abb. 7: Die gewählten Leistungskurse

ta, Sebastian und Zacharias. Erwartungsgemäß ist daran allenfalls, daß drei davon in ihrer Freizeit intensiv lasen: Marietta und Zacharias bevorzugt moderne und klassische Literatur, Sebastian las daneben auch Unterhaltungsbücher sowie Sach- und theoretische Texte. Aber auch Siegfried (ein „Nicht-Leser") nennt als Grund für die Kurswahl sein Interesse an Literatur.

„… Und dann als Hauptgrund einfach das Interesse an der Materie – das Literaturinteresse. Es macht ja Spaß, sich mit dem Lehrer über einen Text zu unterhalten, zu diskutieren, einen Text zu analysieren. Das macht mir halt einfach Spaß, das Beschäftigen mit der Materie" (Siegfried).

Als einziger bietet er auch Überlegungen der Zweckmäßigkeit an, in Deutsch hat er die besten Noten. Außerdem war seine Wahl von der Person des Lehrers beeinflußt. Mit ihm teilte er seine Neigung für die Auseinandersetzung mit Jugendliteratur; er erwartete ein gutes Arbeitsklima im Kurs und Lernfortschritte im einsichtigen Umgang mit Literatur.

„Ich erwarte vom Leistungskurs Deutsch, daß man sich dort sehr intensiv mit Literatur beschäftigt, daß es eine Arbeitsgruppe ist mit angenehmem Klima. … daß er (der Lehrer) meine Fähigkeiten schult, Texte zu bearbeiten, unter den verschiedensten Gesichtspunkten zu betrachten – nicht nur oberflächlich zu lesen, sondern gründlicher zu lesen, auf bestimmte Dinge zu achten, die man bei der modernen Literatur beachten sollte … Ich weiß nicht genau, was da auf mich zukommt, aber Dinge in der Art erwarte ich schon. Und daß sich gute Diskussionen entwickeln, daß man gut zusammenarbeiten kann – ich glaube, im Deutschunterricht sind solche Sachen gut möglich" (Siegfried).

Daß solch ein – vermutlich doch sehr interessierter – Schüler ausgerechnet unter denen zu finden ist, die in ihrer Freizeit kaum lesen, läßt sich, zum Teil wenigstens, mit schulischer Überlastung erklären. Seine Leseintensität ging bereits vor der 12. Jahrgangsstufe zurück. Vorrangig aufgrund der großen Anzahl an Schullektüren – berichtete er – sei er nun zu kaum einer Freizeitlektüre gekommen. Zacharias bewegten neben seinem Fachinteresse auch „Warnungen" von Mitschülern zu seiner Leistungskurswahl.

„… ja, weil eben sehr viele vor dem Deutschleistungskurs gewarnt haben. Sie sagten: ‚Ja, man denkt immer, da braucht man wenig zu tun. Aber es wird wahnsinnig viel gelesen dort, und man muß sehr viel schreiben und arbeiten mit Texten.‘ Gerade das hat mich gereizt. Lesen tue ich ja gern, und ich habe mir gedacht, wenn ich dort gute Bücher habe – und im Leistungskurs ist die Wahrscheinlichkeit sehr groß, daß man gemeinsam das Buch bestimmt – und wir haben bis jetzt noch kein schlechtes Buch gehabt, und es wird auch so weiter gehen. Und ich freue mich auch darauf, den Faust im Leistungskurs nochmals zu machen – auch wenn es ein Klassiker ist – also ich freue mich richtig drauf. Und das hat mich dann eben schon bewegt, mit Texten zu arbeiten" (Zacharias).

Er erhoffte sich überdies die Behandlung neuer, ihm bisher unbekannter literarischer Genres, wie z. B. aus dem Bereich des Mittelalters.

Marietta stellte fest, sie habe für Deutsch eine spezielle Begabung (ein schönes Beispiel für ein leistungssteigerndes Fähigkeits-Selbstkonzept!) und artikulierte spezifische Erwartungen an den Literaturunterricht im Leistungskurs, die insbesondere die Beziehung von Zeitgeschichte und literarischer Produktion betrafen.

„... daß man sich auch ziemlich viel mit ... Literaturgeschichte beschäftigt und dazu dann eben Beispiele und eben auch daß man anhand von einer Lektüre eben dann die Zeit kennenlernt. Daß man die Lektüre in die Zeit reinsetzen kann und dann eben auch sieht: damals war das eben, deshalb wurde das so geschrieben" (Marietta).

Die Nicht-Wahl des Leistungskurses Deutsch begründeten die übrigen Probanden mit verschiedenen Überlegungen, meist mehreren zugleich. Nur vier Schüler berichteten – Beate, Anton, Helmut und Karl – über mangelndes Interesse am Gegenstand.

„Ja, weil ich eben solche Sachen nicht so gerne lese. ... Diese Art von Lektüre interessiert mich nicht so sehr" (Beate).

„(Weil) mir der Deutschunterricht in der 11. Klasse wirklich zu langweilig war. ... Man kann gar nicht die ganze Zeit hochinteressante Themen behandeln. Dazu ist Deutsch nicht aufregend genug. Ich weiß nicht, das bringt irgendwie nichts" (Anton).

„Ja, so übermäßig Spaß macht mir das nicht" (Karl).

Auffallend hingegen waren die häufigsten Instrumentalitätsüberlegungen und dabei insbesondere die zu geringe Einschätzung eigener Fähigkeiten, um gute Noten – letztendlich ein gutes Abitur – im Fach Deutsch zu erreichen. Solche Gründe nannten sieben Schüler – Beate, Karl, Klaus, Anton, Silvia, Ludwig und Helmut.

„... Ich möchte halt doch im Abitur eine einigermaßen gute Note bekommen, und das befürchte ich, ist im Deutschleistungskurs nicht möglich" (Klaus).

„Weil ich einfach zu schlecht war. Wenn ich in Deutsch gut wäre, hätte ich es schon genommen ... Man muß auch dafür begabt sein. In anderen Fächern kann man etwas lernen, aber in Deutsch muß man eben begabt sein. Nur mit sehr viel Zeitaufwand, wenn man sehr viel liest, kann man da sicher etwas rausreißen, aber sonst kann man nicht speziell etwas lernen" (Helmut).

„Ja, weil man im Leistungskurs auch gute Noten erzielen muß, und das schaffe ich in Deutsch nicht… die Fähigkeit, mich auszudrücken, ist nicht so gut, weil ich ja wenig lese. … Also einen Leistungskurs wählt man nicht, weil es einem Spaß macht, sondern ich habe halt die Kurse gewählt, wo ich die meisten Punkte bekomme … weil das dürfte ja das Wichtigste sein. … Was nützt es mir schon, wenn ich ein schönes Grundwissen habe und wenig Punkte? Und nachher fragt niemand, ob ich mein Abitur in Deutsch oder in Wirtschaft gemacht habe" (Anton).

Neben solchen Selbsteinschätzungen fanden sich auch Aussagen, die sich auf die Antizipation von allzu zeit- bzw. arbeitsintensiver Vorbereitung für gute Noten beziehen. Dies war z.B. bei Kilian, Britta, Helmut und Lorenz der Fall. Für Lorenz ist zu ergänzen, daß Deutsch nicht seine Muttersprache ist.

„… wegen der Noten. Also, ich bringe die Noten nicht her … Ich kann nicht vor jeder Schulaufgabe 800 oder 900 Seiten lesen. Die Zeit habe ich nicht. Ich schreibe ja nicht nur in Deutsch Schulaufgabe, ich schreibe andere Schulaufgaben auch" (Kilian).

„Ja, ich sage ja, mich hätte es auch sehr interessiert, und ich hätte es auch fast genommen. Aber da hat es auch geheißen, Französisch und Deutsch oder Bio und Deutsch, das wäre die schlimmste Kombination, die es gibt, weil man bei allen sehr viel lernen muß. Und in Deutsch ist es auch so, daß man im Leistungskurs so 10 Lektüren liest,und dann muß man ein ganzes Buch mal daheim lesen, und dann bleibt nicht mehr viel für die anderen Kurse übrig. Und dann die ganzen Warnungen, die gekommen sind. ‚Bloß nicht Deutsch!' … Ja, und das (die Belastung) muß ja nicht sein" (Britta).

Eine weitere Gruppe von Argumenten beinhaltete ebenfalls die zu geringe Einschätzung eigener Fähigkeiten in bezug auf Anforderungen, die aus dem Gegenstand bzw. der geforderten Art der Gegenstandsauseinandersetzung resultieren, ohne daß jedoch Noten explizit angesprochen wurden. Zwei Teilnehmer befürchteten, den Anforderungen nicht gewachsen zu sein – so Daniela und Bodo.

„Weil ich glaube, daß ich dafür irgendwie zu wenig … weiß. Es würde mich wahnsinnig interessieren, aber ich habe es mir ehrlich gesagt, nicht zugetraut" (Daniela).

„… Und außerdem bin ich nicht so überzeugend in Orthographie. Ich war immer ganz gut in Deutsch, aber da kommt auch immer der Aspekt hinzu, daß es immer heißt: ‚Wer seine Kommaregeln in der siebten Klasse nicht gelernt hat, der lernt es nie mehr'…" (Bodo).

Außerdem wiesen Bodo und Ludwig darauf hin, daß ihnen die qualitativen Anforderungen und dementsprechend die Notengebung im Fach Deutsch zu lehrerabhängig seien. Dies bedeutete z.B., daß die Noten an die Übereinstimmung des „persönlichen Stils" mit dem des Lehrers gebunden seien.

„... jeder Lehrer (hat) seine bestimmte Form, wie er es haben will, und dann muß man sich immer umstellen, und wenn einem das nicht liegt, so wie der das haben will, dann ist es schlecht" (Ludwig).

„... und dann wäre mir Deutsch auch zu abhängig vom Lehrer. Ich habe da schon Erfahrungen von Älteren gehört. (...) Wir haben momentan (im Lk) einen (Lehrer), der macht es so, wie ich es nicht verkraften könnte. Man hat mir erzählt, daß er Aufsätze mit der Note ‚Eins' bewertet, die mit einer acht Seiten langen Inhaltsangabe des Werkes beginnen, und für so etwas kann ich mich nicht begeistern. Außerdem ist der Mann zu persönlich orientiert, weil er einfach Schülern, die er mag, fünfzehn Punkte in der Mitarbeit gibt und solchen, die er nicht mag, permanent drei Punkte gibt. Und ich habe keine Lust, mich mit einem solchen Mann zwei Jahre zu streiten und dauernd zum Direktor zu rennen. Da komme ich mir dann zu ausgeliefert vor" (Bodo).

Die bisherigen Gründe zusammenfassend und über einige weitere informiert die Übersicht auf S. 73.
Was die zukünftige Berufsorientierung anlangt, so lassen die Mitteilungen der allermeisten Probanden darauf schließen, daß sie für die Wahl der Leistungskurse keine bedeutende Rolle spielen. Illustriert wird dieser Tatbestand durch die Äußerung einer durchaus literaturinteressierten Schülerin, Deutsch sei für die Freizeit, und für das Leben sei vielleicht Physik besser (Silvia). Lediglich zwei, Andrea und Zacharias, sehen einen Zusammenhang zwischen ihrem Interesse an Literatur und bestimmten Berufsvorstellungen, und nur Zacharias besucht den Leistungskurs Deutsch. Beide bedenken ein Germanistikstudium im Haupt- bzw. im Nebenfach. Für Andrea stand seit zwei Jahren fest, daß sie Musikwissenschaft im Hauptfach und Germanistik im Nebenfach studieren wolle. Ihre vorrangige Beschäftigung – Musizieren sowie das Lesen moderner und klassischer Literatur und von Lektüren aus dem musikwissenschaftlichen Bereich – standen in direkter Beziehung zu einer beruflichen Orientierung. Bis zum 4. Interview hatte sie sich auch für das zweite Nebenfach – Spanisch – entschieden. Ihr angestrebtes Berufsziel war Musikkritikerin.

I. Institutionell-Organisatorische Faktoren (6 Schüler)

– Hätte LkD gewählt, wenn die Wahl dreier Leistungskurse möglich wäre (1)
– Gewünschte Fächerkombination ist nicht möglich (5)

II. Instrumentelle Faktoren (12 Schüler)

– Zur geringe Einschätzung eigener Fähigkeiten in bezug auf Anforderungen für gute Noten, ein gutes Abitur (auch stabile Attribuierungen wie z. B. „Begabung") (7)
– Zu geringe Einschätzung eigener Fähigkeiten in bezug auf Anforderungen, die aus dem Gegenstand bzw. der „geforderten" Art der Gegenstandsauseinandersetzung resultieren – ohne daß Noten explizit angesprochen werden (2)
– Antizipation von zu zeit- bzw. arbeitsintensiver Vorbereitung – auch in Abwägung zu aus anderen Fächern resultierenden Anforderungen – für gute Noten, ein gutes Abitur (4)
– Deutsch wird als zu lehrerabhängig betrachtet – d. h. um gute Noten zu erlangen, wird eine Übereinstimmung des persönlichen „Stils" mit dem des Lehrers als notwendig erachtet (2)

III. Personale Faktoren (1 Schüler)

– Persönliche Schwierigkeiten im Umgang mit dem Lehrer (1)

IV. Literaturunterricht –
Art der Gegenstandsauseinandersetzung (5)

– Abneigung gegen die „Art des Deutschunterrichts" (3) – Bsp.: „beschränkt sich hauptsächlich auf Lesen", „Texte auseinanderklauben, hineininterpretieren", „keine philosophische Betrachtungsweise", „kein Spielraum, eigene Ideen einzubringen"
– Durch Zwang zum Lesen Angst vor Bedeutungsverlust als Freizeitbeschäftigung (1)

V. Interessenbezogene Faktoren (4 Schüler)

– Kein Spaß, „Interesse" am Gegenstand Literatur (4)

Abb. 8: Faktoren für die Nicht-Wahl des Deutsch-Leistungskurses (Mehrfachnennungen möglich)

„... Musikwissenschaft und im Nebenfach Germanistik und Spanisch ... (Germanistik), das weiß ich schon länger als Nebenfach eigentlich. Nur, daß ich halt noch schwanke, ob Germanistik, Literatur oder Journalistik ... (ich weiß das), seitdem ich eben in die Richtung Musikkritiker gehen wollte. Da hab ich mir halt überlegt, ... daß mich am meisten Musikwissenschaft interessiert und daß ich aber noch als Nebenfach was in die Richtung lernen sollte" (Andrea).

Zacharias, der selbst auch schriftstellert, schwankte zu diesem Zeitpunkt des 4. Interviews zwischen einem Komparatistikstudium und dem Besuch der Kunstakademie. Eine weitere ausgeprägte Interessenbeziehung – nämlich Musizieren – wollte er beruflich nicht weiterverfolgen.

„... ich hab halt überlegt, ob ich mit Musik etwas mache, beruflich. Will ich aber eigentlich nicht machen, weil ich das freihalten will, als Spaß oder als Hobby. Und dann die Frage, ob ich Kunst studiere oder eben Germanistik, Literatur – und ich habe dann eben auch viel geredet mit Leuten, die selber Germanistik gemacht haben oder so, und ich weiß es jetzt immer noch nicht. Also, mich würde Komparatistik reizen zu studieren, oder eben, wenn ich es schaffe, an die Kunstakademie" (Zacharias).

Und wie äußern sich die übrigen Teilnehmer am Leistungskurs über ihre Berufspläne? Siegfried und Marietta strebten beide ein Medizinstudium an und absolvierten im Untersuchungszeitraum den „Test". Sollten sie keinen Studienplatz bekommen, schlossen sie ein Germanistikstudium nicht aus. Medizin war jedoch eindeutige Präferenz. Sebastian hatte vor, nach der Bundeswehr eine Berufsausbildung im Bereich Banken zu absolvieren. Anschließend strebte er ein technisches oder wirtschaftswissenschaftliches Studium an. Aufbauend darauf hatte er Interesse an einer journalistischen Ausbildung. Wenngleich er kein germanistisches Studium anzielte, drückt sich in diesem Berufswunsch zumindest ein Interesse an eigener schriftstellerischer Produktion aus. Eine Abneigung gegen ein Germanitikstudium bestand bei ihm nicht.

„Ja, reizen würde es mich schon. Aber zugleich sehe ich eben praktisch keine Möglichkeit, damit meinen Lebensunterhalt zu verdienen. Das ist der Nachteil an der Sache. Vom Interesse her auf jeden Fall, aber ich kann ja auch nicht Ewigkeiten meinen Eltern auf der Tasche liegen, sondern ich möcht ja auch mal selbst Geld verdienen, und zwar, daß ich gut davon leben kann, und das seh ich da eben nicht gewährleistet" (Sebastian).

2. Möglichkeiten der Mitbestimmung und Mitgestaltung

Wenn es, wie zu Beginn dieses Kapitels festgestellt, darauf ankommt, daß die Kollegiaten das Unterrichtsgeschehen aktiv mitgestalten, dann ist zunächst einmal die Kenntnis des offiziellen Lehrplans vorausgesetzt. Die folgende Übersicht zeigt, daß von drei Ausnahmen abgesehen, alle über den Lehrplan informiert wa-

		Bekanntgabe des Lehrplans								
		Lehrplan bekannt	Lehrplan nicht bekannt	schwerpunktmäßig referiert	umfassend referiert	inhaltliche Begründung	pragmatische Begründung	als Kopie verteilt	Lehrplanbezug im Schuljahr	Erl. v. U.-einheiten etc.	kein Lehrplanbezug mehr
Nicht-L.	Siegfried	•		•		•	•		•	•	
	Daniela	•		•							•
	Berthold	•		•							
	Anton	•		•						•	
	Ludwig	•			•		•			•	
	Boris	•									•
Wenig-L.	Susanne		•								
	Britta	•		•							•
	Klaus	•		•						•	
	Bodo	•					•				
	Helmut	•		•							•
	Sarah	•		•			•			•	
Viel-L.	Kilian	•			•		•	•			•
	Lorenz	•		•	•				•		
	Karl	•		•			•			•	
	Sebastian	•		•		•	•	•	•		
	Silvia	•		•	•	•	•				
	Richard	•						•		•	
Sehr-Viel-L.	Beate	•		•							•
	Marietta		•								
	Andrea		•							•	
	Sabine	•		•						•	
	Zacharias	•			•		•			•	
	Clara	•			•	•	•	•		•	

Abb. 9: Die Kenntnis des Lehrplans

ren, und die gibt einige Hinweise, wie im weiteren Schuljahrsverlauf damit umgegangen wurde.

Etwa die Hälfte berichtet, daß die Lehrperson das Jahr über auf den Lehrplan Bezug nahm, mehr oder weniger oft und ausführlich. Für die Entwicklung und Förderung von Interesse ist es durchaus nicht gleichgültig, wie die Auswahl bestimmter Lektüren begründet wird, welche Aspekte eines Textes behandlungswürdig erscheinen, in welche weiteren Zusammenhänge sie einzuordnen sind etc.. Deshalb kann man es schon erstaunlich finden, daß 17 Probanden der Kenntnis des Lehrplans keine Wichtigkeit beimaßen. Man vergesse im Lauf des Jahres ohnehin, was zuvor abgesprochen war und könne an den Planvorgaben sowieso nichts ändern, und außerdem müsse der Lehrer ja schließlich wissen, was wichtig sei fürs Abitur: so oder so ähnlich klangen die Erklärungen für solche Gleichgültigkeit. Siegfried ging davon aus, daß die Lehrplankenntnis unwichtig sei, solange der Unterricht interessant sei.

„Das haben wir zwar mal irgendwann besprochen, aber ich muß sagen, das interessiert mich auch überhaupt nicht. Es langt mir, wenn ich weiß, was im nächsten Monat maximal passiert. Ich weiß, daß jetzt irgendwann Romane kommen, … wir haben das ganze Jahr jetzt nur Dramen gemacht, und es kommen schon noch ein paar Sachen. Und im Prinzip ist mir das auch egal – interessant ist alles" (Siegfried).

Andere bemängeln die Fachterminologie des Lehrplans, die die „Banalität der Anforderungen", lediglich verdecke. Oder sie kritisieren die Drohgebärden, mit dem Lehrplan als Zaunpfahl; so berichtet eine Kollegiatin von ihrer Lehrerin:

„Also sie erzählt uns mindestens jedes zweite Mal, wenn wir uns sehen, was in der Abiturprüfung wichtig sein könnte, und ab September letzten Jahres hat sie also ziemlich systematisch – also ich möcht jetzt nicht sarkastisch werden – aber sie hat doch ziemlich systematisch die Panik vor der mündlichen Abiturprüfung gesteigert; allein schon mit Aussprüchen wie: ‚Ich seh Sie schon mit mir in der mündlichen Prüfung', oder ‚Was Sie uns jetzt wieder gesagt haben, das ist bestimmt nicht abiturreif'" (Sarah).

Da ist dann selbstverständlich, daß durch die Art des Bezugs zum Lehrplan der Stoff nur noch nach „abiturrelevant oder nicht" sondiert wurde.

Die Kenntnis des Lehrplans ausdrücklich für wichtig hielten nur Sebastian und Zacharias – beide Leistungskursschüler im gleichen Kurs. Zacharias hatte die Kenntnis „ein bißchen die Scheu genommen vor dem Leistungskurs Deutsch". Sebastian berichtete – trotz der oben angeführten Kritik – er habe dadurch sogar Anregungen für seine Freizeitlektüre erhalten und sah Möglichkeiten für eine bessere Vorbereitung des Deutschunterrichts.

Was die Anforderungen des Deutschlehrplans betrifft, so wurden sie mit zwei Ausnahmen nicht als zu hoch eingeschätzt. In bezug auf bestimmte inhaltliche Vorlieben und Abneigungen der Lehrpersonen zeigten sich die Schüler tolerant; es gab keine negative Äußerung oder gar Klage über Einseitigkeiten oder das Reiten von Steckenpferden.

Wie schon die Mehrzahl der Probanden genauere Lehrplankenntnis für überflüssig hält, so wird auch die Beteiligung an der Unterrichtsgestaltung für weder wichtig noch wünschenswert angesehen. Das mag Ausdruck einer lange eingeübten Passivität der Schüler sein oder auch einfach Überforderung; wenigstens legen Äußerungen wie die folgenden das nahe:

„Ich mein, ich find es schon irgendwo Sache des Lehrers, daß er seinen Unterricht so gestaltet, wie er es für richtig hält, und ich mein, da soll man ihm nicht so viel dreinreden" (Helmut).

„... teilweise macht er (der Lehrer) einfach genau das, was er will und achtet überhaupt nicht darauf, ob uns das gefällt oder nicht – (z.B. einen Vortrag halten). Aber ich glaube, daß das ab und zu mal sein muß, und daß wir auch nicht so toll mitbestimmen könnten, weil wir einfach nicht so die Ahnung haben von dem Ganzen" (Marietta).

„Ja, sie sucht förmlich danach, daß ihr wer ein bißchen hilft ... Ich kann das sarkastisch so beantworten: weiß ja sie schon kaum, wie sie es aufbereiten soll, woher sollen's denn wir wissen?" (Bodo).

„Ja schon (– zu Anfang des Jahres wurden wir nach Vorschlägen zur Unterrichtsgestaltung gefragt). Aber da sich die Klasse sowieso stark zurückhält ... ist da nicht so viel dabei rausgekommen. Es wurde auch ab und zu während der Zeit mal gefragt, ob da nicht noch Vorschläge wären, aber das hat eigentlich keinen größeren Anklang gefunden" (Beate).

„Ich mein, wir hätten Vorschläge machen können. Da wäre er ganz bestimmt darauf eingegangen, aber eigentlich hat das niemand gemacht ... Im Prinzip sind wir ganz zufrieden, wie er es macht. Ich mein, der Stoff ist manchmal etwas langweilig, aber sonst können wir ganz zufrieden sein mit unserem Lehrer" (Britta).

Es gibt auch Ausnahmen, wie das Beispiel der Kursleiterin von Sebastian und Zacharias belegt.

„... wir haben eben beschlossen, was wir machen, ob wir epochentypisch vorangehen, ob wir mit dem Barockroman anfangen und dann aufbauen. Da haben wir gesagt: ‚Nein, wir möchten jetzt erst was Modernes lesen, oder erst mal an Texten arbeiten, nicht gleich in die Lektüre einsteigen.‘ Und da kann man eben, weil man unwahrscheinlich viel Zeit hat, in sechs Stunden viel machen, und das in einer lockeren Atmosphäre, daß in der Früh ein Frühstück mitgebracht wird, und daß das einfach lockerer geht. Und daß wir nachhaltig einfach auch bestimmen, was im Unterricht vorkommt. Daß wir zwar in dem Rahmen bleiben müssen, aber dort halt die Wahl haben, was wir machen" (Zacharias).

Daß auch Einflußmöglichkeiten bestehen, die mit dem Unterricht im engeren Sinn nicht unmittelbar zusammenhängen, berichtet Lorenz.

Die Schüler machten einen Vorschlag zum Medieneinsatz. „... z. B. während der politischen Reden, da sind Bundestagsdebatten gelaufen im Fernsehen. Da sind wir gleich runtergegangen ... weil er ist da sehr flexibel so als Lehrer." Weiter: „... also wir haben dann zum Böll ‚Ansichten eines Clowns‘ – haben wir dann noch einen Film gesehen. Also Filme überhaupt, das ist kein Problem, das brauchen wir ihm bloß zu sagen ... Also, falls da was ist, da geht er sehr darauf ein" (Lorenz).

Die Mitwirkung bei der Lektüreauswahl ist die häufigste Form der Schülerbeteiligung. Sie wird zwar von einigen Lehrpersonen nur scheinbar praktiziert, aber mehr als die Hälfte der Kollegiaten hat ernsthaft, wenn auch in unterschiedlichem Umfang, mitreden können.

„... vor dem Leistungskurs Deutsch, da hatten wir uns immer getroffen und da hat er (der Lehrer) dann auch gefragt, was wir denn gerne machen möchten ... und welche Bücher uns interessieren würden ... aber jetzt tauchen die Fragen nicht mehr so auf, ... weil der Kurs doch ein bißchen anders gelaufen ist, wie er sich das vorgestellt hat ... wenn er jetzt fragen würde: ‚Was wollt ihr denn lesen?‘, also da würde er relativ wenig zu hören kriegen. Daß halt die Leute mehr sagen: ‚Bringen ’S was her, wir lesen es dann schon.‘ Da ist die Beteiligung nicht mehr so groß, gerade auf dem Gebiet ... aus Schlappheit" (Siegfried).

„(die Lehrerin) macht Vorschläge und wir konnten dann nur noch drüber abstimmen ... Ja, wenn sie Vorschläge macht, dann gibt sie nochmals kurz einen Inhaltsüberblick und dann gibt sie uns meistens noch ein bißchen Zeit, daß sich jeder nochmal informieren kann. Und in den nächsten Stunden wird dann abgestimmt. Sie sagt das recht früh dann schon, daß wir die Möglichkeit haben, uns das Buch dann zu besorgen" (Karl).

„... wir haben am Anfang, da haben z. B. die anderen auch Kurzprosa und Textanalyse gemacht, und wir haben den ‚Faust' gelesen, die haben also den ‚Faust' erst später gelesen. Da hat er (der Lehrer) auch gesagt: ‚Ja, was wollt ihr denn zuerst machen?' Und er hat auch gefragt, ob wir den Faust ein bißchen mehr behandeln wollen oder weniger. Wir haben uns also dann entschieden, daß wir den Faust mal ein bißchen intensiver lesen; während die anderen wirklich nur ein paar Stunden dran rumgestöpselt haben, haben wir so ein gutes Drittel vom ersten Halbjahr dafür gebraucht" (Britta).

Der schon erwähnte Leistungskurs, den Sebastian und Zacharias besuchten, war offenbar auch bezüglich der Schülermitgestaltung vorbildlich.

„... speziell zum Vorgehen bei neuen Bereichen, also beim Roman, hat sie schon erläutert, was sie eigentlich vor hat zu machen und wie man das Ganze aufbaut und auch mit uns entschieden, wie wir das Ganze machen, ... wie an die Lektüre rangegangen wird, ob inhaltlich oder strukturell, wie auch immer. ... Das fand ich sehr angenehm, daß einem nicht vom Lehrer alles vorgekaut wurde, sondern daß wir beteiligt wurden" (Sebastian).

Die Grafik auf S. 80 stellt die jetzt auszugsweise angesprochenen Befunde im Überblick dar und gibt auch einige Hinweise auf die allgemeine Unterrichtsbeteiligung.

Wie der Übersicht zu entnehmen, zeichnet die Mehrzahl der Grundkursteilnehmer das Bild einer passiven, weitgehend unbeteiligten Schülergruppe. Die wenig lesende Hälfte der Probanden zeigt sich signifikant passiver als die andere. Für das offenbare Desinteresse nennen die Befragten eine Reihe von Gründen: ungünstige Unterrichtszeiten, allgemeine Schulunlust, die große Zahl von über 25 Schülern in den Grundkursen, die durch das Kurssystem bedingte Anonymität und Fremdheit, die keine freie Diskussion entstehen lassen. Und „mehr Diskussionen im Literaturunterricht" steht auf der Wunschliste der Schüler ganz weit oben. Erst das Gespräch und die Diskussion über Literatur, das Einbringen verschiedener Meinungen und Interpretationsvorschläge führen zum kritischen Verstehen der Texte und machen den Unterricht lebendig. Dazu gehört ein gewisses Vertrauensverhältnis zu Lehrern und Mitschülern. Das Kurssystem unterbricht bzw. stoppt diesen Prozeß des Zusammenwachsens.

„... für eine Diskussion ist der Kurs einfach zu zusammengewürfelt und zu albern. Also das hat überhaupt keinen Sinn. Normalerweise wächst eine Klasse, und es gibt ... Diskussionen, und jetzt wird alles auseinanderge-

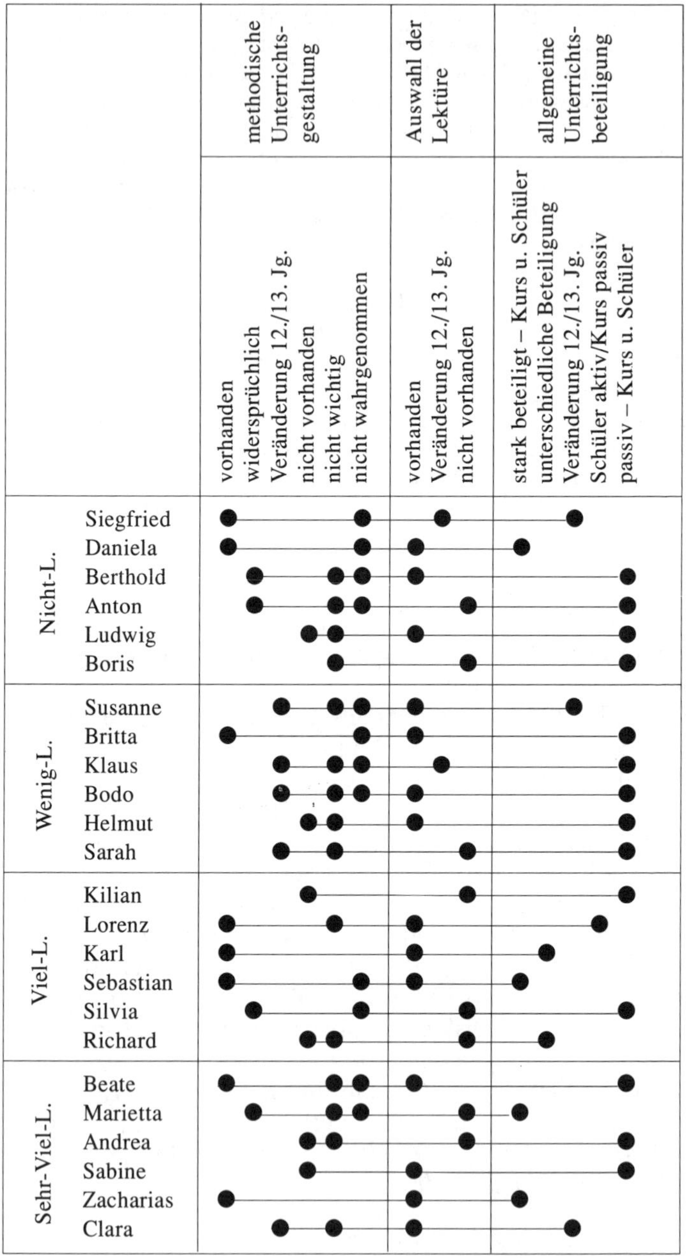

	methodische Unterrichtsgestaltung						Auswahl der Lektüre			allgemeine Unterrichtsbeteiligung				
	vorhanden	widersprüchlich	Veränderung 12./13. Jg.	nicht vorhanden	nicht wichtig	nicht wahrgenommen	vorhanden	Veränderung 12./13. Jg.	nicht vorhanden	stark beteiligt – Kurs u. Schüler	unterschiedliche Beteiligung Veränderung 12./13. Jg.		Schüler aktiv/Kurs passiv	passiv – Kurs u. Schüler

Nicht-L.
Siegfried
Daniela
Berthold
Anton
Ludwig
Boris

Wenig-L.
Susanne
Britta
Klaus
Bodo
Helmut
Sarah

Viel-L.
Kilian
Lorenz
Karl
Sebastian
Silvia
Richard

Sehr-Viel-L.
Beate
Marietta
Andrea
Sabine
Zacharias
Clara

Abb. 10: Mitbestimmung und allgemeine Unterrichtsbeteiligung rissen. Jeder ist praktisch nur noch ein einzelner und geht halt so in seine Kurse, und das ist eine Schwierigkeit" (Sarah).

Wenn dann am Ende der 12. Jahrgangsstufe selbst die Kurse wieder auseinandergerissen und völlig anders neu gebildet werden, was an einigen Schulen der Fall war, kann man das – für den Deutschunterricht insbesondere – nur als antididaktisches Attentat bezeichnen. Die von den Kollegiaten beklagte Beziehungsarmut führt aber nicht zu gesteigertem Konkurrenzdruck, zumindest nicht im Bewußtsein der Schüler. Ohne ausdrücklich danach gefragt zu sein, wies die Mehrheit auf das konkurrenzlose Verhältnis unter den Kursteilnehmern hin.

3. Didaktische Arbeitsformen und Anregungen

Keiner der Probanden hat Literaturunterricht in fachübergreifender Organisationsform erlebt; auch projektorientierte Arbeitsvorhaben kamen nicht zum Zug. Deshalb ist es schon erstaunlich (wenn man nicht einfach den Reiz des Unbekannten unterstellen will), daß 19 Schülerinnen und Schüler fachübergreifenden Unterricht als erstrebenswert befürworteten. Insbesondere hoben sie hervor, daß damit Zusammenhänge zwischen Fachgebieten besser ersichtlich seien – „Fachidiotentum ist nicht gefragt" (Sebastian) –, eine Thematik vielfältiger und umfassender behandelt oder Wissen aus anderen Bereichen herangezogen werden könnte. Dazu einige Beispiele:

„... weil man die Kenntnisse eines Fachs in ein zweites einbringen und intensivieren kann" (Ludwig).

„... weil dadurch der zunehmenden Spezialisierung entgegengewirkt werden könnte" (Sarah).

„... weil Bildung nicht nur eine Sammlung von Fachwissen sein sollte, sondern ein Verstehen und Einsehen von Zusammenhängen ist. Und gerade Literatur entsteht ja aus dem Einwirken von Gesellschaft und Zeitgeschehen" (Klaus).

„... weil man dann einen Zusammenhang auch zwischen den Fächern sehen kann; man erfährt z.B., welche Wirkung die Geschichte bzw. geschichtliche Ereignisse auf die Literatur haben" (Daniela).

Trotz der weitgehenden Fehlanzeige im Hinblick auf didaktisch geplanten Unterricht aus der Perspektive verschiedener Fächer gibt es aber immer wieder Anknüpfungen. An erster Stelle standen – verständlicherweise – historische Bezüge: Hintergründe und Begleitumstände literarischer Epochen, dann Schriftstellerbiographien, kunstgeschichtliche Parallelen. Es gab Verbindungen zum Englisch- und zum Ethikunterricht, wenn auch eher zufällig entstehende oder hergestellte. Von synchronen und diachronen Vorgehensweisen bei der Behandlung literarischer Werke wurde in unterschiedlichem Ausmaß berichtet: Vergleiche von Texten derselben Gattung (Woyzeck, Galilei); Gattungen in verschiedener historischer Ausprägung; synchrone Vergleiche von Texten derselben Epoche oder desselben Autors. In der Regel schätzen die Schüler solche Vergleiche als veranschaulichende Hilfe für das Verständnis des Stoffes. Mediale Realisationen literarischer Werke kamen in den meisten Kursen zum Einsatz und wurden in der Regel als positiv bewertet. Die Tabelle 21 gibt dazu einen Überblick.

Tab. 21: Der Einsatz audio-visueller und auditiver Medien in der 12. Jahrgangsstufe

Art der Medien	Einsatz vorhanden Anzahl der Schüler	Einsatz nicht vorhanden Anzahl der Schüler
Video-/Film	19	5
Fernsehen	4	20
Radio	5	19
Tonband/Schallplatte	19	5

Zacharias berichtete, daß sie sich die Verfilmung von M. Walsers „Das letzte Einhorn" ansahen. Der Lehrer gab eine kurze Einführung in das Thema. Nach der Filmbetrachtung erfolgte eine Diskussion. Der Kursleiter verglich den Film mit dem Buch und sprach erst an dieser Stelle die Empfehlung aus, die Lektüre zu lesen. Als positiv empfand Zacharias die gemeinsam in der Diskussion erarbeiteten Ergebnisse, als negativ jedoch, „den Film zu sehen, ohne das Buch zu kennen". Über den Einsatz allgemein üblicher Unterrichtsmittel informiert die Tabelle 22.

Es gibt Annäherungen und Bindungen an Literatur durch leibhaftige Begegnung. Das ist beileibe keine neue Erkenntnis, wenn es auch offenbar einige Mühe macht, danach zu handeln. Die Tabelle 23 vermittelt einen Eindruck, wie es damit bei unseren Kollegiaten ausgesehen hat (vgl. dazu auch Kapitel XII).

Tab. 22: Der Einsatz von Unterrichtsmitteln in der 12. Jahrgangsstufe

Art der Unterrichtsmittel	Häufigkeit der Verwendung in der 12. Jahrgangsstufe				
	nie	ca. 1 mal pro			fast jede Unt.std.
		Semester	Monat	Woche	
Tafelbild	6	3	1	10	4
Overheadprojektor	18	3	2	0	1
Arbeits-, Ergebnisblätter	4	5	3	7	5
Auszüge aus Ganzschriften	5	3	3	10	3
Auszüge aus Sek. lit.	14	4	3	3	0
Auszüge aus Sch.aufsätzen	19	3	2	0	0
Strukturierungshilfen	14	7	3	0	0
Zeitungsartikel, Rezension	7	8	8	0	1

Tab. 23: Häufigkeit von Veranstaltungen in der 12. Jahrgangsstufe

Art der Veranstaltung	Schüler	Anzahl der Besuche (Teilnehmer-Nr.)						
	0	1	2	3	4	5	6	mehr
Autoren- und Dichter-lesungen	19	15; 19 27		(22)	(28)			
Theatervorstellungen, -begehungen	16	13; 19 41		(22)	(40)	(28)	20	(12)
Kinovorstellungen	15	16; 25 29; 33 37	(12)	21	34		(22)	
Führungen in Verlagen, Bibliotheken etc.	21	39	(12)		(28)			
soziale Aktivitäten	22						(12) (40)	

Dazu einige illustrierende Beispiele!

Kinovorstellungen: „Der Tod in Venedig", „Der Prozeß", „Faust", „Ansichten eines Clowns", „Katz und Maus", „Das Schloß", „Paris Texas", „Vollmondnächte", „Once upon a time in America", „The great Gatsby", „Woyzeck".

Und Äußerungen dazu, negative und positive:

„Die Kinovorstellung: Tod in Venedig – Der Film hat mir nichts gebracht. Er mag vielleicht gut sein, jedoch glaube ich, daß ein Action-verwöhntes Publikum (Schulklassen) mit dem Film bzw. der Aussage des Films nichts anfangen kann" (Boris).

„In bezug auf den Deutschunterricht haben mir die englischsprachigen Filme ... gar nichts gebracht. Der Faust-Film hat mich ein wenig irritiert, da ich mir die Personen ganz anders vorgestellt hatte; der Film hat mir zu sehr die Vorstellungen des Regisseurs aufgedrängt. In ‚Der Tod in Venedig' bin ich eingeschlafen; er hat mir gar nichts gebracht, außer anfangs Aggressionen, dann Langeweile. Mit den Gedankengängen moderner Autoren komme ich nicht zurecht" (Sarah).

„Ich fand es interessant, wie jemand anderes – d.h. der Regisseur, das (zuvor gelesene) Buch doch verstanden hat. Ich hätte die Filme völlig anders gemacht. Auch das Aussehen der Personen hatte ich mir ganz anders vorgestellt. Ich finde es gut, auch einmal zu sehen, welche Ideen eine andere Person mit dem betreffenden Stück verbindet" (Daniela).

Theaterbesuche: „Nicht Fisch, nicht Fleisch", „Der Ritt auf die Wartburg", „Don Carlos", „Pioniere in Ingolstadt", „Was ihr wollt", „Leben des Galilei", „Der Park", „King Lear", „Der Brandner Kaspar", „Der Kaufmann von Venedig", „Das Leben – ein Traum", „Penthesilea".

Als positiv vermerkten die Schüler, den Text mit der Theatervorstellung vergleichen zu können, einen schönen Abend gehabt zu haben oder die Arbeitsweisen im Theater zu erleben – d.h. das „Umsetzen des Geschriebenen in Bilder und Sprache". Marietta berichtete dazu, neue Denkanstöße erhalten zu haben, und daß sich „tolle Diskussionen" angeschlossen hätten; Karl hob hervor, daß er erst durch die Schule „so richtig auf den Geschmack von Theatervorstellungen gekommen sei".

Einen herausragenden Stellenwert hatten Theaterbesuche im Deutschleistungskurs von Siegfried; er bewertete auch die soziale Funktion gemeinsamer Veranstaltungsbesuche positiv.

„Insbesondere wurde die Gemeinschaft gefestigt. Schließlich besucht man zwei Jahre lang denselben Kurs. Damit verbunden, verbessert sich das Verhältnis zum Lehrer, bzw. es entsteht überhaupt erst eine Beziehung. Häufige Theaterbesuche konfrontieren einen mit den verschiedensten Dramenrichtungen; meine Kritikfähigkeit wurde geschult; neue Interessen (in bezug auf Theaterdarstellungen) wurden geweckt. Der Unterricht wurde aufgelockert, erschien mir wirklichkeitsnäher..." (Siegfried).

Von weiteren Aktivitäten wäre nur sporadisch zu berichten; statt dessen abschließend ein Schlaglicht darauf, wie – sicher durch pädagogisches Engagement begünstigt – Literatur zum integralen Bestandteil der Kollegiatenexistenz werden kann.

„Wir schauen uns auch ziemlich viel Videos an in der Schule. Und dann hat man eben auch von Don Carlos eine ganz andere Vorstellung – wenn man es nicht im Theater gesehen hat. Wenn man es mal im Bild gesehen hat, liest man sich leichter … Daß man eben nicht gezwungen ist, sich den in der Schule anzuschauen, sondern sich mal abends trifft und den anschaut, eben z. B. bei der Lehrerin. Und dann dort ein Abendessen macht und ein bißchen was trinkt und da den anschaut und dafür am nächsten Tag eben die zwei Stunden ausfallen läßt. Bezeichnend ist (für unsere Lehrerin) vielleicht, daß sie einmal gesagt hat – um eins: ‚Ja, ich muß morgen um vier aufstehen zum Korrigieren. Ich muß jetzt ins Bett. Aber Ihr könnt gerne noch bleiben.‘ – Und dann blieben wir noch eine Stunde und gingen dann heim“ (Zacharias).

Kreatives Schreiben ist eine literarische Handlungsform, die – zumindest im Zusammenhang mit der Schule – eher zu ambivalenten Befunden führt. Nicht daß die Kollegiaten sie von vornherein ablehnten oder Zweifel äußerten, aber die „pädagogische“ Intervention finden sie nicht selten unangemessen.

„Es wäre mit Sicherheit interessant, aber es ist die Frage, inwieweit die entsprechenden Leute selber wollen. Ob das ihnen nicht vielleicht peinlich ist, da vor versammeltem Publikum die eigenen Werke zerstückelt zu kriegen“ (Siegfried).

„Ja, er tut immer so, als gäbe es die (Möglichkeit des kreativen Schreibens) …, aber immer schon gleich so, daß man sich nicht hinsetzen traut. … Sobald er einem eine Anregung gibt, daß man da meint: ‚eigentlich müßte ich es mal probieren‘, dann kommt er danach mit irgendeinem Hammer: ‚Ja, der so und so – irgendein berühmter Name – hat es auch schon vergeblich versucht‘, so daß man meint – o weh, gleich entmutigt“ (Sabine).

„Ja, sowas wurde uns zwar angeboten, aber die (Möglichkeit) haben wir eigentlich nicht angenommen. Das war irgendwie mangelndes Interesse. Das wurde aber schon angeboten – mal einen Roman schreiben oder ein Märchen oder so, aber das haben wir dann praktisch nicht gemacht.“ Zwar fand Sebastian das Angebot gut, meinte aber: „… das hängt sehr stark vom Kurs ab, und da da wirklich der Druck fehlt, hat das wahrscheinlich kaum eine Chance – zudem mit der Fächerbelastung der anderen Fächer; also in einer unteren Klasse ist das vielleicht möglich“ (Sebastian).

Was an Anregungsmöglichkeiten in eigenen Schreibversuchen steckt, deuten die beiden folgenden Interviewauszüge an.

„Ja, ich finde das schon gut, wenn man selber mal was macht. Man kann immer nur so seine Definition … zwar lernen, aber irgendwie bei Fabeln und Parabeln ist das immer unheimlich schwer, das abzugrenzen. Und wenn man jetzt mal selber eine geschrieben hat ... dann kann man sich da besser ein Urteil bilden" (Ludwig).

„... vor Weihnachten haben wir eine Weihnachtsgeschichte probiert – jeder einzeln und zusammen. Und daß wir, bevor wir unsere Zeitschrift herausgegeben haben, so eine Lesung gehalten haben ... und daß da dann eben diskutiert wird und Kritik kommt in einer fundierten Form, die man auch verträgt. Daß man sich gegenseitig was sagen kann. So die Kreativität ist schon, daß man miteinander was schreibt oder daß immer wieder Leute Anregungen kriegen, was zu schreiben" (Zacharias).

4. Die Facharbeit

Die Übersicht auf S. 87 läßt erkennen, daß alle Schüler mit sehr großer Leseintensität in ihrer Freizeit die Facharbeit im literarisch-musischen Bereich erstellten. Die anderen legten ihren Schwerpunkt eher auf die mathematisch-naturwissenschaftlichen Fächer. Von den Teilnehmern am Leistungskurs Deutsch schrieben drei ihre Facharbeit aus eben diesem Fach.

Bei der Wahl der Facharbeitsbereiche und -themen wiederholt sich in etwa, was bereits bei der Wahl der Leistungskurse zu beobachten war: der Entscheidung gehen verschiedene Überlegungen voraus, keineswegs nur interessenorientierte.

„... ich bin (zum Lehrer) hingegangen und habe gemeint, ich würde gern etwas über Kafka schreiben. Aber er ist überhaupt nicht darauf eingegangen und hat einfach mir kein Thema gestellt dann. Und dann hat er uns halt viele Themen gegeben und hat gesagt: ,Sucht euch davon eines raus ...', und dann haben halt einige Leute ziemlich schnell gewußt, was sie machen und ich habe mir immer gedacht: ,Mensch, ich möchte was über Kafka machen – irgendwas über den schreiben'. Und ich bin dann nochmals hingegangen und habe gefragt, ob ich nicht etwas darüber machen kann, dann hat er gemeint, das geht jetzt nicht mehr und das wäre eh von der Zeit her nicht mehr drin ... und dann hat es halt nicht mehr geklappt mit der Facharbeit. Jetzt muß ich praktisch das Thema (,Emanzipation bei P. Handke und B. Schwaiger') machen ... das war noch das einzige, was mich wirklich ein bißchen angesprochen hat" (Marietta).

„Ich bin durch einen Artikel im ,Spiegel' und in der AZ draufgekommen, daß es von Eco selber da noch ein Nachwort dazu gibt. Das war auch sehr interessant ... Da ging es um die Facharbeit, und ob es überhaupt Sekundärliteratur zu dem Buch gibt. Aber ich hab dazu dann nicht so viel gefunden – in gedruckter Form sowieso nicht – es gibt sie höchstens in der Form, daß eben einige Schüler bereits Facharbeiten drüber geschrieben

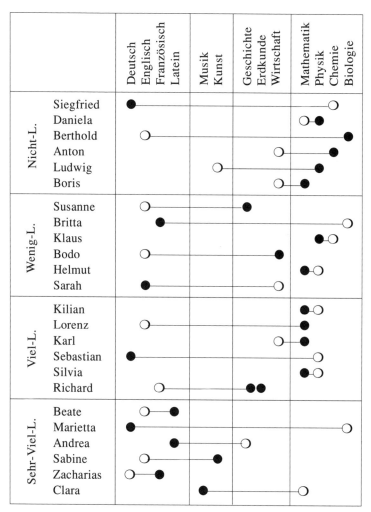

Abb. 11: Leseintensität, Leistungskurse und Gegenstand der
    Facharbeit

haben. Aber da ich mich dann sowieso mehr auf die Bestsellerforschung
verlegt habe und das nur an dem Beispiel von dem Buch erklärt habe, hab
ich dann als einzige Sekundärliteratur die Nachschrift gehabt ... was das
Buch auch unheimlich interessant macht ..., daß man die Geschlossenheit
erkennt daran, und das macht mir zumindest Spaß, das zu lesen, wenn man
das Durchkonstruierte erkennt. Ich hab das auch beim ersten Lesen schon
teilweise erkannt, aber durch die Nachschrift ist mir sehr viel klarer geworden, was ich bisher noch gar nicht so wußte" (Sebastian).

„... das stand von Anfang an außer Frage, wo ich sie schreibe, weil in Deutsch sind mir die Punkte relativ sicher. Außerdem macht es mir mehr Spaß. Also in Deutsch kann nicht viel passieren, da weiß ich, was ich kann, oder was ich nicht kann. Und dann in Chemie ist das eine doch relativ unsichere Sache und sehr arbeitsaufwendig eben – mit Versuchen und allem Drum und Dran – und ob ich die Zeit finde, so chemisch begabt bin ich dann auch wieder nicht. Das ist eben eine Notlösung, der Leistungskurs, und da war es für mich keine Frage, sie in Deutsch zu schreiben" (Siegfried).

Die Frage nach einem Lerngewinn an Arbeitstechniken wurde unterschiedlich beantwortet. Manche Schüler erwähnten Gewinne hinsichtlich selbständigen Arbeitens, des Erlernens wissenschaftlicher Arbeitstechniken oder der Übung von Formulierungsfertigkeiten.

„Ich glaube, insgesamt ist so eine Facharbeit schon eine gute Übung, um seine Formulierung zu überprüfen. Weil man schreibt das zuerst und dann liest man es sich nochmal durch, und dann merkt man, da stimmt was nicht und dann zu merken, was da nicht stimmt und dann auch das richtige Wort zu finden..." (Daniela).

Begründungen für mangelnden Lernzuwachs liefen darauf hinaus, daß die verwendeten Techniken bereits vor Erstellung der Facharbeit bekannt und vertraut gewesen seien.

„(Was die Methoden und Techniken anbelangt), hat mir das Schreiben der Facharbeit eigentlich nichts gebracht, weil das war mir eigentlich alles ziemlich selber überlassen, wie ich das mache ... und insofern habe ich da sowieso keine bestimmte Methode jetzt verwendet, sondern ich habe einfach mal so zufällig Bücher gefunden ... es gibt dann schon teilweise Schemen, wo man sagt: ‚zuerst schreibst du über den Autor selber, und dann kommt der Inhalt von dem Buch, und dann kommt erst die Interpretation' – oder so. Aber das lernt man einfach im Deutschleistungskurs. Das ist halt, wie wenn ich ein Referat halte, und Facharbeit (schreiben) ist irgendwie ein großes Referat ... Die Facharbeit ist in Deutsch eben im Leistungskurs eigentlich nur eine reine Sache von Faktenwissen, und was man halt über das Thema weiß, und daß man das ordentlich formuliert. Aber so Aufbau ist eigentlich kein Problem mehr für den Deutschleistungskurs" (Marietta).

Auswirkungen auf den Umgang mit Schullektüre vermerkte keiner der Teilnehmer, und Auswirkungen auf den Umgang mit Freizeitlektüre hielt nur eine Leistungskursteilnehmerin für möglich. Aber immerhin 6 Kollegiaten fanden es interessant, sich über längere Zeit hinweg mit einer Thematik zu befassen.

„Es bringt unheimlich viel, einfach mal über ein größeres Thema – sich mal länger damit zu beschäftigen. Weil das muß man irgendwie auch lernen, weil im allgemeinen kann man das nicht so gut – ich habe jetzt ein Thema und beschäftige mich jetzt ein halbes Jahr lang ab und zu immer mal wieder mit dem Thema und richte mein Interesse auch auf das Thema aus. Und das lernt man schon mit der Facharbeit, und das ist vielleicht nicht schlecht für später" (Marietta).

5. Die Bedeutung der Noten

Zu vermuten war, daß Personen, die an Literatur stärker interessiert waren, auch bessere Leistungen im Fach Deutsch zeigten. Als Indikatoren literarischen Interesses zogen wir wiederum Persistenz und Selektivität der Freizeitlektüre heran. Daten zur Punktezahl in der 12. und 13. Jahrgangsstufe, zur Zufriedenheitseinschätzung und zur Prüfungsrelevanz des Faches Deutsch sind der Abbildung 12 zu entnehmen.

Die statistische Prüfung zum Zusammenhang der erreichten Notenzahl und der Leseintensität (Persistenz) in der Freizeit ergab keine interpretierbare Beziehung. Für den Zusammenhang zwischen Noten und Selektivität war – jedoch nur für die 12. Jahrgangsstufe – festzustellen, daß Personen, die als alleinigen Lektürebereich „gehobene Literatur" präferierten, signifikant bessere Noten – d.h. Note 2 oder besser – hatten als die Unterhaltungsliteraturleser (Fisher, p=.06).

Das Maß für Zufriedenheit bzw. Unzufriedenheit mit dem Leistungsergebnis hängt von der jeweils erreichten Punktezahl ab. In der Regel erzeugten Punktwerte, denen die Note 3 oder schlechter entspricht, Unzufriedenheit. Für die 13. Jahrgangsstufe vermerkten dennoch mehr Teilnehmer Zufriedenheit, einige wohl deshalb, weil sie sich mit ihrer (mäßigen) Note abgefunden hatten. Andere verbesserten sich aber auch, und zwar ausschließlich Viel- und Sehr-viel-Leser. Notenverschlechterungen fanden sich überwiegend bei den Wenig- und Nicht-Lesern.

15 Teilnehmer berichteten von einer Erfolgs- und Notenorientierung im Fach Deutsch und/oder allgemein. Ihnen lag etwas an einer guten Note, sei es, weil sie einen guten Schnitt anstrebten oder weil ihnen eine gute Note im Fach Deutsch persönlich etwas

		12. Jahrgangsstufe					13. Jahrgangsstufe					Prüfungsrelevanz			
		15–13 Punkte	12–10 Punkte	9– 7 Punkte	unter 7 Punkte	Zufriedenheit mit Note / Unzufriedenheit	15–13 Punkte	12–10 Punkte	9– 7 Punkte	unter 7 Punkte	Zufriedenheit mit Note / Unzufriedenheit	LK-Fach	Deutsch-Kolloquium	schriftliche Prüfung	nicht Prüfungsfach
Nicht-L.	Siegfried	●					●				●	●			
	Daniela	●	●			●	●	●			● ●		●		
	Berthold			● ●		●				●	───				●
	Anton				●	●	───								
	Ludwig		●			●				●	●		●		
	Boris			●		●				●	●	●			
Wenig-L.	Susanne			●		●			●		●	●			
	Britta		●			●		●			●	●			
	Klaus	●	●			●		●			●				●
	Bodo	●				───	●				●				●
	Helmut			●		●				●	●	●			
	Sarah		●			●				●	●				
Viel-L.	Kilian		●			●				●	●				●
	Lorenz		●			●				●	●				●
	Karl			● ●		● ●			●		●				●
	Sebastian		●			●		●			●			●	
	Silvia		●			●		●			●				●
	Richard			●		───									
Sehr-Viel-L.	Beate			● ●		●									●
	Marietta		●			───		●							●
	Andrea		●			●		●			●	●			
	Sabine		●			●	● ●				●	●			
	Zacharias	●				───	●				●	●			
	Clara			●		●	●				●			●	

Abb. 12: Erreichte Punktezahl in Deutsch – Prüfungsrelevanz

bedeutete. Auf die Frage, welche persönliche Bedeutung sie den erreichten Leistungen in Deutsch beimesse, antwortete z.B. Daniela:

„Es ist halt irgendwo ein Erfolg. Das erste (Semester) hat mich ein bißchen deprimiert. Da hatte ich in der Klausur nur neun Punkte, das war also eine Drei. Da hatte ich einen schlechten Tag, habe ziemlich nüchtern argumentiert, emotional halt überhaupt nicht, und das hätte es halt gebraucht. In der 2. Klausur hatte ich aber 14 Punkte, und das hat mich einfach aufgebaut. Mich baut es eigentlich immer auf, wenn ich irgendwo gut bin, weil da weiß ich dann, da war die Lernerei nicht umsonst – es hebt das Selbstbewußtsein ... Ja, (eine gute Deutschnote ist mir schon wichtig). Erstmal wegen dem Abitur natürlich, weil ich weiß noch nicht so genau, was ich studieren werde ... Und weil es auch mein Selbstbewußtsein unheimlich aufbessert, wenn ich weiß, daß ich was kann" (Daniela).

Daß ihnen die Noten in Deutsch und überhaupt gleichgültig sind, behaupteten alles in allem nur 5 Kollegiaten: für ihre beruflichen Pläne sei keine bestimmte Abiturnote nötig. Für das Abitur wird Deutsch hauptsächlich als Kolloquiumsfach gewählt; die beiden folgenden Begründungen sind symptomatisch und stehen stellvertretend für eine Reihe ganz ähnlicher Äußerungen.

„... in Deutsch, da kann man ja dann immer was erzählen ..., weil man hat ja das Grundwissen und den Wortschatz da. An dem liegt es schon mal nicht" (Ludwig).

„Ja, ich denk mir, so einigermaßen fließend reden, das kann ich. Ich mach das Kolloquium dann. Wenn ich was schreibe, das steht ja dann. Das können ja dann alle möglichen anschauen. Wenn ich was rede, dann bin ich halt doch schlagfertiger" (Anton).

Erstaunlich ist, daß acht der Nicht- und Wenig-Leser sich in Deutsch prüfen ließen. Abgesehen von den Leistungskursteilnehmern war dies für die Viel- und Sehr-viel-Leser nur zweimal der Fall. Lediglich Kilian und Clara unterzogen sich dem Deutsch-Kolloquium.
    In den Interviews wurden die Schüler auch nach der Ausrichtung des Unterrichts auf Leistungsnachweise hin gefragt. Nur fünf Schüler sahen keinen Zusammenhang zwischen Unterrichtsinhalten und Leistungsmessungen.

„Nein, aufs Abitur hat er eigentlich gar nicht hingearbeitet, das hat auch einige Leute gestört. Das kam auch immer wieder in Gesprächen raus, daß er für das Abitur und Klausuren nicht viel getan hat ... für die, die schriftlich Abitur machen, ist das sehr unangenehm" (Klaus).

Aber die Mehrzahl äußerte sich anders, vermerkte teilweise sehr deutlich, die Produktion abfragbaren Wissens dominiere im Unterrichtsgeschehen.

„Da wird nur gesagt, daß in sechs Wochen eine Klausur ist und so lang wird dann Antigone gemacht. Er (der Lehrer) legt also praktisch den Stoff der Klausur fest, und das wird dann durchgearbeitet. Da kommt dann eine Klausur zur Lektüre ..., das (z.B. zwei Dramen) wird verglichen und abgefragt ... Das ist auch das, was mich an der Schule unwahrscheinlich stört: man hat keine Zeit, etwas aufzubauen und selber zu erarbeiten, sondern man muß eben die Fähigkeit erlernen, das einzuspeichern und dann in einer bestimmten Zeit – ich sag es mal in Deutsch – auszukotzen. Das ist meines Erachtens nicht das, was man auf der Uni braucht, obwohl es da ja eigentlich ebenso läuft ... Es wäre besser, wenn mehr Kreativität gefördert wurde" (Kilian).

„... man will ja auch konkret den Stoff möglichst gut durchbringen, sonst darfst du dich daheim hinsetzen und darfst das alles nachlernen, nur weil du im Unterricht vielleicht ein interessantes Gespräch geführt hast, eine interessante Diskussion kam zustande – ja wunderbar, aber davon habe ich meinen Stoff nicht. Und alles richtet sich halt in letzter Zeit auf die Prüfung hin" (Sarah).

„Zwangslektüre ist immer negativ, würde ich sagen. Und dann auch noch die Lektüren, die hier geboten wurden. Naja, wäre es keine Lektüre, wäre es was anderes, also ist es egal. Irgendwas muß ja geprüft werden. Bei Deutsch bietet sich halt Lektüre an" (Anton).

„Die Texte sind gut, aber dann sollen wir sie zerpflücken und soviel aus dem Text herausholen. Also das kann ich einfach nur aus den Fingern saugen, nur daß es dem Lehrer recht ist, das ist einfach langweilig. Genauso wie die Klausuren ... Textanalysen, da schreibt man dann irgendeinen Schmarrn hin, was man mal gehört hat, aber was man gar nicht kapiert, weil man es einfach nicht rausliest. Weil, so Sprachanalyse mit den rhetorischen Figuren, mein Gott, sieht doch keiner eigentlich. Aber man schreibt was hin, weil, man hat da irgendwas davon gehört, und das finde ich also nicht gut. Und das ist eben sehr häufig der Fall und war bisher immer so in allen Klassen" (Britta).

Daß ein Miteinander von interessantem, teilnehmerorientiertem Unterricht und Ausrichtung bzw. guter Vorbereitung auf Prüfungen durchführbar und erwünscht ist, mag eine letzte Stellungnahme von Zacharias über seinen Leistungskurs verdeutlichen:

„... ich finde es genau richtig, daß man im Leistungskurs die Möglichkeit hat, sehr viel zu machen, nicht unter Zeitdruck arbeiten muß ... Also ich sehe das direkt am anderen Kurs. Da hat es schon ewig Ärger gegeben, also mit den Klausuren nachkorrigieren, weil wir so viel besser sind als der andere Kurs. Aber wo der Lehrer seinen Standpunkt hat, und er hält stundenlang Vorträge über ein Thema, über Sprachbetrachtung von mir aus, und dann schreiben sie irgendeine Klausur, die damit überhaupt nichts zu tun hat. Und das ist nicht lebendig, es entsteht nichts miteinander. Das hängt nicht so sehr vom Lehrplan ab, der Lehrplan gibt da schon irgendwie Freiheiten, die man dann rausziehen kann. Wenn man sich auch ein bißchen freimachen kann, man nicht sagt: ‚wir müssen jetzt das und das und das machen‘, sondern auch den Mut zur Lücke hat, daß man sagt, daß man den Überblick hat, den der Schüler nicht haben kann, den der Lehrer vermitteln muß. Daß man sagt, das spielt jetzt überhaupt keine Rolle, ob wir fünf oder zehn Lektüren lesen, sondern daß wir eine lesen, oder überhaupt keine, sondern nur mit Texten arbeiten, daß wir einfach damit umgehen können. ‚Gut, wir arbeiten immer auf zwei Ebenen, daß im Abi nichts passiert und in der Klausur, daß wir da fit sind, und daß es für uns was bringt. Das ist das eben auch, was wir vorher geredet haben, ... wo der Lehrer Schwerpunkte setzt. Also wichtig ist, daß es für uns speziell was bringt. Daß wir interessiert sind, daß wir begeistert sind für Sachen, wo wir am Anfang nicht so mitziehen, daß wir ins Theater gehen, in die Oper, daß wir einfach voll dabei sind und dann aber auch sagen: ‚da ist Klausur – um Gutes willen, Rilke mit Goethe vergleichen, oder Höllerer mit Benn‘, aber dann auch in der Auswahl der Texte was erkennt. Wo auch Klausuren auf uns abgestimmt werden, wo sie eben sieht, ja, uns liegt ein traditioneller Text besser, und sie hat als Lehrerin die Auswahl, einen traditionellen oder modernen zu nehmen, oder der Vergleich liegt und besser, die Mehrheit – das kann man nie recht machen – und daß dann uns als Klausur gestellt wird: der Vergleich oder ein moderner Text, es eben irgendwie jedem gerecht wird.

Ja, daß uns auch ein zentral gestelltes Thema nichts machen kann. Weil wir eben keine Themen von ihr machen, sondern einfach dagewesene Abiturtexte, Leistungskurs oder Grundkurs Abitur. Leistungskurs haben wir im Abi fünf Stunden. Wir machen es in zwei Stunden. Sie benotet es reell wie Abitur und ... das gibt dann auch die Sicherheit und das sind dann eben in der Klausur auch vierzehn Punkte" (Zacharias).

V. Rezeptionsbedingungen und -probleme

Beim heutigen Literaturbetrieb wird die Frage der Rezeption immer wichtiger. Rezeption meint (Dahrendorf 1979, S. 363) die „Prozesse der Aneignung, Aufnahme und Verarbeitung von Literatur in ihren verschiedenen Erscheinungsformen. Die Rezeptionsästhetik untersucht dabei die empirisch belegbaren realen Rezeptionsweisen eines Textes im Zusammenhang mit den literarisch/textualen Mitteln, während die Wirkungsästhetik die Autor- bzw. Textintentionen interpretiert…" Gerade unter dem Gesichtspunkt des Datenschutzes sollte man davon absehen, innerschulisch oder klassenintern immer wieder mit Fragebogenaktionen, mit Umfragen, Strichlisten, Nennungen oder gar mit „Leseausweisen" aufzuwarten; zwischen bloßem Ausleihen, Lesen und verstehendem Rezipieren ist fürwahr ein weiter Weg.

Es ist heutzutage nicht mehr das Lesen (allein), das mit literarischer Rezeption zu tun hat, sondern das (jeweils „literarische" oder „ästhetische") Hören (von herkömmlichen und Neuen Hörspielen bis zu Soundseeing-Hörbild-Versuchen etwa von Paul Wühr), das Sehen (Literaturverfilmungen, gefilmtes und verfilmtes Theater, adaptiertes oder originales Fernsehspiel, Freilichttheater, Festivals, Jugendfestivals), und in den genannten Fällen geht es natürlich um das audio-visuelle Aufnehmen. Kassetten mit Hörspielen, „Sprechplatten" mit Autoren oder Schauspielern/Sprechern, Videoaufnahmen von Theaterinszenierungen und Verfilmungen, Vergleiche verschiedener „Fassungen", d.h. Inszenierungen (z.B. solche mit bewußter Werktreue, Inszenierungen „gegen den Strich", umstrittene Inszenierungen, konträre Auffassungen, die Semiotik der Bühnengestaltung, der „Duktus" eines Regisseurs im Regie-Theater, Fragen der inneren und der äußeren Dramaturgie, Glanz oder Problematik von Kollektivregie-Leistungen): dies alles wird zu einer Sensibilisierung für Sprache und sprachliche Gestaltung ebenso beitragen wie für die visuelle Kommunikation: Theaterbesuch – auch eine „Schule des Sehens".

Die Deutschdidaktik hat für die Fragen der Rezeption (von Texten und – hier – von Literatur) herausragende Leistungen erbracht. Diese Forschungsrichtung wird sich, wie sich das beim VII. Bielefelder Symposion der Deutschdidaktik (1988) unter der Sektions-Leitung ‚Empirie in der Deutschdidaktik‘ durch die Experten Willenberg und Röttger abgezeichnet hat, auf den Bereichen Leseforschung und Rezeption zielstrebig weiter entwickeln.

Bereits Heft 41/1980 der Zeitschrift „Praxis Deutsch" (mit dem immer noch beachtenswerten Basisartikel „Textrezeption und Textgebrauch" von Baurmann/Nündel/Schlotthaus) hat aufgewiesen, wie differenziert eines der Kernprobleme der Literaturdidaktik und der Textpädagogik schon in den 70er Jahren behandelt wurde. Die im erwähnten PD-Heft angesprochenen Bereiche um Textrezeption und Textgebrauch im Unterricht, ferner mit Blick auf Rezeptionsforschung und Rezeptionstheorie machen den Hinweis erforderlich, daß die vorliegende Publikation zu einem DFG-Projekt ergänzend Aspekte der Interessentheorie und Interessenforschung auf die literarische Rezeption zu übertragen versucht.

Die Standard-„Sorge" in der Didaktik bleibt freilich, ob nämlich die Fragen, Erkenntnisse und Ergebnisse der Rezeptionsforschung tatsächlich auch rezipiert werden, und zwar nicht nur von hochspezialisierten Insidern, sondern von denen, die Literatur vor Ort, in der Schule, vermitteln. Von dem überreichen Angebot an Definitionen und Erläuterungen zum Begriff Textrezeption, um den es uns im Zusammenhang mit diesem Interessen-Projekt zur Literatur vor allem geht, sei die von Posner (1973, S. 515f.) vorangestellt, da sie die Rolle des „Zeichenträgers" in u. E. überzeugender Form zunächst für den pragmatischen, dann für den ästhetischen Bereich aufgreift:

„Der Zeichenträger bildet … die Brücke zwischen der Zeichenmaterie und den Endinformationen und spielt somit die zentrale Rolle im Rezeptionsprozeß: Wer eine Mitteilung ohne Abstriche verstehen will, muß aus der gegebenen Zeichenmaterie den Zeichenträger und aus diesem die Endinformationen rekonstruieren können.

Die Rezeption eines Textes, eines Werkes der bildenden Kunst, eines Musikstücks setzt voraus, daß die Zeichenmaterie auf einen rezeptionsbereiten Empfänger trifft. Rezeptionsbereit ist ein Empfänger, wenn er über eine Reihe unblockierter Kanäle verfügt und eine Anzahl von Kodes beherrscht, die er einzusetzen gewillt ist, um aus der Zeichenmaterie die Nachricht abzuleiten. In einer kurzen Anpassungsphase ermittelt der Empfänger zu Beginn des Rezeptionsvorgangs einen passenden Übertragungskanal: aus dem Empfänger optischer oder akustischer Reize wird ein

Leser, ein Kunstbetrachter oder Musikhörer. Die ersten Erfolge in der Entschlüsselung der Nachricht steuern die Wahl eines geeigneten Dekodierungssystems: der Leser beginnt einen Text als Sachbuch oder als Gedicht zu lesen; der Hörer achtet auf den Rhythmus, auf die Melodie oder auf die Zahl der Töne, je nachdem, ob er ein Jazzstück, ein Lied oder aber eine Pendeluhr vor sich zu haben glaubt; der Betrachter spezialisiert sich angesichts eines Plakats auf dessen Appellcharakter, angesichts einer Plastik auf die Effekte des Perspektivenwechsels."

Trotz der im Nachrichtenmagazin „Der Spiegel" (Nr. 3/1988, S. 73) beklagten „Theoriemüdigkeit" der Pädagogen, zumindest ostentativ geworden auf dem Markt für Pädagogik-Zeitschriften, muß ein Zusammenhang, ein Kooperationsmodell zwischen Forschung, Lehre und Unterrichten gewahrt bleiben: Dies ist und bleibt der Auftrag an Pädagogik wie Fachdidaktik, und empirische Forschung vermag am legitimsten, diese Kluft wieder zu schließen.

Erinnert sei daran, daß es für jeden Unterrichtenden – von der Vorschule bis zur Hochschule – ein für ihn/sie wichtiges Anliegen bleibt, ob eine Unterrichts-, eine Spiel-, eine Schul-, eine Kurs-, eine Seminar-, eine Vortragsstunde oder -einheit „ankommt", ob damit etwas erreicht, ein Lehrerfolg gesichert wurde. All dies hat mit Rezeption zu tun, und Unterrichten ist ein bedeutsamer, auf den Rezipienten, die Zielgruppe, den Schüler (z.B. als Leser) fixierter und handlungsorientierter Prozeß von Kommunikation und Interaktion. Auditive, visuelle, audio-visuelle und kinästhetische Kommunikation bedarf des Rezipienten: Also bleibt dieses Thema aktuell, berufs- und wirklichkeitsrelevant.

1. Wichtige Vorleistungen:
   fachdidaktische Rezeptionsforschung

Es kann sich im folgenden nur um einen Versuch handeln, in verkürzter Form einige der Grundfragen, die in fachdidaktischen Publikationen über Fragen der Rezeption nicht nur aufgeworfen, sondern abgehandelt wurden; die Kenntnis dieser Ergebnisse floß in die Interviewfragen des Projekts von Anfang an mit ein. Hier eine Auswahl – in Frageform, Ausgangspunkt „Praxis Deutsch" (41/1980) – zur Verdeutlichung angeführt, worum es geht:

– Wie ist das Verhältnis von Texteigenart und Textverstehen?
– Wie verhalten sich Leseeigenart und Textverstehen?

- Welche Zusammenhänge lassen sich erkennen zwischen Lesesituation und Textverstehen?
- Wie sind die voraussichtlich unterschiedlichen, weil subjektiven Verstehensweisen beschaffen, die verschiedene Leser einem „gleichen" Text gegenüber haben können?
- Kann es „richtige" und „falsche" (oder nicht auch ,akzeptable') „Textverständnisse" geben?
- Welche Ursachen liegen diesen verschiedenartigen Leseverständnissen zugrunde?
- Lassen sich die georteten Lese(r)verständnisse oder -verständnisweisen typisieren oder klassifizieren?
- Gibt es bestimmte Lesedispositionen (und „Lesertypen" mit vergleichbaren Wahrnehmungshaltungen), die einen Text in einer typischen Weise „verstehen"?
- Wie kommt man dem „textverstehenden Bewußtsein" von Lesern auf die Spur?
- Vom Unterrichtenden her gesehen: welche Grundhaltung dominiert bei ihm (z.B. vorwiegend ästhetische oder soziologische Interessenlage); wo finden sich stärker schülerzentrierte Einstellungsdispositionen; erfolgt der Unterricht vom Interesse her auf der Weiterbildung in pädagogischer, didaktisch-methodischer Sekundärliteratur; welche Verstehensprofile gegenüber Texten bieten sich zur Ergänzung oder zum Ausgleich an; wie sind zeitspezifische Verstehensparadigmen (mit Blick auf die „historische" Wirkungsforschung) beschaffen?
- Ist die „Zweckgerichtetheit" des Lernens hinreichend berücksichtigt, ist die Funktionalität des Lesens erkannt worden?
- Sind die Textgegebenheiten und die (erkennbaren) Lesereigenarten berücksichtigt?
- Wo zeichnen sich eventuelle Interferenzen von Situationsabhängigkeit und Sinnverständnis ab?
- Sind Bedingtheiten von schulischem und außerschulischem Lesen erkennbar (steuerbar im Sinne von individueller Beratung)?
- Muß der Interpretierende nicht immer wieder die eigene Verstehensweise, die sicherlich mitgeprägt ist von der eigenen Lebensgeschichte, überdenken, sie gegebenenfalls auch einmal im Unterricht zur Disposition oder Diskussion stellen?
- Wie wirkt sich der oft einheitliche „Verstehenskamm" der/des jeweils Literatur Unterrichtenden aus?
- Wie kann man zu „individuellem" Lesen ermutigen?
- Läuft der lehrplan-fixierte und an Modellen oder gar Rezepten orientierte Unterricht nicht doch Gefahr, Bündel von Interpretationsritualen, Techniken und Befragungsrastern zu werden?
- Ist nicht vielfach ein kurzer Weg von Anweisungen zum „erwünschten" Textverhalten gegeben?
- Welche Leseweisen sind vom außerschulischen für den schulisch-unterrichtlichen Bereich übernehmbar (man denke an die von Lehrplan,

Schule und Lehrer „intendierte" und an die „tatsächlich gelesene" Literatur bei Schülern und Jugendlichen)?
- Welche Lesesituationen sind förderungswürdig, beachtenswert, angemessen(er)?
- Ist den Schülern mit flexiblen Lern- und Lesestrategien geholfen?
- Gibt es Unterschiede zwischen „normal" geplantem Interpretationsunterricht und projekt-orientierten Textgebrauchsweisen?
- Zum Übertragen: Wo und wie lassen sich schularten- oder zielgruppenspezifische Erfahrungen im Textverstehen erarbeiten und anwenden?

Diese Auswahl an Fragen sollte deutlich machen bzw. rekapitulieren, was auf dem Gebiete der Lese- und Rezeptionsforschung in den letzten Jahren – mehrenteils von Fachdidaktikern – geleistet wurde. Erwähnt seien, zu verstehen als weiterführende Hinweise, die Arbeiten von Baurmann (1980), Beisbart u. a. (1976), Conrady (1976), Eggert/Berg/Rutschky (1975), Franz/Maier (1978), Hussong (1973), Schober, Hrsg. (1979), Dehn, Hrsg. (1974), Hoppe, Hrsg. (1976), Müller-Michaels (1976 und 1987), Nündel/Schlotthaus (1978), Bauer u. a. (1972), Groeben (1977), ferner Iser (1976), Link (1976), Naumann u. a. (1976³), Schmidt (1979), Warning, Hrsg. (1975), Haseloff (1976), Schmidtchen (1968); unverzichtbare Publikationen sind weiterhin die von: Baumgärtner (1970), Groeben/Scheele (1975), Grömminger/Ritz-Fröhlich (1974), Haas (1976), Heuermann/Hühn/Röttger (1975 und 1982), Hopster (1976), Hurrelmann (Hrsg. 1980 und 1982), Kirsch (1978), Meier (1981), Mittmann (1981), Pfleger (1982) und Willenberg (1977 und, Hrsg., 1987).

2. Kurzexkurse zum Verständnis literarischer Rezeptionssituationen

Der erste Kurzexkurs bezieht sich auf Kapitel II.3. dieser Publikation; er ist u. a. befaßt mit der wohl nie kategorisch abzugrenzenden Verlaufs- oder Grenzlinie zwischen „E-" und „U-"Literatur, also zwischen der sogenannten „ernsten" und der „unterhaltenden" Literatur. Bei der Massenliteratur (auch „Trivialliteratur" genannt) ergeben sich wichtige Forschungsprobleme, die – als Wertungsproblem – im Unterricht angesprochen werden sollten, beispielsweise (a) im Hinblick auf eine Geschichte „trivialer" Texte mit ihrer Breitenwirkung und diachron verfolgbarer Leserresonanz, (b) im Hinblick auf die Groß- und die Kurzformen im Rahmen einer solchen

Gattungsgeschichte (an der Dichotomie/Zweiteilung der Texte, zugleich in Abgrenzung von den pragmatischen Textsorten soll festgehalten werden), (c) in Verfolgung wiederkehrender Inhalte und Erzählstrukturen, dann (d) mit Blick auf die Wirkungsgeschichte solcher Texte (Literaturkritik, die sich z. B. mit Simmel oder Konsalik erst gar nicht befaßt; Trendbeobachtungen, Bestseller-Listen, Umfrageergebnisse), (e) beim Aufwerfen von Wertungsfragen (Freizeitverhalten, Erholung, Entspannung bis zum bewußten „Eskapismus") und (f) unter Berücksichtigung von Distributionsvorgängen (Produktion bis Vertrieb, Verkaufsziffern, Umsatz-Bilanzen; Buch als ausgesprochene „Ware").

Der zweite Kurzexkurs ist der Hinweis auf Möglichkeiten des „Funktionierens von Texten" innerhalb der Opposition künstlerischer und nichtkünstlerischer Strukturen. Lotman (1972, S. 406) hat in seiner vielbeachteten Schrift über „Die Struktur literarischer Texte" auf die folgenden denkbaren Oppositionen aufmerksam gemacht (hier sinngemäß und verkürzt zitiert):

1. Der Künstler schafft einen Text als Kunstwerk, und der Leser rezipiert ihn als solches (von uns vorgeschlagene Beispiele: Thomas-Mann- oder Arno-Schmidt-Leser und ihre Erwartungen an deren Werke).

2. Der Schriftsteller kreiert den Text nicht als Kunstwerk, aber der Leser rezipiert ihn ästhetisch (hier verweist Lotman selber auf die „heutige Rezeption" von sakralen und historischen Texten antiker oder mittelalterlicher Literaturen).

3. Der Autor verfaßt einen künstlerischen Text, aber der Leser „kann ihn mit keiner der Organisationsformen identifizieren, in denen sich für ihn der Begriff des Kunstmäßigen erschöpft, und er betrachtet den Text bei der Rezeption als nicht-künstlerische Information". (Wir denken hier beispielsweise an die Schwierigkeiten mit der Rezeption „dokumentarischer" Literatur, ferner an Werke von A. Solschenyzin, an das Indienbild von G. Grass in Passagen des Romans „Der Butt" oder in der auch in der Kritik umstrittenen Kalkutta-Roman-Beschreibung „Zunge zeigen" aus dem Jahr 1988.)

4. Der vierte Fall, der des „Trivialen", kennt solche Umsetzungs- und Rezeptionsprobleme nicht: ein vom Autor (oder Vertrags-Schreiber) als nicht-künstlerisch konzipierter Text wird vom Leser als solcher aufgenommen, aufgefaßt (vgl. Groschenhefte, „Trivialromane", Produkte einer Literatur für die Massen, daher „Massenliteratur").

Der dritte Kurzexkurs führt uns direkt zurück auf Projekt-Erfahrungen, kennzeichnet anhand einiger Aussagen die Intensität der

Auseinandersetzung mit der Erwartung der Schüler an die Literatur. Daß Literaturunterricht weit mehr ist – wir verweisen auf die kognitiven und die emotionalen Lese-Verhaltensweisen – als eine Art ‚Dienstleistung‘, abgegolten anhand der Lehrplan-Vorgaben, mögen einige Zitate erhellen:

Schüler, 10. Jahrgangsstufe: „Ich wühle darin (Anm.: in literarischen Texten/Ganzschriften) herum und die Texte in mir." – „Dies ist (Anm.: Reaktion auf Lektüre) eine Frage des Werkes. Manchmal ärgere ich mich über mangelnde ‚Klasse‘ eines Textes, manchmal lasse ich mich begeistert mitreißen in alle Höhen und Tiefen des Geschehens. Und manchmal, manchmal spüre ich einen Funken des Unendlichen."

Auch Wertbezüge bis hin zu Lebenshilfe-Vorstellungen wurden zu Recht in der Untersuchung beobachtet: „Es ist ein einziger Wert und dieser ist, glücklich zu sein. Wüßte ich, daß ich dies mit Hilfe von Literatur erreiche, wäre ich es schon."

Daß Lesen einen hohen Stellenwert haben, eine Respektzone beanspruchen kann, mögen zwei weitere Zitate belegen: „... manchmal nehm' ich es mir vor, daß ich jetzt einfach punktum ... kein Buch mehr anfange, weil ich sonst nicht mehr zum Lernen komm'; wenn mich dann ein Buch wieder so packt, daß ich es schnell gelesen haben will, dann komm' ich einfach nicht mehr zum Lernen. Also verbiete ich es mir manchmal auch, selber ein Buch zu lesen."

Eine Tagebuchnotiz besagt: „Brochs ‚Tod des Vergil‘ habe ich angelesen, aber nach 10 Seiten wieder aus der Hand gelegt. Für dieses Buch benötigt man Zeit: Das ist kein Buch für ‚zwischendurch‘."

Der vierte Exkurs soll in Form eines Diagramms (Abb. 13) die Skala der Rezeptionsmöglichkeiten verdeutlichen. Was den Unterricht betrifft, ist darauf zu verweisen, daß es gerade im Fach Deutsch nicht allein um das Lesen gehen kann, sondern auch für den Literatur- wie den Sprachunterricht (überall, im muttersprachlichen wie im zielsprachlichen Bereich) jeweils vier Rezeptions-Stränge umfaßt (abgeänd. n. Stocker 1988, S. 25f.).

Hier bietet sich eine Zwischenbilanz in Form von Fragen an, die sich aus dem Projekt ergeben haben; wir greifen drei davon heraus und versuchen, sie mit Teilantworten zu bedenken, die in Interviews übrigens angesprochen wurden:

a) Verfeinerung zur Berücksichtigung von Zielgruppen und deren Erwartungen; dazu einige Vorschläge:
   – Klärungen/Vorklärungen zum Ist- und zum Sollzustand einer Gruppe

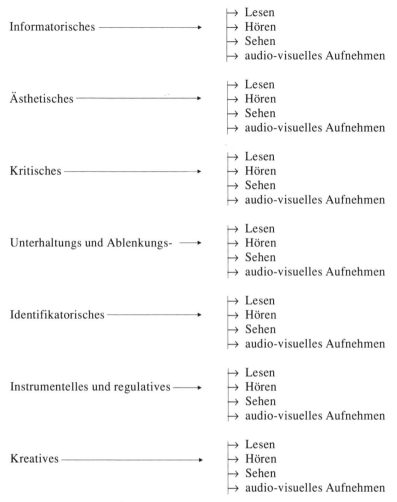

Abb. 13: Skala der Rezeptionsmöglichkeiten

- Überlegungen bei der Lektüre- und Textauswahl zu geschlechtsspezifischen Maßnahmen
- Einbringen von Brücken, die sich zu anderen Fächern, und zwar zunächst zu den musischen, dann auch zu den naturwissenschaftlichen Fächern ergeben; vorausgehen müßte das Durchsehen der in Frage kommenden Fachlehrpläne dieser entsprechenden Jahrgangsstufe. Auch schulinterne Fachkonferenzen können sich mit solchen Koordinierungsfragen be-

fassen; das sporadische Bilden von größeren oder von Großgruppen empfiehlt sich

– Zu sprechen wäre – in gelenkter Diskussion – über Erwartungen an den Unterrichtsverlauf, an Autor(en), Werk(e), zu literarischen Aktivitäten.

b) Was könnte geschehen, wenn nicht „die" Literatur (Strömung, Werk, Autor) negativ(er) bewertet wird, sondern „lediglich" die Vermittlung im Literaturunterricht?

– Eine Situationsanalyse ist in jedem Falle ratsam; hinzu käme eine offene Diskussion über vermutete oder „echte" Probleme oder Spannungen, über aufkommende Kritik, wobei Rückmeldungen positiv zu werten wären, nämlich als Feedback und zur Anregung von Verbesserungen

– Dem Unterricht dürfte größere Transparenz in der Bandbreite zwischen Lernzielen und Innovation nicht schaden

– „Spielräume" für kreatives Gestalten sollten (gerade hier) kalkulierbar sein.

c) Ist die Kluft zwischen schulischer Lektüre und Freizeitverhalten/Freizeitlektüre unüberbrückbar?

– Laut Projekthinweisen mit dankbarer Erwähnung von Einzelfällen fachlicher/persönlicher Betreuung durch eine Lehrkraft sind Aussprachen über Lesen, Leseerfahrungen, Lesegewohnheiten sowie die Art und die Wahl von Buchempfehlungen aus der Umgebung der Schüler günstig

– Aussprache über Erfahrungen mit und zur Abrundung von Outdoor-Veranstaltungen wie Ausstellungs- oder Theater-, Bibliotheks- oder Archivbesuchen

– Hinweise auf Preisverleihungen (Büchnerpreis, Literaturpreise, Jugendbuchpreis) auf Ereignisse im allgemeinen nationalen und internationalen Kultur- und Literaturbetrieb.

3. Lesekultur contra Medienkultur?

Im Verlaufe dieses DFG-Projekts haben sich – innerhalb weniger Jahre also – starke Veränderungen ergeben; beispielsweise hat sich der Computer mit an die Spitze der Freizeitaktivitäten gesetzt; Video-Clips, Verkabelung und ein Mehrfaches an TV-Programmangeboten haben die Lesekultur weiter in Bedrängnis gebracht. Die statistischen Werte sind dadurch einer starken Fluktuation unterworfen, und selbstverständlich werden die „Titel" (gemeint: Lektüre-, Buchtitel) wechseln, wenn neue Lehrpläne neue(re) Vorschläge in den Literaturkanon oder in die fakultative Entscheidung der Unterrichtenden stellen. Nicht die Einzeltitel sind es (so und so viele Werke von Hermann Hesse, nach schulischem Lektüre-Anstoß oder im horizontalen wie im vertikalen Transfer, in Richtung Freizeitlektüre), sondern die beobachtbaren oder erfragbaren Verhaltensweisen beim Lesen: die zu Buche schlagende oder blockierte Auswirkung von Lektüre-Vorschlägen.

Im Projekt zeigte sich ein erheblicher Unterschied zwischen engagierter Förderung (z. B. mit Aufmerksam-Machen auf Neuerscheinungen, auf wichtige Werke der unmittelbaren zeitgenössischen Literatur, auf Trends und auf Probleme des Lesens und des Lesers von heute) und einer Art „Dienst nach Vorschrift", bei dem die Lehrplanvorgaben ohne viel Begründung abgehandelt und abgehakt wurden, möglichst noch nach Interpretationen, die „frei im Handel" erhältlich, also auch für die Schüler erreichbar sind, was zu einer Paralysierung von kreativen Ansätzen, zu einer Enttäuschung der Schüler und zu generellem Mißtrauen führen kann.

VI. Gründe von Bevorzugungen und „Ablehnungen"

Wer sich von Nennungen und „Bestsellerstatistiken" im Literaturunterricht mit Blick auf die Normierung von Werken und/oder Autoren weitreichende Aufschlüsse erhofft, muß hinsichtlich der Präferenzen von literarischen Ganzschriften fürs erste enttäuscht werden, ganz gleich, wo er ansetzt. Angesichts des chronischen Zeitmangels in der Schule und den von so ziemlich allen „Zentral"- wie „Lernfächern" als stets zu gering empfundenen Wochenstundenzahl kann man erstens nicht allzu viele Notierungen von Werken erwarten, weil der Deutschunterricht auch noch andere Lernbereiche und Aufgaben zu bewältigen hat, und zum zweiten justieren die Lehrpläne dezidierte Vorschläge (Vorgaben), die von manchem, je nachdem (Lehrer wie Schüler), als „Auflagen" empfunden werden...

Man muß nicht gleich argwöhnen, daß die obligatorisch genannten Werke („Pflichtlektüren") oder die fakultativ aufgeführten Zusatz- und Alternativvorschläge den „Tatbestand" eines „heimlichen Lehrplans" erfüllen. Hinzu kommt, was legitim und einsehbar ist, daß z.B. „aktuelle" Ereignisse hereinspielen können, was sich in unserem Falle am Beispiel des Orwell-Romans „1984" (aus dem Jahre 1948) eben im Jahre 1984 gezeigt hat: ein aktualgenetischer „Idealfall"; denn natürlich begannen im Englisch- wie im Deutschunterricht, im Sozialkunde- und im Geschichtsunterricht damals (und sie dauern bis heute an) die Fragen nach einer Verifizierung oder Falsifizierung zu Erscheinungsformen (zu Person oder Institution oder Organisation) von „Big Brother".

Präferenzen, Vorlieben für Ganzschriften, war auch hier nachzugehen; differenziert wurde nach Freizeitlektüre und Schullektüre. Eine wichtige Prämisse dazu war oder ist die Anregung zum Lesen (vgl. Freizeitlektüre, Tab. 7, Kapitel II). Die Begründungen für Entscheidungen zu Lektürestoffen außerhalb der Schule waren in unserem Ansatz bewußt vorgegeben. Neugierde, Informationsbedarf (Autor), Horizonterweiterung/Bildung, Wissenserweiterung, Selbstfindung, Profilierungsbestreben im Freundeskreis. (Ein weiteres Problem ergab sich: Da Sprache und Stil, vor allem „schöne" Sprache wenig Anklang bzw. Wertschätzung fanden, müßte hier pädagogisch-didaktisches Bemühen einsetzen.) Diese Einstellung macht theoretisch die Beschäftigung mit der Klassik und ihrer (Literatur-) Sprache schwieriger, die Auseinandersetzung mit Werken der modernen und vor allem der zeitgenössischen Literatur offenbar einfacher…

Auf jeden Fall müßten Zielgruppenanalysen aufgrund unserer Projektbefunde eine größere Beachtung finden als bisher angenommen. Ist eine nur aus männlichen Schülern bestehende oder eine Mädchenklasse oder eine „gemischte" Klasse je prädestiniert für verschiedene Inhalte, Themen, Motive, vielleicht sogar Schwierigkeitsgrade, für die Ein- oder die konzidierte Mehrgipfligkeit von Handlungssträngen? Weiterhin: Problemorientierte Lektüre für Mädchen, spannungsgeladene dafür für Jungen? Eher könnte man schon ableiten – was man schon ahnte oder wußte –, daß von der Einschätzung des Faches Deutsch her Mädchenklassen leichter zu unterrichten sind als Klassen mit männlichen Schülern: Aber auch hier ist von Pauschalurteilen oder „Vorverurteilungen" dringend abzuraten.

Aus Qualitätsansprüchen an Text und Unterrichtskonzept darf es auch nicht dahin kommen, daß eine verantwortlich denkende Lehrkraft die Komplexität (= Kompliziertheit) und die inhaltliche Aussage zum Maßstab der Lektüreauswahl nach den „Idealvorstellungen" der Schüler, nach deren „Wunsch-Checkliste(n)" womöglich, vornimmt.

Dies aber berührt bereits jene Fragen nach einem vorzugsweise lehrergeleiteten und -bestimmten und einem mehrenteils im Zeichen der Schülermitbestimmung stehenden Literaturunterricht, wie wir das in Kapitel XI gesondert aufgreifen wollen. Aus dem Gesagten mag sich insgesamt ergeben, wie wichtig der Aspekt der Bevorzugung (oder der Ablehnung, auch der Verweigerung) von Lektüre für den Literaturunterricht ist. Es wird sich weder empfehlen, einen schüler- (allein-) bestimmten Unterricht zu proklamieren, noch das Unterrichtsgeschehen und die vorausgehende Planung aus der Schmollecke einer bloßen Dissonanzreduktion zu sehen.

1. Auffälligkeiten in der Akzeptanz von Literatur

Die Auswertung der Interview-Transskriptionen ergab zunächst lehrplangerechte Präferenzen nicht nur im Hinblick auf literarische Ganzschriften, sondern darüber hinaus für entsprechende Kontext-Bereiche. Diese bezogen sich
1. auf Epochen, Strömungen und literarische Richtungen,
2. auf literarische Gattungen, die stärker und „repräsentativer" im Unterricht behandelt wurden.

Ad 1) Spielte die im Lehrplan mit der Barockzeit einsetzende Literaturgeschichte eigentlich erst mit dem Zeitalter der Aufklärung eine Rolle, so erwies sich z.B. die Epoche des „Sturm und Drang" als relativ gefragt. In der häufig allerdings nicht eingehaltenen Chronologie wären als „Präferenz" – Strömungen oder Bewegungen ferner zu nennen die Klassik, die Zeit um und mit Georg Büchner und für das 20. Jahrhundert der Expressionismus und die Literatur nach 1945. Als „defizitär" vertreten müßte man vermerken das 19. Jahrhundert (beispielsweise wenige Notierungen zur Romantik oder zum Realismus, mehr dann schon zum Naturalismus um die Jahrhundertwende vom 19. zum 20. Jahrhundert). Das 19. Jahrhundert erwies sich immer wieder als eine eindimensional abgehandelte Verlaufslinie, verstärkt nur dort, wo es um die politischen Strömungen in der Literatur ging, wie bei der Dichtung des Vormärz.

Ad 2) Von den drei etablierten Gattungen der epischen, lyrischen und dramatischen Texte standen Prosa- und Dramen-Ganzschriften im Mittelpunkt. Wegen der Längerfristigkeit vorgeplanter und nachgearbeiteter Lektüre-Projekte und teilweise auch wegen der eingesetzten Medien von der Wirkung und Erinnerung haben sich diese Ganzschriften als nachhaltiger erwiesen. Auffallend war demgegenüber, daß sich Lyrik auch in der Erinnerung kaum „ereignete". Das liegt zum einen darin, daß Gedichttitel relativ selten „gemerkt" werden, daß lyrische Texte eher illustrativ und punktuell als z.B. in Reihungen oder Zyklen eingesetzt werden, daß sie in Lektüre-Sammlungen relativ gestreut sind, allenfalls zur Illustration, zur Ergänzung, zur Abrundung dienen oder auch einmal in motivlich passende „Bedarfspositionen" gestellt werden.
Lediglich im lyrischen und weitverzweigten Gesamtschaffen von Bertolt Brecht gab es Nennungen von Zusammenhängen, d.h.

Klassifizierungsversuche: in bezug auf die Suhrkamp-Ausgabe etwa, die „Gedichte 1–4“: (1) 1913–1933, (2) 1933–1941, (3) 1941–1956 sowie (4) Gedichte aus Liedern und Prosatexten. – Immer wieder, so auch hier, zeigte sich, daß die thematisch-motivliche oder die gattungsorientierte oder die historische Einbindung günstiger und anhaltender war als sporadische Durchnahme, die im Extremfall zu der in der Didaktik-Sekundärliteratur vielbeklagten „Atomisierung“ des Deutschunterrichts führen kann.

2. Literatur der Klassik im Literaturunterricht: Beobachtungen und Anmerkungen

Es kann hier nicht darum gehen, eine erweiterte oder auch nur zusammengefaßte Leitfadenversion der Klassik, ihrer Hauptvertreter, ihrer Grundgedanken, ihrer zeitlichen Einordnung (mitsamt dem Problem der Periodisierung) zu versuchen. Vielmehr möchten wir gerade bei diesem Schwerpunkt auf Projektergebnisse und da wiederum speziell auf Schüleraussagen im „Interview 2“ eingehen, fokussiert auf die 11. Jahrgangsstufe, der Phase der ersten, konzentrierten Begegnung mit der Epoche der Klassik. Da für Goethes „Iphigenie“ die meisten Nennungen (24 aus der Probandenzahl von anfangs 30) erfolgt sind, lohnt es sich, Einzelaussagen aufzuführen. Wir gehen dabei so vor, daß wir erst die Probleme, dann die positiven Rückmeldungen anhand von Schüleraussagen herausstellen.

Man wird mit „Iphigenie“ deren Durchnahme verbinden (müssen): denn was da „schrecklich“ war, was „ernsthaft gelangweilt“ hat, was „nicht weiter anspricht“, was als „realitätsfern“ empfunden wurde, was „einfach nichts“ war, was „gegen den Strich gegangen“ ist, was mit „unheimlich miesen Gefühlen“ verbunden war: dies kann nur zu Lasten des „erhaltenen“ Unterrichts gehen. Muß das denn so sein: „Die ‚Iphigenie‘ hat mir eigentlich nichts gebracht, da sehe ich keinen Sinn drin für mich“?

Siegfried, der sich auch schon in seiner Freizeit mit der Epoche der Klassik und ihrer Literatur beschäftigt hat, meinte beispielsweise zum Thema:

„Die ‚Iphigenie auf Tauris‘ halte ich nicht für eines der interessantesten Werke von Goethe, ich will nicht sagen besten – wenn man sie vom Literarischen aus betrachtet, und wie das gemacht ist, dann hat er (gem. Goethe) bestimmt viel Zeit darin investiert. Ich habe mich eine Zeitlang mit Goethe beschäftigt, und der (gem. wiederum: Goethe) hat sich jahrelang mit der ‚Iphigenie' beschäftigt und immer wieder verbessert. – Aber es hat mir nicht so gefallen. Es gibt andere, z.B. der ‚Götz von Berlichingen' – das liegt aber in der Natur des Werkes, es liest sich besser, auch der ‚Werther' und andere."

Dazu die Zwischenanmerkung, daß die zum Vergleich genannten Werke der Sturm-und-Drang-Zeit den „Geschmack" des Schülers in einem anderen Maße trafen als Werke der Klassik, während der kritische Leser/Schüler einfach übersehen hatte, daß die „Personalunion" des frühen und des „klassischen" Goethe eine Klammer im Gesamtwerk bildete.

Mehrfach sind hier, bei „Iphigenie" wie auch bei Schillers „Don Carlos", Leseabbrüche zu konstatieren, d.h., daß man die Werke nicht „zu Ende" gelesen, oder sich z.B. den letzten Akt „gespart" hat, obwohl es (Lorenz) „gegen Ende auch spannend (war), aber so besonders fand ich den nicht". Die Untersuchung hat insgesamt auch ergeben, daß viele Schüler von heute (entgegen aller Inhalts- und Problem-Euphorie) an Spannung (gleichbedeutend mit Aktion oder gar ‚action'?) vor allem interessiert sind, davon vor allem die männlichen Schüler …

Die Aussage Britta lautete zum Thema Friedrich Schiller:

„Was mir bei ‚Maria Stuart' und ‚Die Räuber' gut gefallen hat, daß es einzelne Personen gegeben hat, die dann auch geredet haben, also wie beim Theater, mit einzelnen Rollen und so, das hat mir gut gefallen. Und bei der ‚Maria Stuart' auch der Aufbau, daß es zuerst nur um die Maria ging, dann nur um die Elisabeth, und im 3. Akt kamen sie dann beide zusammen. Und so der ganze Aufbau hat mir sehr gut gefallen. Und auch das war spannend geschrieben."

Würdigt man – allgemein – Aussagen und Bewertungen zur Lektüre klassischer Werke, so lassen sich diese zunächst einmal unter inhaltlichen Gesichtspunkten fixieren: dies reicht von Statements wie (Boris) „… das ganze klassische Zeug, ich glaube, daß uns das heute nichts mehr bringt" bis zur „Don Carlos" (-Ablehnungs-) „Begründung" (Beate):

„Naja, das ist halt schon sehr lang her, daß ‚Don Carlos'; irgendwie ist halt der Inhalt jetzt nicht mehr so aktuell. Es ist halt schwer, sich vorzustellen, daß das mal so gewesen ist, das Ganze. Die anderen (Anm.: gelesenen Werke) sind ja alle aus jüngerer Zeit zumindest."

Die Argumentation von Bärbel spricht Rezeptionsschwierigkeiten in Richtung Vorwissen an:

„... daß die Sätze oft so kompliziert geschrieben sind, weil es eben der alte Stil ist und ... daß für die historischen Hintergründe echt das Grundwissen fehlt; daß man oft nicht weiß, wie das damals war."

Und nochmals: „... das Schlimmste ist, daß das historische Grundwissen fehlt, daß man die Hintergründe nicht kennt." – „... daß mir in der Geschichte was von der Zeit eigentlich fehlt, der Hintergrund. Und ja, auch wieder Fremdwörter, irgendwelche Anspielungen auf geschichtliche Sachen, wo dann eben auch wieder der Hintergrund fehlt. Aber das kommt da halt häufiger vor als bei der Freizeitliteratur."

Schwierigkeiten, die Handlungen der Personen in Goethes „Iphigenie" nachzuvollziehen, gab es bei Florian:

„Ich meine, es war schon etwas, was mir an den Leuten gefallen hat; es waren immerhin welche mit Idealen. Aber es hat meiner Einstellung widersprochen, wie er da so die Götter über die Menschen gestellt hat – und diese Iphigenie ... also die bleibt ja dann ihrer Unschuld und ihrem Gewissen, ihrem angeblichen Gewissen, treu, um da nicht irgendwie ihrer Liebe nachzugehen. Naja, ich weiß nicht ... sie kann es sich nicht eingestehen, daß sie eigentlich wen ganz anders will, und deshalb hat mich diese Iphigenie auch ziemlich aufgeregt."

Zieht man eine Zwischenbilanz oder -summe aus solchen „Klagen" oder Zweifeln – mehr Vorwürfe hinsichtlich von Versäumnissen –, dann zeichnet sich ab, daß

a) vom Inhaltlichen her mangelnde oder mangelhafte Voraussetzungen durch den Unterricht gegeben scheinen, und daß
b) die sprachlich-stilistischen Aspekte „erschwerend" hinzukommen, einschließlich der mythologischen Begriffe, der Allusionen, des verbalen und begrifflichen „Bildungs-Corpus". Sie werden allesamt als schwer zugängliche „Fremdwörter" aufgefaßt...

Der sprachlich-stilistischen Ebene müssen wir uns wenigstens streiflichtartig nochmals zuwenden; bei den Schülern wird sie als Grund für „Verständnisschwierigkeiten" apostrophiert.

Es muß an dieser Stelle nicht noch einmal um Verständnis gegenüber der Art und Weise der Diktion von Schüleräußerungen geworben werden. Die

Spontaneität der immerhin mündlich getätigten und erst in der Transkription verschriftlichten Aussagen gegenüber für Interviews geschulten und als einigermaßen „gleichaltrig" empfundenen Mitarbeitern, die als Team bewußt nicht gewechselt oder ausgewechselt wurden, verbürgt vielmehr weit mehr Offenheit und damit Objektivität als dies z.B. bei „professoralen" Befragungen der Fall gewesen sein könnte. Die Einigung auf ein beibehaltenes „Du" im Befragungsvorgang war jeweils ausdrücklich vorab erzielt, seitens der Schüler erbeten und bis in die Kollegstufe hinein begrüßt worden; eine so geschaffene Vertrauensebene hat sich jedenfalls und erkennbar positiv ausgewirkt, hat die Bereitschaft zur Mit-Arbeit günstig beeinflußt – was sich freilich auch auf die Länge der Transkriptionen (bis über je 50 Manuskriptseiten) ausgewirkt hat.

Zurück zu den Belangen der Sprache in Werken der deutschen klassischen Literatur:

„... also bei den Klassikern ist es oft eben die Sprache, daß man dann oft gar nicht den Sinn rauskriegt. Bei anspruchsvollen Texten kann es auch sein, daß man beim Satzbau nicht mehr durchblickt und dann den Inhalt gar nicht mehr erfassen kann. Das ist oft der Fall, würde ich sagen" (Bärbel).

„... ich würde sagen, es ist teilweise bei ziemlich hochtrabenden Texten immer, gerade wie in der alten Klassik, die bombastisch geschrieben sind mit ineinander verschachtelten Nebensätzen, da tue ich mich schon manchmal schwer, wirklich den Sinn 'raus zu finden, was er (Anm.: der „Klassiker", der Schriftsteller) nun wirklich meint. Und das ist ziemlich kompliziert, aber ansonsten geht es eigentlich. Zum Beispiel gerade bei der ‚Iphigenie', diese Sprechweise: da mußte man sich erst einmal einlesen, um zu wissen, wie sie es jetzt wohl meint und worauf es hinaus läuft" (Bärbel).

Als weit einfacher wird da – zum Vergleich – Georg Büchners „Woyzeck"-Drama illustrierend herangezogen (wie man überhaupt feststellen kann, daß die „expressiven" Strömungen wie Sturm und Drang, Dichtung des Vormärz, Expressionismus, leichter vermittelbar sind als etwa Barock, Klassik, Romantik, was sicherlich auch mit entwicklungspsychologischen Gründen zusammenhängt):

„Ich würde sagen, wenn es so ziemlich kompliziert ist, dann könnte ich mich wirklich schon 'mal aufregen, sowas lesen zu müssen, da würde ich sagen: lieber etwas anderes. Aber bei anderen so, z.B. der ‚Woyzeck', den wir letztes Jahr gehabt haben, der war ziemlich einfach auch von der Sprache, und den habe ich eigentlich ganz gerne gelesen; es war nicht so kompliziert und dann. Bei so etwas kann ich mir dann eher den Inhalt merken. Den ‚Woyzeck‘ habe ich durchgelesen, und ich wußte, um was es ging, bei ‚Iphigenie‘ habe ich noch 20mal nachblättern müssen, um die einzelnen Kapitel nachzuschauen, was jetzt wirklich los war, in welcher Reihenfolge“ (Bärbel).

Eine Akzentverschiebung im schulisch-unterrichtlichen Umgang mit Werken der Klassik scheint sich dann anzubieten, wenn ein Kontrast zwischen Inhalt und Sprache gesehen wird:

„… die Handlung (Anm.: der ‚Iphigenie‘ von Goethe) hat mir sehr gut gefallen, muß ich sagen, aber die Sprache war so konfus … vor allem dieser Dialog, naja, das klang alles so eingeengt. Also natürlich fand ich das … Den Inhalt fand ich gut … aber was der Goethe draus gemacht hat … Ich mein, das war sicher damalige Zeit. Also, ich würde es halt anders machen“ (Daniela).

Was weniger gefällt, ist bei Goethes „Iphigenie“ wieder einmal die sprachliche Seite:

„An sich ist es der Satzbau und die Sprache. Der Inhalt ist ja einigermaßen interessant. Und die Zeit … naja, der Inhalt, der paßt halt zu der Zeit dazu“ (Daniela).

Der „Einbruch“ der (wenigstens noch schulisch mühsam gestützten) Gattungstrinität von Epik, Lyrik und Dramatik, in der Theorie attackiert durch einen längst erweiterten Literaturbegriff, wird durch Schüler recht ungeniert vollzogen und verstärkt:

„Obwohl: ‚Iphigenie auf Tauris‘, das ist ja nicht unbedingt eine alte Sprache, das ist einfach in Reimform geschrieben, in Gedichtform (!), und der ‚Schimmelreiter‘ ist ja in Prosa geschrieben. Und das ist eben doch der wesentliche Unterschied. Ich les’ Gedichte im allgemeinen nicht besonders gern“ (Daniela).

Erfreulicher-, aber gar nicht unerwarteterweise gibt es da auch Gegenmeinungen, d.h. bzw. ganz andere Erfahrungen im Umgang mit Werken der Klassik:

„Es ist vielleicht nicht immer das einfachste Lesen, z.B. den Goethe, aber wenn ich dann erkenne, daß er auf seine Weise eine gute Sprache hat, dann lese ich das auch gerne, das gefällt mir dann. Das ist für mich dann nicht sinnlos“ (Bodo).

Es seien noch weitere Schülermeinungen angeführt, die die Probleme zur Lektüre von Werken der Klassiker im Zusammenhang mit Unterrichtssituationen aufzeigen können.

Unser erstes von drei Beispielen betrifft spezifische „Lesesituationen", wobei Schule und Lehrplan von Postulaten ausgehen, die Schülern nicht immer einsehbar sind, weil sie ihnen in der Regel nicht begreiflich gemacht werden; Begründungen für einen Leseabbruch lesen sich so:

„... das ist einfach der Zwang zu lesen. Ich meine, ich habe kein Interesse, das zu lesen, weil ich weiß schon mal überhaupt nicht, um was es geht, also ich habe eigentlich auch noch nie so richtig etwas davon gehört, ich weiß nur, daß das ein Klassiker ist und daß man das eigentlich lesen muß, aber so von der Handlung ist das dann halt auch wieder so realitätsfern. Man muß es eben lesen, und man wird eigentlich gar nicht gefragt, ob man so etwas überhaupt lesen will" (Boris).

Das zweite Beispiel befaßt sich mit dem Lehrplan, der Schülern zum Teil bekannt ist, teilweise bekannt gegeben oder, als dritte Möglichkeit, überhaupt nicht erwähnt wird. Lesen klassischer Werke – ein Muß des Lehrplans wegen?

„Ja, das ist der Lehrplan, ganz einfach. Man wird gezwungen, das zu lesen. Man kann zwar zwischen drei Klassikern wählen, aber ... Unser Lehrer sagt am Anfang des Schuljahrs immer, daß wir einen Klassiker, ein modernes Drama und was weiß ich noch alles lesen müssen, und bei den Klassikern können wir unter drei wählen, und alle drei sind wahrscheinlich gleich schlecht (!). Also, so sehe ich das wenigstens: Das ist eben das ‚Muß', das alles zu lesen" (Boris).

Zur Frage der Behandlung literarischer Ganzschriften/Werke verlauten aufschlußreiche Vermutungen:

„... also, das ist halt so ein Durchhauen von einem Text, und dann schaut man, daß man das alles möglichst schnell hinter sich bringt ..., wobei es dem Lehrer genauso wenig (!) Spaß macht. Ich meine, die wollen das ja auch nicht. Das ist eben so eine Pflichtübung praktisch. Ich glaube das wenigstens, weil die haben das ja auch schon zig-mal gelesen" (Boris).

Wie entscheidend – immer wieder – die Rolle des Deutschlehrers, seine fachliche Kompetenz, seine didaktische Begabung, seine Innovationsbereitschaft ist, mag als Überleitung zu den Positivstimmen der Klassikrezeption in der Schule dienen:

112

„Es scheint mir angebracht, den Verlauf unseres Deutschunterrichts einmal ausführlicher zu beschreiben, da es wohl wenig Sinn hat, wenn ich nur ständig wiederhole, wie gut mir der Unterricht gefällt. Unser Lehrer arbeitet mit sehr hohem materiellen Aufwand, d.h. er teilt viele Arbeitsblätter aus, arbeitet mit vielen Methoden (Overhead-Projektor, Kassettenrecorder, Videorecorder) und bereitet dementsprechend sorgfältig seine Unterrichtsstunden vor. Dies erleichtert einerseits den Schülern die Arbeit; andererseits wird so der Unterricht aber auch wesentlich anschaulicher, so daß die Schüler bereit sind, sich am Unterrichtsgeschehen zu beteiligen. Unser Kurs (Leistungskurs) ist sehr klein (12 Schüler), und da unser Lehrer recht variabel ist und nicht starr an seinem Unterrichtskonzept festhält, kommt es häufig zu interessanten Diskussionen. Des weiteren finden sehr oft vom Lehrer organisierte Theaterbesuche statt, die meist sehr geschickt in den Unterricht eingebaut werden. Ganz allgemein ist das Verhältnis zum Lehrer sehr gut, ohne daß es an nötigem Respekt mangelt. Gefällt der Deutschunterricht einmal nicht so gut, so liegt dies nicht am Vorgehen des Lehrers, sondern an der Trockenheit einiger im Lehrplan vorgesehener Stoffgebiete, die wir ohnehin so kurz wie möglich behandeln…" (Siegfried).

Es kann eine Durchnahme (Anm.: „Iphigenie") eben auch so anders aussehen – und Silvia ist keine Einzelstimme:

„Weil die Lehrerin macht das recht gut" oder (Sarah) „von der Klassik hätte ich alles gern gelesen. Das war mir völlig egal, was sie (Anm.: Die Lehrkraft) jetzt da einbringt. Die ‚Iphigenie' hatte ich zu der Zeit noch gar nicht gelesen, also war es sowieso für mich ein neues Stück, da war ich eigentlich ganz froh drum, weil war ja interessant."

Sicherlich gibt es, bei (vorausgesetzter) „Kenntnis" der Zielgruppe, ihres Vorwissens, ihrer Interessen, vorhersehbare und damit wenigstens teilweise ausräumbare Probleme bzw. erkannte Möglichkeiten, Schwierigkeiten zu beseitigen: dies gewissermaßen im Vor- oder Frühstadium einer Lektüre. Ein recht probates Mittel, solches auch im Verlauf des Unterrichts wahrzunehmen, zeigt folgende (nicht einmal kreativitätshemmende) „Vereinbarung" zwischen der Lehrkraft und den Schülern:

„… unsere Lehrerin macht das dann halt so: sie sagt, wollt ihr jetzt was fragen, habt ihr was nicht verstanden. Bei mir ist es so, wenn ich was nicht verstanden habe, dann mach' ich ein Kreuzerl an den Rand, und da frag' ich sie dann" (Andrea).

Was man andernorts „spiralcurriculares Vorgehen" nennt, führt im Idealfall zu einer Lern-Progression:

Es geht wieder um Klassik: „Also, 10. und 11. Klasse war ungefähr gleich. Ich glaube, daß sich das Interesse immer mehr entwickelt hat, je mehr man gelesen hat und je intensiver. Es war früher vielleicht schwerer, bis ich einen Klassiker überhaupt verstanden habe. Jetzt ist vielleicht auch schon die Sprache kein so großes Hindernis mehr. Es ist eben immer leichter geworden." (Susanne) – Und: „... ich wäre jetzt auch bereit, mal einen Klassiker in der Freizeit zu lesen, was ich früher bestimmt nie getan hätte" (Susanne).

Ein weiteres Beispiel mag die Bedeutung der Annäherung an den Umgang mit Texten unterstreichen, an die Lektüre der „schwierigen Klassiker", die in einen bemerkenswerten Kontrast gesetzt ist zu dem, was als Freizeitlektüre geschätzt wird:

„Ich hatte eigentlich auch immer sehr intensiv gelesen, also mit Anstreichen und so. Das hat schon Spaß gemacht. Vielleicht auch daher, weil ich mich mit der Privatlektüre nie so intensiv befassen würde. Es wird ja dann auch im Unterricht oft etwas angesprochen, was ich dann gar nicht weiß, wenn ich es als Privatlektüre lese. Im Unterricht wird eben schon oft etwas über den Autor erzählt und dann noch zusätzlich etwas. Oder man kriegt die Meinung von einem anderen mit, wie er das versteht: Das ist ja bei der Privatlektüre nie so" (Susanne).

Wie entscheidend der/die Unterrichtende da ist, mag aus den folgenden Äußerungen hervorgehen, die so oder so ähnlich in vielen Schüleräußerungen zu finden sind:

„... also, als wir jetzt in der 10. Klasse die neue Lehrerin bekommen haben, da habe ich dann schon gelernt, wie man an einen Text herangeht. Besonders bei so Klassikern. Wenn mir jemand gesagt hat: ‚Ich lese Goethe oder Schiller', dann war ich entsetzt und jetzt eigentlich nicht mehr."

Auch dies ist möglich, die Textauswahl (und die Lehrereinstellung) betreffend:

„‚Die Physiker' war, auch so wie es durchgenommen wurde, am interessantesten. ‚Die schwarze Galeere': na ja, sehr wesentlich war das eigentlich nicht. Bei ‚Don Carlos' ist der Lehrer schon mit der Einstellung herangegangen, daß wir nicht sehr viel davon hätten, wenn wir das lesen müßten, aber er hat uns ‚Don Carlos' empfohlen, weil es sind ja vier oder fünf Bücher zur Auswahl, und er meinte, das wäre noch immer das beste Buch von denen" (Lorenz).

Daß es also auch „anders" geht: dafür mag die folgende Antwort auf die Frage stehen, was der Literaturunterricht denn gebracht habe:

„Ich würde sagen, daß ich vielleicht ein bißchen mehr Liebe zur Literatur bekommen habe ..., zur historischen Literatur ... Eben dadurch, daß man den geschichtlichen Hintergrund gezeigt bekam ... und viele Verhältnisse der Zeit ... Das ist ..., daß man sagt, zu dem ‚Zeitpunkt' war das genau so und hatte genau soviel Sinn, die Menschen wachzurufen (!) wie Zukunfts-romane, wie Orwell jetzt..." (Bärbel).

Engagement des/der Unterrichtenden ist wichtig, wird registriert und dankend anerkannt:

„... ich glaub' z.B., daß mir die ‚Iphigenie' nicht so nahe gebracht worden wäre, wenn ich es mir einfach nur so durchgelesen hätte. Also z.B. über Sprache und Stilmittel, die wir da durchgesprochen haben, da hab' ich wirklich ziemlich viel gelernt, muß ich sagen. (...) Wir hatten eine sehr gute Lehrerin. Sie ist mit uns ins Theater gegangen. Sie war sehr darauf auf, uns das eben beizubringen. (...) Die ist zwar sehr streng, aber man hat sehr viel von ihr gelernt" (Andrea).

Atmosphäre und Unterrichts- wie Arbeitsdisziplin sind offensicht-lich von entscheidender Bedeutung geblieben:

„‚Scheußliche' Behandlung des ‚Iphigenie'-Stoffes: ... Das lag zum Teil an der Lehrerin, weil sie den Unterricht katastrophal gestaltet hat. (...) Mein Gott, die konnte sich halt überhaupt nicht durchsetzen. Wir haben halt immer gemacht, was wir wollen. Ich mein', wenn sich ein Lehrer nicht durchsetzen kann, dann macht man das zwangsläufig. (...) ... sie konnte es auch irgendwie nicht richtig vermitteln, was sie uns sagen wollte. Also, mir hat der Deutschunterricht letztes Jahr eigentlich nichts gebracht" (Daniela).

Das Thema des Projekts „Interesse an Literatur" klingt immer wieder aus den Schüleraussagen heraus, wie dies eine Anmerkung zur Frage der Beteiligung am Literaturunterricht zeigen mag, wo-bei hervorgehoben sei, daß auch Schüler den Interessenbegriff gebrauchen:

„Meine Deutschlehrerin hat mal gesagt, man sollte so flexibel sein und sich beteiligen, wenn es einen nicht interessiert, und da habe ich gesagt, ich bin so flexibel und beteilige mich nur, wenn es mich interessiert. Bei dem ‚Oppenheimer' habe ich mich schon beteiligt, aber bei der ‚Iphigenie' so wenig, daß ich in der ‚Ex' einen Fünfer geschrieben habe: Das zeigt es schon: Es hängt vom Interesse ab" (Helmut).

Interesse wecken: Es sei an dieser Stelle nur eine von vielen Möglichkeiten in diesem Sinne angedeutet, der jenen Aspekt zwischen Kunst und Gesellschaft beleuchtet, den man der soziologischen Betrachtungsweise zuordnen wird. Nach Abschluß einer Lektüre (Drama, bürgerliches Trauerspiel) könnte es durchaus nützlich und der „Wahrheitsfindung" dienlich sein, in einer dialektischen Vorgehensweise vorzustellen, wie z.B. Hauser (1983, S. 222f.) das bürgerliche „Wertesystem" in den Epochen der Aufklärung und der Klassik sieht:

„So entschieden bürgerlich nämlich auch im Stil die maßgebende Literatur der Aufklärung sein mochte, ihr bürgerlicher Geist ist nicht immer einheitlich und eindeutig. Die deutsche Intelligenz begann ihr späteres Doppelspiel, wo sie sich bald für die Revolution, bald für die konservative Romantik begeisterte, schon während der Aufklärung, und trug viel dazu bei, im Bürgertum Zweifel an der Berechtigung seiner Forderungen zu erwecken. Sie ersann das Ideal eines ‚überbürgerlichen' Lebensideals und Lebensgefühls und flößte dem Bürgertum das Bewußtsein ein, daß es sich überwinden müsse, um sich zu einem höheren Menschentum emporzuschwingen. Man war aber zumeist von einer im Grunde konservativen vorbürgerlichen Ideologie bestimmt, indem man von ‚überbürgerlichen' Werten sprach. Oft operierte man dabei mit einer ungemein verwickelten Psychologie. In Schillers ‚Kabale und Liebe' zum Beispiel kreuzen sich drei Generationen und mit ihnen drei verschiedene Weltanschauungen beim Prozeß. Neben den vorbürgerlichen höfischen Kreisen, die das Prinzip des zu bekämpfenden sozialen Übels vertreten, stehen die beiden Welten der bürgerlichen Familie Luisens und der überbürgerlichen Sippschaft Ferdinands einander gegenüber. In ‚Don Carlos', wo Posa mit seinem überbürgerlichen Ethos so weit geht, daß er den ‚unglücklichen' König nicht nur versteht, sondern für ihn sogar ein gewisses Mitgefühl aufbringt, sind die Beziehungen noch komplizierter. Es wird immer schwieriger zu entscheiden, ob es bei dieser ‚Überbürgerlichkeit' um eine Selbstüberwindung des Bourgeois oder um einen einfachen Verrat an den revolutionären Idealen des ehemaligen Citoyen handelt. Jedenfalls gehören die Angriffe auf das Bürgertum und die Revolte gegen die bürgerliche Moral und Lebensführung fast von Anfang an zu den Eigenheiten des bürgerlichen Dramas und bleiben ihm bis auf Ibsen und Shaw eigen. Sie verstärken sich in dem Maße wie die bürgerliche Literatur im ganzen bourgeoisefeindlich wird."

Fassen wir zusammen:

Das vor allem sprachliche Verständnisproblem ist als didaktische (und dann methodische) Aufgabe zu sehen, sollte aber kein unüberwindbares Hindernis oder Problem darstellen. Das „Gefallen" eines Textes oder einer Ganzschrift hängt weitgehend von dem Grad des Text-Verstehens ab, und es dürfte in diesem Zusammenhang statthaft sein, Seminarergebnisse an späterer Stelle dieses Kapitels anzuführen, die in einem gemeinsamen schriftlichen Brain-storming aufgrund der vorgenannten und anderer Schüleräußerungen als Spontannotizen entstanden sind.

Versuchen wir eine abschließende Bilanz dieses Abschnittes zu ziehen, so ergeben sich folgende Anregungen:

– Stärkeres Beteiligen der Schüler bei der Auswahl der Lektüre
– Hilfestellung beim Aufzeigen von Kontext-Bezügen
– Lesen des Textes nach bestimmten vorbereiteten Fragestellungen
– Anwenden von Lese-Techniken (intensives Lesen, Anstreichen von Unklarheiten, Unterstreichen von Kernstellen, Nachschlagen in z.B. Reallexika, Handbüchern etc.)
– Klären von Verständnisproblemen im Unterricht
– Vermitteln alternativer Annäherungen an einen Text (Textanalyse-Möglichkeiten)
– Abbauen von Vorurteilen gegenüber „Klassikern" durch offene, dann gelenkte Gesprächsführung
– Darstellen biographischer, geschichtlicher und geistes- wie gesellschaftsgeschichtlicher Hintergrundinformationen
– Bereitstellen von Anmerkungen zur Rezeptions- und zur Wirkungsgeschichte solcher Texte, Werke, Ganzschriften zeitgenössischer Quellentexte
– Analysieren von Sprache und Stilmitteln anhand von ausgewählten Kern- und Gelenkstellen
– Diskutieren über Inhalt, Sprache und Form/Struktur (Makro-, Mikrostrukturen) repräsentativer Werke (dabei: Aufnehmen von Interpretationsvorschlägen der Schüler)
– Einplanen, Vorbereiten, Durchführen und Auswerten von Theaterbesuchen.

3. Ein Exkurs über didaktische und methodische Möglichkeiten, erstellt auf der Grundlage von Schüleraussagen zur Klassik

Beschränkte sich diese Auflistung auf diverse Aussagen von Schülern (die aber stets für vorherrschende, wenn auch subjektiv differenzierte Auffassungen stehen) – wir konnten nur eine Auswahl vorstellen und strukturieren –, so haben wir eine Reihe von Schüleräußerungen in einem (Haupt-)Seminar vorgestellt, um dann, wie bereits erwähnt, in einem schriftlich fixierten Brain-storming, eigene Beteiligung inbegriffen (gewünscht: je ca. zehn Vorschläge, die nicht bloß den üblichen Medien-Raster abhaken: Film/Verfilmung, Hörfunkadaptionen klassischer Dramen, Fernseh-Inszenierungen von Klassikern), Anregungen zu unterbreiten. Erst nachträglich wurden diese in eine Art Gliederung, bewußt aber nicht in eine numerierte Reihung oder klassifizierende Anordnung gebracht. Diese Seminar-Vorschläge aufgrund von Projekt-Aussagen lauten (wobei Überschneidungen nach Möglichkeit ausgeklammert wurden):

(Zu diesen Vorschlägen noch eine Anmerkung: Wir haben bereits die Meinung bekundet, daß Projekte in ihren Ergebnissen nicht in die Schublade gehören; vielmehr haben wir – begleitend – immer wieder versucht, mit gewonnenen Einsichten und Erfahrungen in Lehrveranstaltungen zu arbeiten, Reaktionen zu testen, pädagogisches Bewußtsein zu wecken und die Bedeutung der Lehrerverantwortung für Inhalte und Verfahrensweisen des Unterrichtens zu unterstreichen: Für dieses Vorgehen haben wir viel Verständnis gefunden und Resultate in Vorschlagsform erhalten, die wiederum diskutiert, klassifiziert und weiter entwickelt werden können. Wir haben uns dazu entschieden, diese Aussagen nach Sinnbereichen einzuordnen, ohne sie hierdurch strukturieren zu wollen. Die Spontanaussagen scheinen uns da wichtiger zu sein. Es geht allenfalls um individuell aufzugreifende Anregungen – zur Auswahl.)

Exkurs:

Lesen / Lektüre (Methodisches)

– Kernstellen (z. B. auch aus nicht-gelesenen Dramen – zur Ergänzung) lesen
– Fächerübergreifender Zugang: Literatur/Malerei/Architektur der Zeit um die Klassik

118

- Variation der vorgelegten Texte: nicht immer nur die (ohnehin schwer vermittelbare) „Iphigenie" isoliert
- Die wichtigsten Vertreter der Klassik, ihr Leben, ihre Werke (abzuhandeln in Form von Kurzreferaten)
- Exemplarische Behandlung von Dramen, Gedichten, Romanen: was bietet sich zur begründeten Auswahl an?
- Datierung: Wann beginnt Klassik (wann kann man sie als beendet sehen?); Alternativen (Vergleich von Literaturgeschichten)
- Gibt es „Vorläufer" der literarischen Klassik?
- Überblick über die wichtigsten Werke von Goethe, Schiller, die „Einzelgänger" (u. a. Hölderlin)
- Frage: Ist ein Bevorzugen gewisser Gattungen oder Gattungsarten (Genres) erkennbar und begründbar (kommt beispielsweise Prosa zu kurz, und warum ist dies so)?
- Einstieg zum Thema „Klassik" über den Weg der bildenden Kunst (Bauwerke im „klassischen" Stil), Plastiken im „klassischen" Stil; Diskussion dessen, was man dann unter Klassizismus versteht (Projektionsbeispiele)
- Zum heutigen Verständnis des Begriffs „Klassik" (Moderne: was bedeutet hier „Klassik", was alles zählt man zu den „Klassikern": vgl. „Klassiker der Moderne")
- Zeitgenössische Auflagen aus der Epoche der Klassik bereitstellen, um die „typischen" Merkmale/Werte/Kennzeichen/Signaturen dieser Zeit herauszuarbeiten
- „Eingreifende" oder „operative" Literaturformen dieser Zeit (Äußerungen zur Französischen Revolution, zur Kanonade bei Valmy etc.)
- Bearbeiten theoretischer Grundlagen der Klassik anhand von Quellen/Quellensammlungen mit den Schülern
- Postulat zum Lesen: wenigstens mehrere klassische Dramen, damit kein zu einseitiges Bild entsteht
- Interpretationen: Diskussion und Vergleich der Ergebnisse
- Versuch, klassische Merkmale anhand verschiedener klassischer Werke (z. B. Dramen) herauszuarbeiten
- Diskussion: War die Klassik eine wichtige, für andere Epochen prägende Epoche? – Was kann man mit „klassischen Werken" heute noch anfangen?
- Auseinandersetzungen mit Goethe: Betrachtung eines politischen Dichters?
- Ästhetische Diskussion seit Schillers „Briefen über die ästhetische Erziehung" (gleichzeitig: Aufzeigen der Auswirkungen von Goethes Freundschaftsbund mit Schiller)
- Herausarbeiten eines prototypischen klassischen Dramenaufbaus (5 Akte – Höhepunkt; Katharsis) und Vergleich mit dem Konzept des Epischen Theaters etwa von Bertolt Brecht
- Frage: Wie sind die Charaktere des klassischen Dramas angelegt im

Vergleich zu Charakteren späterer Dramen (Absurdes Theater, Episches Theater, Groteske, etc.)?
- Kernstelleninterpretationen zu mehreren – nur angesprochenen, nicht voll gelesenen klassischen Dramen (didaktische Reihe)
- Hinführung zur Klassik: Lyrik; Informationen über einzelne Autoren
- Annäherung an einen „klassischen" Helden (Egmont, Faust) mit spielerischen, gestalterischen Mitteln (Szenenanspiel)
- Klassik – Romantik – Moderne (Entwicklungslinien, Unterschiede, Abgrenzungen)
- Brainstorming über ausgewählte Kern- und Gelenkstellen klassischer Literatur
- Begriffsbestimmung aufgrund einer Reflexion zu „klassischen" Autoren aus anderen nationalen Literaturen
- Klären der grundlegenden philosophischen und geistesgeschichtlichen Begriffe (z. B. Kallokagathie), um Reduktionen/Vereinfachungen durch unsinnig anachronistische Übertragungen, bzw. Mißverständnisse auszuschließen und so einen neuen Zugang/Aktualitätswert angeblich überholter Wertbegriffe zu ermöglichen
- Erörterung der ästhetischen Theorie (Goethe/Schiller) in funktionalem Zusammenhang mit dem geistesgeschichtlichen Hintergrund: Ausblicke auf dahin-gehende Thematisierungen im 20. Jahrhundert (etwa Thomas Mann „Tod in Venedig", „Eine schwere Stunde", „Tonio Kröger", Essays über Goethe etc.)
- Motivvergleich zwischen einem klassischen und einem (thematisch einschlägigen) modernen Drama
- Stichwort-Vergleich: „Entsagung" (vgl. „Iphigenie"), verglichen mit heutigen Schlagwörtern z. B. „Selbstverwirklichung", auch „Maßhalten"
- Beiträge zum Menschenbild der Klassik (bei höheren Jahrgangsstufen: Einbeziehen ausgewählter theoretischer Texte zu dieser Thematik)
- Epoche der Klassik in Darstellungen der Literaturgeschichte über diese Zeit
- Eine Bewegung löst oft einen Pendelschlag in eine andere Richtung, eine Gegenbewegung aus, z. B. „Klassik" als Reaktion auf die Epoche des „Sturm und Drang" bzw. auf die „Aufklärung"
- Anmerkungen zur Entwicklung Goethes von seiner „Sturm- und Drang"-Phase zur Klassik (z. B. Vergleich exemplarischer Gedichte oder zweier Dramen)
- Spezielle Themen, zur Gruppenarbeit vorbereitet: jede Gruppe bearbeitet bestimmte Stellen der Lektüre (oder zum Vergleich: mehrere Lektüren) – Vergleiche, Ergebnissicherungen
- Übungen zum kreativen Lesen: dramatische Texte auch als rhetorische Übungsbeispiele
- Aussagen einzelner Szenen und Kernstellen aus Dramen: Überprüfen der „Gültigkeit" in der damaligen Zeit und heute
- Verdeutlichen des Aufbaus von klassischen Dramen (Herausstellen des

Höhepunkts) im Vergleich zum Ablauf der Szenen im Epischen Theater (Brecht und Brechtnachfolge): Niederschlag in Aufsatzthemen u.a. (Differenzierung durch Vorformen des „essayistischen Aufsatzes")
- Kritisches An- und Besprechen von „Themen zur Klassik" (Aufsatzthemen, Sammlungen als Fundgrube)
- Klassik als Gegenbewegung zur Französischen Revolution?
- Kontrastieren klassischer Dramen mit solchen des „Sturm und Drang" (Schillers „Räuber" und Schillers „Don Carlos")
- Einstieg über die Architektur – was heißt „klassizistisch": inwieweit entsprechen sich Baustile/Kunstrichtungen in der bildenden Kunst und in der Literatur verschiedener Epochen?
- Fragen zur Musik: Gibt es das: „klassische Musik" (vgl. z.B. „Wiener Klassik")?
- Gattungsgeschichte: Zeit der Klassik – ein Höhepunkt der dramatischen Form in Deutschland; ab ca. 1800 Aufblühen des Romans: Lassen sich dafür inhaltliche/allgemein soziologische oder andere Begründungen erkennen?
- Dichterzusammenschluß: Klassik, im wesentlichen das Bündnis zwischen Goethe und Schiller, endet mit Schillers Tod um 1805: Inwieweit ist Literatur – hier wie generell – an Personen gebunden?
- Zum Frauenbild der Goethezeit – welche „Räume" (Innen- wie Außenräume) werden der Frau/dem Mann zugestanden? (An Dramen besonders gut zu zeigen: das Frauenbild der Zeit)
- Problematik: Ist Klassik etwa zu verstehen als Höhepunkt der Aufklärungsbewegung?
- Brainstorming zum Begriff „Klassik" bei Schülern (Spontanreaktionen, Assoziationen, Konnotationen)
- Gemeinsamkeiten und Unterschiede in ausgewählten klassischen Gedichten: einzelne Gedichte in Gruppenarbeit (persönliche Begegnung) und anschließend im Plenum diskutieren
- Auseinandersetzen mit dem Geschichtsbegriff der Klassik: z.B. Goethe-Werke und Literatur der „deutschen" Jakobiner (kontrastives Verfahren)
- Kritische Reflexion des Humanitätsbegriffs der Klassik (z.B. mit Aussagen des damaligen Auschwitz-Kommandanten Höß über seine „Wertschätzung" von klassischer Literatur und Musik: dtv-Dokumente); dazu/oder Alfred Andersch: Nachwort zu „Der Vater eines Mörders" (Kernfrage: wieweit schützt „Humanismus" vor Barbarei?)
- Zentrale Begriffe der Klassik: lassen sie sich „hierarchisch" (Werte-System) klassifizieren?
- Durchsicht von Bildbänden und illustrierten Literaturgeschichten für „Klassiker", Autoren
- Darlegen einer interessant gestalteten Einzel-Biographie (Auszüge, kontroverse Deutungen; Hinzunehmen autobiographischer Quellen und Aussagen)
- Warum Konzentration der „Klassik" in der (Klein-)Stadt Weimar?

- Relativieren des „hohen" (verabsolutierten?) Stellenwertes der Klassik, z. B. durch paralleles Lesen von Texten jakobinischer Autoren in Frankreich; Ausgriff auf den (deutschen) „Vormärz"
- Vorbereitete szenische Lesungen durch Schüler: Sprechtechniken erlernen und einüben
- Interpretation von Kernstellen aus Dramen mit stärkerer sozialer Thematik (in die Gegenwart übertragbar)
- Zur Struktur von Stücken (Personen, Ort, Zeit; Bedeutung text-transzendenter Betrachtungsweisen)
- Einbeziehen historischer Quellen, autobiographischer Äußerungen, Synopsen usw.
- Stilistische und formale Analysen: Literatursprache der Klassik und die Sprache des alltäglichen Gebrauchs (wie sie im 20. Jahrhundert auf die Bühne übergreift): „O"-Ton
- Diskussion, inwiefern die dargestellte Problematik zeitgebunden ist oder heute noch relevant ist (z. B.: religiöse Toleranz oder „anti-christliche Intoleranz" in Lessings „Nathan")
- Enrichment: Kernstellen in verschiedenen Werken des gleichen Autors
- Stilformen, Bau- und Strukturformen dramatischer Werke der Klassik
- Biographie eines Autors in der direkten Entstehungszeit des Stücks (mit zeitlich parallelen brieflichen Äußerungen, Tagebucheintragungen usw.).

Theaterkundliche Aspekte

- Theatergeschichtliche Beispiele/Notizen (Werke zur Theatergeschichte), Theatergeschichtliches/Aufführungsgeschichte
- Bühnenbildvergleiche von früher und heute (möglichst desselben Akts, derselben Szenen)
- Inszenierungen klassischer Dramen im Vergleich (bundesdeutsche Bühnenszene, Bühnenszene in deutschsprachigen Ländern und Gebieten)
- Einbeziehen aktueller, eventuell auch aktualisierter Aufführungen neueren Datums
- Erarbeitung der Texte unter dem Aspekt einer geplanten Inszenierung
- Verfassen von einfacheren Kurz-Regiebüchern; Überlegungen und Entwürfe von Schülern zu Bühnenbildern wie auch zu Kostümen
- Kunstunterricht: z. B. Bühnenbilder von historischen oder zeitgenössischen Klassikeraufführungen vergleichen; „davor" selber welche planen und anfertigen
- Inszenierungen vergleichen – auch Inszenierungen eines Stücks in verschiedenen Ländern (Betrachtungen zu gesellschaftlichen und politischen Bedingtheiten von Theateraufführungen und Interpretationen)
- Ansatz über Inszenierungsvergleiche, z. B. Faustinszenierungen nach

dem Krieg in der DDR und in der Bundesrepublik (Lernziel: „Theaterwirklichkeit" als Interpretationsvorgabe)
– Theaterkunde (Dia-Beispiele dazu); Theaterbesichtigung, Theaterbegehung, Beobachten von Proben von Werken der Klassik
– Inszenierungsvorschläge von Schülern (in Gruppen- oder Partnerarbeit) für Kernstellen (traditionelles oder modernes Drama)
– Schulspiel: eigene Inszenierung von Teilen eines klassischen Dramas (Szenenanspiel)
– Herausarbeiten des „Überzeitlichen" – Spiel einer fiktionalen, selbstgefertigten „modernen" Variante
– Transformation: Theaterinszenierungen/Filme (Analysen)
– Inszenierungen besprechen, die „gegen den Strich" justiert scheinen oder sind (Beispiele des Regie-Theaters)
– Schüler sollen selbst versuchen, ein klassisches Drama beratend/theoretisch zu inszenieren
– Heranziehen von Standardwerken der Theatergeschichte
– Materialien zur Theaterkultur der Zeit mit besonderer Berücksichtigung der Verhältnisse in Weimar: Situation um und nach 1800
– Interviews mit Schauspielern, Regisseuren usw., die Klassiker spielen oder inszenieren
– Aufführungen (in der Freizeit) – alternative Konzepte
– Theaterprogramme in vergleichender Analyse; Vergleich diverser Programmhefte zum selben Stück
– Gestalten ausgewählter Bühnenbilder (eventuell nach vorgegebenen oder frei gewählten „Stilen")
– Einzelszenen pantomimisch umgestalten
– Theaterkostüme/Theatermuseum; Archiv für Theaterplakate
– Klassik, gegen den Strich inszeniert: Inszenierungen, die Furore machten (Peter Stein, Luc Bondy, Dieter Dorn: „Faust – der Film")
– Aufführungshäufigkeit von klassischen Stücken – Relevanz, Bedeutung für heute? (Spielpläne deutscher Theater in: DIE ZEIT)
– Schüler sollen Kritiken schreiben (nach gemeinsamem Besuch von Klassiker-Inszenierungen)
– Schüler spielen Reporter, die „live" berichten, was auf der Bühne geschieht (neuere Form einer Bühnen-Teichoskopie); Kommentierung zu selbst-inszenierten Videosequenzen
– Untersuchungen zum Stellenwert von Regieanweisungen in dramatischen Werken (Extreme: Klassik/Naturalismus)
– Bühnenbilder malen/skizzieren; Anwendung verschiedener Techniken
– Drehbuchteile gestalten zu klassischen Dramen
– Besuch einer Theateraufführung und/oder einer Opernaufführung (z.B. Verdis Oper „Don Carlos")
– Besuchen/Besichtigen speziell von Theaterfundus und „Maske" örtlicher Theater
– Theaterkritiken nach Theaterbesuch selbst verfassen und mit den Kri-

tiken der Zeitungen vergleichen; die besten evtl. auch veröffentlichen, z.B. in der Schülerzeitung, in einem Reader der Klasse oder per Aushang.

Medienfragen und -ansätze

– Einsetzen von „Hintergrundmaterialien" wie Dias, Video-Sequenzen/TV-Sendungen zum „zeitgeschichtlichen" Hintergrund des ausgehenden 18. Jahrhunderts; kulturgeschichtlicher Aspekt
– Literatur auf Tonträgern: Beiträge zu kontroversen Interpretationen klassischer Lyrik (seit den 30er Jahren unseres Jahrhunderts, von Alexander Moissi bis Will Quadflieg)
– Verfilmung klassischer Dramen (evtl. nur in Ausschnitten, d.h. als Sequenzbetrachtung)
– Verfilmte Aufführungen; ver-filmte Dramen, ge-filmte Klassiker-Aufführungen
– Vergleich verschiedener Realisationen, gespeichert per Film, Hörspiel, Theater, Fernseh-Adaptionen
– Szenen auf Schallplatten/Sprechplatten oder Kassetten, abgespielt und analysiert nach Sprachklang, Rhythmus, Betonung (Beispiele zu „Faust"-Bearbeitungen)
– Gegenüberstellen einer Kernstelle mit einer motivgleichen Stelle einer anderen Gattung (Parabel, etc.); Auswahl und Vorführung eines modernen Films (etwa eine „moderne" Variante der „Wahlverwandtschaften" wie „Ein fliehendes Pferd", 1978, von Martin Walser)
– Einbeziehen von Vertonungen zu Goethe-Gedichten im Vergleich mit lyrischen Texten der Romantik (mit Vertonungen zu Gedichten von Heinrich Heine)
– Moderne Adaptionen von Themen und Motiven der Klassik
– „Faust": Lesen des Werkes, Abhören der „Gründgens"-Schallplatte; Gründgens' „Faust"-Verfilmung: Erarbeitung des Stoffes (der Gattung, in zunehmender Komplexität)
– Medieneinsatz: literarische Verfilmung, Vergleiche verschiedener Inszenierungen (z.B. Gestaltung der Exposition)
– „Nachspielen" (= Anspielen) von Szenen mit Hilfe eigener Videofilme (Szenenausschnitte, Dialogsituationen)
– Schulfunk/Fernsehsendungen mit dokumentarischem Charakter im Sinne der Hintergrundinformationen zur Klassik
– Vergleich von Drama und Dramenverfilmung (Kammerspielinszenierung 1987/88 in Verbindung mit der Verfilmung von Klaus Manns „Mephisto"-Roman mit Klaus-Maria Brandauer)
– Spontanbegegnung mit Gedichten aus der Zeit der deutschen Klassik mittels Folien: Einsatz des Tageslichtprojektors
– Vergleich von moderner Dramen- und Biographieverfilmung mit Goethes „Die Leiden des jungen Werthers" und Plenzdorfs „Die neuen Leiden den jungen W." (Sturm und Drang)

- Abspielen (Platten, Kassetten) von gesprochenen klassischen Gedichten, dann von Vertonungen
- Verwendung von Medien: laufende Programmangebote in Fernsehen, Schulfernsehen, Rundfunk, Schulfunk
- Sprechen (Lesen, Vortragen) von Kernstellen: Aufnahmen auf Tonband oder auf Video.

Anknüpfung/Weiterführungsmöglichkeiten

- Faksimile-Drucke/Erstausgaben – zur Illustration des Unterrichts; Hinweise auf Buchillustrationen und die Bedeutung der Typographie sowie auf die „Goldschnitt"-Ausgaben
- Sekundärliteratur über die Klassik: Heranziehen neuerer Werke; Beiträge zur „Diskursanalyse"
- Exkursionen und außerschulische Aktivitäten (vorzugsweise Kollegstufe): Goethe-Museum in Weimar, Schiller-Museum in Marbach, Goethe-Haus im Frankfurter Hirschgraben
- Erarbeiten von stoff- oder motivgeschichtlichen Fragestellungen, z. B. Varianten des Fauststoffes (von Marlowe bis Goethe, von Goethe bis Thomas Mann oder Paul Valéry)
- Umsetzungsversuche von Romanen in Dramen (Auszüge, Sequenzen)
- Klassik: Ist sie die norm-setzende „heile Welt", ein idealtypisch/utopisches Denkmodell oder eine Kompensation politischer und gesellschaftlicher Probleme?
- Schüler sollen versuchen, klassische Stücke (= Szenen) zu verfassen (in Gruppen; Motivvorgabe; je Gruppe eine Szene)
- Begriff „Klassik" in Lexika nachschlagen lassen, vom Jugendlexikon bis zum wissenschaftlichen Reallexikon (verschiedene Deutungen und Deutungsebenen mögen als Einstieg oder zur abschließenden Diskussion dienen)
- Klassik in Mundart (auszuwählende Ausschnitte) übertragen – eine „unzulässige" Versuchs-Anordnung?
- Anfertigen von Collagen oder Fruttagen über die Zeit der Klassik (z. B. Kleidung, Sprache, politische Verhältnisse, Alltagskultur)
- Sammeln von Lexikonartikeln über einschlägige Themenbereiche
- Gegenüberstellen von heutigen Wert(e)-Vorstellungen mit solchen der Zeit der Klassik; dazu Heranziehen der Präambeln gültiger Lehrpläne
- Ansätze, die „Zeitgebundenheit" einzelner klassischer Dramen herauszuarbeiten
- „Literarische" Eigenproduktion; Eigenproduktion: „Neufassung" eines Themas (als Exposé)
- Vergleiche von Zeitungsberichten, Kritiken, Kommentaren zu Aufführungen klassischer Werke (SZ, ZEIT, FAZ usw.)

- Quiz-Fragen zur Dichtung der Klassik (zum 18./19. Jahrhundert) nach Steckbriefart
- Mit Zitaten „arbeiten“, sie nach ihren Aussagen „verifizieren“ oder „falsifizieren“
- Geflügelte Worte, bekannte Zitate suchen, sammeln, „bestimmen“
- Betrachten und Deuten des Gemäldes: Feuerbach „Iphigenie“. Es zeigt eine Frauengestalt vor einer offenen Meereslandschaft, „Illustration“ einer Idee: „Das Land der Griechen mit der Seele suchend...“
- Verbindung zu anderen Fächern herstellen (z.B. Musikerziehung, Herausfinden kongruenter bis verfremdender Musik „zur Szene“; Kunsterziehung, Spiel/Choreographie, Ballett)
- Gedankliche „Substanz“ eines Klassikers in Form eines reißerischen Artikels im Boulevard-Zeitungs-Stil
- „Ausgang“ des klassischen Dramas verändern (Happy-End vs. Katastrophe)
- „Klassik“: explizite Ausklammerung des Politischen aus der Literatur?
- Ausstellung als Lektüreempfehlung (Handapparat) und Lese- wie Vertiefungshilfe: unentbehrliche „Standardwerke“ zum Verständnis der Klassik
- Lesungen: Schauspieler lesen aus Werken der Klassik
- Schüler sollen aus der Sicht einer Person des Dramas Briefe oder Tagebuchnotizen schreiben (z.B. Iphigenie berichtet einer Freundin oder ihrer Familie); Übertragung ins Spiel (vgl. „Drama-in-Education“)
- Eventuelle Exkursion zu historischen Plätzen (Schauplätze der Dramen; Geburtsort, Aufenthaltsorte, Lebensetappen der Dichter)
- Verteilung von Kurzreferaten zu klar umrissenen kleineren Aspekten (z.B. Funktion der Monologe im klassischen Drama, Blankvers und Enjambement, Fünfaktigkeit: Schwierigkeiten des/der Heutigen mit der „mythologischen Kodierung“).

Rezeptionsfragen

- Zitate über die Klassik (wie z.B. in der Kulturgeschichte von Egon Friedell, Band II)
- Theoretische Schriften aus der Zeit der Klassik – über die Klassik (Winckelmann, Herder, Goethe, Schiller) und ihre Aussage-Gültigkeit für das Heute
- Ergebnisse der Rezeptions- und Wirkungsgeschichte (zeitgenössisch, historisch)
- Kontroverse Deutungen der Klassik auch in der DDR, dann durch das Bremer Kollektiv (Reihe: „Projekt Deutschunterricht“)
- Vergleich verschiedener Literaturgeschichten (national wie international) im Hinblick auf die Darstellung der Klassik, ihre unterrichtliche Auswertung

- Christa Wolfs „Kassandra" und Goethes „Iphigenie": Beiträge zur zeitgenössischen Rezeption der Klassik
- Buchmarktforschung/literarischer Markt: Situations-Vergleiche vom 18. bis zum 20. Jahrhundert
- Rezeptionsgeschichtlicher Ansatz: Erarbeitung verschiedener „Klassik-Bilder" (incl. Klassiker-Pflege in der DDR)
- Noch einmal: Analysieren und Diskutieren kontroverser Meinungen zur Klassik, zu bestimmten Dramen
- Rezeptionsgeschichte: verfügbare Kritiken zu Dramen/Dramenaufführungen im Wandel der Zeit
- Von „aktuellen" (sogenannten zeitlosen) Problemen ausgehen, die bereits in klassischen Dramen angesprochen wurden
- „Wirkung" der Klassik auf die heutige Gesellschaft bzw. auf bestimmte Zielgruppen untersuchen/diskutieren
- Rückwendung, Rückbezug auf die Antike: zu analysieren anhand von Texten, Quellen
- Frage nach Begriff und Vertretern des „Neoklassizismus"
- Frage, bei welchen späteren Epochen bzw. Dichtern/Schriftstellern „klassische"Gedanken eine Rolle spielen
- Rezeptionsgeschichtlicher Ansatz: Leitfrage: welches „Klassikbild" existierte zu welcher Zeit unter welchen weltanschaulichen Vorgaben (Beispiel: Prinz v. Homburg als vaterländischer Held oder als Träumer cf. Materialien in der Reclam-Univ.-Bibl.: Grüne Reihe)
- Frage nach der Zeitgemäßheit der „klassischen Werte" als Einstieg: ausgehend von der Bayerischen Verfassung: Erziehung impliziert klassische Werte des „Wahren, Guten, Schönen"; Versuche, aufzuzeigen, daß klassische Werte noch heute unser Welt- und Menschenbild prägen könn(t)en…
- Suche nach dem „Klassischen" in der Literatur anderer Epochen (s. a. „verspätete" Klassiker)
- Erkenntnisse zu Buchmarkt, Leserschicht usw. in der Zeit der Klassik
- Diskussion über „Aktualisierungsmöglichkeiten" (und -praktiken) klassischer Stoffe, Thematiken usw.
- Sammeln verschiedener Meinungen (welchen Eindruck hinterläßt ein klassisches Drama bei Schülern?)
- Wieweit war die „Weimarer Klassik" zeit-reflektierend oder „politisch"/politisierend?
- Versuch eines Füllens abstrakter Begriffe, z. B. Menschlichkeit, „Humanitas", mit aktuellen Inhalten
- Arbeitsauftrag: Der klassische „Held" in seiner Vorbildwirkung – ein Entwurf für die heutige Zeit?
- Zum Naturverständnis der Klassik: ein von Harmonie gezeichnetes Bild in Relation zu unserer – zerrissenen – heutigen Welt, die nach „Kommunikation" sucht

- Versuche einer Übertragung der Bild(er)welt eines klassischen Gedichts in die „heutige" Bildwelt (aufzuzeigen an Beispielen der Naturlyrik)
- Heranziehen von Standardwerken wie „Der Geist der Goethezeit"
- Anmerkungen zur Klassik-Pflege in der Bundesrepublik und in der DDR (vor und nach 1989)
- Erläuterung des „Epigonen"-Problems in der direkten Nachfolge bis ins 20. Jahrhundert
- Schülerumfrage/Diskussion: Was erscheint uns heute – in Spontanreaktionen, mündlich oder schriftlich fixiert – „fremd" (oder befremdlich) an einem klassischen Stück?
- Wirkung der deutschen Klassiker im Ausland/auf ausländische Literatur (mit Berücksichtigung von Aussagen in/aus Ländern der Dritten Welt)
- Leserreaktion: War eine „Katharsis"-Wirkung intendiert, ist eine solche Wirkung heute noch denkbar?
- Wie war die Antike „wirklich" (es gab z. B. Sklavenhaltung): Ergebnisse der altphilologischen Forschungen und Diskussion (Thyssen-Stiftung: Vorträge in der Aula der Universität München in den 80er Jahren)
- Schülerumfrage: Schüler befragen andere Schüler (höhere Klassen) oder Lehrer (Mathematik-Lehrer z. B.) über deren Meinung zur Klassik (in der Pause); im Unterricht verifizieren durch Konfrontation mit Äußerungen
- Aufzeigen von Streiflichtern der Rezeptionsgeschichte mittels Materialsammlungen
- Interviews über Leseerfahrungen (Eltern, Freunde, Bekannte, Passanten) bzw. Lese- und „Lektüre"-Erinnerungen
- Diskussion über die Brisanz klassischer Themen heute (vgl. Absetzen von Schillers „Tell" während des Dritten Reiches: Heranziehen von Abrissen der Theatergeschichte)
- Bedeutung der Klassik in verschiedenen Epochen danach (Einschätzung der Klassik z. B. im „Dritten Reich"); Konsultieren von Dokumentationen
- Behandlung „klassischer" Themen und Motive in der Literatur der Moderne
- Kritiken zu „zeitgenössischen" Aufführungen im 18. und im frühen 19. Jahrhundert
- Heranziehen von Parodien, Travestien zu klassischen Dichtungen
- Befragung (z. B. von jugendlichen) Theaterbesuchern; Gründe für Theaterbesuch, Bedeutung des Stückes für den jeweiligen Theaterbesucher; Auswertung von Umfragen
- Die Wertorientierung von heute (Präambeln der Lehrpläne): sind „Werte der Klassik" vertreten?
- Kontakte mit dem (z. B.) Münchner Theater-Museum (vormals Clara-Ziegler-Stiftung) in den Hofgarten-Arkaden: Sonderausstellungen
- Wie sieht „klassisches" ostasiatisches Theater (Nô-Spiele, Kabuki etc.) aus?

Stoff- und motivgeschichtliche Fragestellungen

- Behandeln motivgleicher/motivähnlicher Stoffe: z.B. „Iphigenie"/ „Orestie" (auch in der gesamteuropäischen Literatur)
- Heranziehen von motivgeschichtlichen Sammlungen und Überblicken (übernationaler Aspekt)
- Aktuelle „Versionen" klassischer Stoffe vorstellen, behandeln, mit „klassischer Vorlage" vergleichen
- Probleme im Umgang mit lyrischen Texten der Klassik
- Stoff- und Motivgeschichte: z.B. wie ein Stoff in der Antike, in der Klassik, in späterer Zeit umgesetzt wurde („Antigone", „Iphigenie" u.a.)
- Stoffgeschichtlicher Ansatz: Beispiel: Wie veränderte sich die Beurteilung der Figur „Faust" von der Renaissance bis zu Goethe: Idee vom ringenden, suchenden Menschen, der, dem neuzeitlichen Fortschrittsdenken gemäß, nach Grenzüberschreitungen strebt; Berücksichtigung der Szene von Fausts Erblindung (Drama, Teil II)
- Deutsche Klassik – europäische Klassik: Versuche von Vergleichen und Bezügen.

Zum historischen und soziokulturellen Hintergrund

- Spezielle Schwerpunktsetzung: das „Frauenbild" der Klassik – eventuell im Vergleich zu dem der Romantik (literarische Salons etc.)
- Historische Bezüge einschlägiger Dramen als Ausgangspunkt nehmen, die Dramen in ihrer Geschichtlichkeit, ihrer historischen Dimension zu sehen versuchen
- Informationen über den „Zeitgeist" als Hintergrund der Epoche einholen
- Geschichtlichkeit in den Dramen; Leitfrage: Welchen gesellschaftlichen Bedingungen genügte der Rückgriff auf antike oder andere historische bzw. mythologische oder Legendenstoffe? Warum dominieren adlige oder herausragende bürgerliche Persönlichkeiten als dramatische Helden (Begriff der „Fallhöhe" und Bürgerliches Trauerspiel)?
- Personales Geschichtsdenken und Geschichte als Exempel
- Ansatz über Klassiker als „Denkmal- und Kultfiguren": Frage: Warum waren/sind es gerade Goethe und Schiller, von denen Büsten, Gedenkstätten verehrt und „gepflegt" werden?
- Kunst als Spiegel der Gesellschaft (Geschichte als Verhältnis zwischen Entwicklungsstand von Kunst und Gesellschaft)
- Einordnung der Epoche der Klassik in den gesamten Geschichtszusammenhang (u.a. 1. und 2. Blütezeit der deutschen Literatur)
- Informationen zum Umfeld, zum geschichtlichen Hintergrund der klassischen Epoche (Quellensammlungen)
- Gesellschaftliche Verhältnisse der Zeit: zum Stellenwert der Politik-Geschichte in der Zeit der Klassik

- Aufzeigen des geistesgeschichtlichen, historischen und gesellschaftsgeschichtlichen Hintergrundes, der Mit-Voraussetzungen der Klassik
- Welches Publikum hat sich zur Zeit der Klassik (ca. 1789/1794–1805) klassische Dramen angeschaut oder sie gelesen (Recherchen, Quellen, Zitate aus der Rezeptions- und Wirkungsgeschichte)?
- Die Zeit der Klassik im historischen Kontext von z.B. Architektur/ Oper/Musik, von allgemeinem Kulturleben
- Überlegungen zum sozio-kulturellen Hintergrund der gelesenen/besprochenen Werke
- Gesellschaftlich-soziales Umfeld der Autoren, z.B. Goethe und der Weimarer „Hof"; Fragen zur materiellen Abhängigkeit von der Aristokratie (Mäzenatentum, „Sponsorship")
- Aufzeigen, daß sich die „klassische" Programmatik vom „Allgemeinmenschlichen" etc. auf eine gewisse politisch-soziale Rückbindung der Autoren bzw. deren ideologischen Standpunkt in bezug auf die Französische Revolution zurückführen läßt.

4. Zur Bevorzugung von Literatur der „Moderne"

Zu diesem Begriff scheinen uns Vorklärungen notwendig: „Kein Schlagwort der neueren Literaturgeschichte, seit dem 18. Jahrhundert gerechnet, hat sich so lange gehalten wie die Benennung ‚Moderne'. Bedenkt man die allgemeine Bedeutung des Wortes ‚modern' (etwas: neu, zeitgemäß, aktuell), so ist es nicht ohne eine gewisse Komik, daß nunmehr schon fast vier Generationen eine nach der anderen sich nicht nur als modern verstehen, sondern auch das schon längst abgegriffene Wort in Anspruch nehmen." (Žmegač 1982, S. 11).

Unter Hinweis auf den programmatischen Wortführer der „Wiener Moderne", Hermann Bahr, der im Zusammenhang mit dieser Begriffsbestimmung von Moderne zu nennen ist, führt Žmegač (S. 11f.) aus: „Im Sprachgebrauch des ausgehenden 19. Jahrhunderts meinte das Wort Abkehr von der Tradition, diesmal im Zeichen so gegensätzlicher Tendenzen wie Naturalismus und Symbolismus. Die Gleichzeitigkeit einer gesellschaftsbezogenen, vorwiegend materialistisch ausgerichteten ‚Wirklichkeitskunst' und einer esoterischen Kunstlehre im Geiste des Ästhetizismus macht deutlich, daß der Begriff der ‚Moderne', der zumeist als Klammer diente, nicht im Sinn einer Stilbezeichnung aufzufassen ist. Dafür sind die gemeinten Erscheinungen viel zu konträr. Vielmehr galt (und gilt z.T. noch) der weitgehend stilneutrale Grundsatz der Originalität, der Übertrumpfung durch Innovation, gleichgültig mit welchen Mitteln." Und weiter heißt es (ebd.: S. 12): „Die Zählebigkeit der Begriffe ‚Moderne' und ‚Modernität' erklärt sich daher aus dem Umstand, daß trotz mancher gegenläufigen Versuche das Prinzip ununterbrochener ästhetischer Revolutionierung in allen Kunstgattungen seit hundert Jahren Gültigkeit besitzt. "

Wir stellen diese Anmerkungen voran, weil zeitliche Einordnungen (Literaturgeschichte), Epocheneinschätzungen und Terminierungen im Literaturunterricht – die Interviews bzw. deren Transskriptionen wurden speziell auch dahingehend durchgesehen – kaum eine Rolle zu spielen scheinen, nicht präsent, gewußt oder reflektiert waren. Vage Vermutungen zu einem Neubeginn um die Jahrhundertwende (1900), das Aufbruchsjahr um 1910 (moderne Kunst, Expressionismus), dann die Zeit nach 1945 (zwischen Nullpunkterlebnis und „Schleusenjahr") das Ende einer Epoche 1956 (Todesjahr von Bertolt Brecht und Gottfried Benn) ergaben sich aus sporadischen Hinweisen. Nachdem in der heutigen, freilich nicht eben der schulischen Diskussion (Oberstufe), viel die Rede ist von der „Postmoderne", sei die noch vorherrschende Verwirrung als Entschuldigung für konstatierte Fehlanzeigen von „literarischem Zeitgefühl" – in der Schule angeführt. Aus Gründen einer Abgrenzung sei zur Erklärung/Definition der Beitrag von Borchmeyer angeführt:

„Am 18. Oktober 1981 gab ‚Le Monde Dimanche' seinen Lesern bekannt: ‚Ein Gespenst geht um in Europa – das Gespenst des Postmodernismus.' In den USA ging das Gespenst zu diesem Zeitpunkt freilich schon mindestens zwei Jahrzehnte um, in einem sehr weiten literaturkritischen Gewande, das heterogenste Stimmungen und Tendenzen unter sich verbarg, und einem knapper zugeschnittenen architekturtheoretischen Anzug. Im hispano-amerikanischen Sprachgebrauch ist der Begriff postmodernismo als literarhistorischer Fachterminus bereits seit den dreißiger Jahren nachweisbar (…), in Nordamerika taucht der Postmodernism (möglicherweise von Lateinamerika her) seit den frühen vierziger Jahren vereinzelt in literaturtheoretischem und dann auch architekturästhetischem Zusammenhang auf. Wirklich eingebürgert hat den Begriff der britische Historiker A. Toynbee in seinem universalhistorischen Hauptwerk ‚A Study of History' in der Fassung von 1947. Als ‚Post-Modern' wird hier die gegenwärtige Epoche der abendländischen Kultur seit dem Übergang von der nationalstaatlichen zur globalen Politik bezeichnet, dessen Beginn Toynbee in den siebziger Jahren des 19. Jahrhunderts ansetzt. Die universalhistorische ‚Moderne' endet für ihn also zu der Zeit, da nach heutigen Begriffen die ästhetische überhaupt erst beginnt. Für Toynbee bedeutet der Begriff der postmodernen Ära mithin das ‚Ende der Neuzeit' (wie es mit anderen Vorzeichen R. Guardini in seinem Buch von 1950 verkündet), also den Abschluß der abendländischen Ära, die mit der Renaissance beginnt" (1987, S. 306f.).

Die Frage zwischen Überfrachtung von Unterricht und von Vereinfachung im Sinne der an früherer Stelle angesprochenen didaktischen Reduktion oder didaktischen Brechung stellt sich gerade hier.

(1) In der Vereinfachung, wie sie Schüler (und auch Lehrer) zu schätzen scheinen, wirkt sich besonders auffällig der Spannungsbogen – und damit möchten wir beginnen –, zwischen der Literatur der Klassik und der Literatur der Moderne aus, wobei sich rückblickende Vergleiche auf einschlägige Fragen so anhören:
So äußert sich Britta zum Verhältnis von Klassik und Moderne:

„Ich würde sagen, die Moderne hat schon noch einen größeren Wert für mich. Aber die klassische ist nicht mehr so weit hinten, wie sie am Anfang war. In der 10. habe ich mich total davor gescheut und jetzt, in der 11., hat sich das echt gebessert."

Von gespürvollem Anspruch erscheint uns dazu die folgende Aussage über das Interesse für beide Bereiche:

„Ich würde sagen auf alle Fälle gleichwertig, weil ich meine, daß man die beiden nicht gut vergleichen kann: Die sind aus ganz anderen Situationen heraus entstanden, diese Werke, und ich finde, wenn man ein klassisches Werk von Goethe betrachtet und das sprachlich analysiert und die Form und alles Mögliche, dann steckt da unheimlich viel drin, ob das einem gefällt oder nicht. Wenn man das objektiv betrachtet, dann sind das (...) sehr gelungene Werke. Und bei der modernen Literatur stehen ganz andere Motive im Vordergrund, und auch da gibt es gelungene und weniger gelungene Werke" (Siegfried).

Was die „Klassiker" angeht, so liegt es einmal mehr nicht an „ihnen" oder ihren Werken, sondern an der sicherlich gut-gemeinten (und dadurch allzu intensiven) unterrichtlichen Behandlung. Im nachstehenden Falle hat der Leistungskurs eine Art Wende gebracht:

„Da war die Zeit, wo ich langsam wieder angefangen habe. Da habe ich eben auch – durch die Schule bedingt – eine richtige Wut auf die Klassiker gehabt: auf Goethe und Schiller, weil wir lange Zeit dann nur Bücher von denen zerfleischt haben; in der Richtung und davor sind wir eigentlich immer sehr gut mit Literatur umgegangen im Unterricht. Wir haben ‚Bücher' besprochen (Anm.: wohl mit ‚Lektüre' zu umschreiben), aber gerade so, daß wir sie nicht zerfleischt haben. Der Lehrer hat immer wieder Büchervorschläge gebracht. Im Jahr darauf haben wir dann so intensiv die Klassiker gemacht, daß die einem einfach verleidet waren" (Zacharias).

(2) Es würde zu weit führen, nun zu versuchen, Autoren, Werke und die unterrichtliche Vermittlung von literarischen Ganzschriften vom Expressionismus bis zur Literatur der 80er Jahre gemäß den Schülerantworten, -meinungen und -kommentaren aufzulisten. Wir möchten vielmehr versuchen, die Begegnungsmöglichkeiten mit literarischen Texten zu strukturieren und zu klassifizieren in Richtung auf Rezeption, auf Interessen und auf kognitives oder emotionales Lesen, wie sie überwiegend didaktisch-methodisch in Erscheinung treten. Wie prägend Literaturunterricht sein kann, was er zu leisten vermag, sei an folgendem Beispiel gezeigt:

„... was ein Grund wäre, Komparatistik zu studieren. Inwieweit die russische Literatur z.B. auf die deutsche reinspielt und Dostojewski und Hesse in Zusammenhang setzen und sowas, in Motiven und Thematik: Was eben in der Schule viel zu kurz kommt, und was eben existent ist. Oder z.B. die französische Literatur – fin de siècle –, wie die reinspielt. Das ist eben nicht für die Literatur, sondern für die ganze Denkströmung bestimmend. Was ich gelesen hab', was da unheimlich viel ausmacht, wie ich denke und handle, unbewußt, ja. Daß das eben eine Ergänzung ist zu dem Bild, das eben durch das Elternhaus, von den Freunden und Bekannten – einfach das ganze gesellschaftliche Umfeld – reinspielt. Daß da die Bücher eine wichtige Komponente sind – und auf's Große bezogen, wie Zeitgeschichte und Bücher und Literatur ineinander verstrickt sind ... und was wieder auf die Leute einwirkt" (Zacharias).

In dieser Aussage wird in Zusammenhängen gedacht, nach Synthesen geforscht, der Synopsis-Aspekt eingebracht, dies alles mit Zukunfts-, Studien- und vielleicht Berufsvorstellungen verbunden. Noch einmal derselbe über „Mitbestimmung" nach Inhalt und Vorgehensweise im Unterricht:

„... wir haben eben beschlossen, was wir machen, ob wir epochentypisch vorangehen, ob wir mit dem Barockdrama anfangen und dann aufbauen. Da haben wir gesagt: ‚Nein, wir möchten jetzt erst was Modernes lesen oder erst mal an Texten arbeiten, nicht gleich in die Lektüre einsteigen.'

(…) Und daß wir nachhaltig einfach auch bestimmen, was im Unterricht vorkommt. Daß wir zwar in dem Rahmen bleiben müssen, aber dort halt die Wahl haben, was wir machen" (Zacharias).

Mitbestimmung ist gesteuerte Partnerschaft; das kann im pragmatischen Text – wie im ästhetisch-literarischen Bereich gelten:

„Z. B. während der politischen Reden (Anm.: gemeint als Unterrichtsgegenstand), da sind Bundestagsdebatten gelaufen im Fernsehen. Da sind wir gleich runtergegangen …, weil er ist da sehr flexibel als Lehrer" (Lorenz). Und weiter: „… also, wir haben dann zum Böll ,Ansichten eines Clowns', haben wir dann noch einen Film gesehen. Also, Filme überhaupt: das ist kein Problem, das brauchen wir ihm bloß zu sagen … Also, falls da was ist, da geht er sehr darauf ein" (Lorenz).

Es gibt da bei sensiblen Schülern Enttäuschungen, „Rückschläge":

„Ich wollte eigentlich ganz was anderes lesen (Anm.: statt Plenzdorfs ,Werther'-Roman-Fassung). Vielleicht was von Hesse lesen … Zu Beginn haben wir ja mal drüber diskutiert, was es eigentlich für moderne Romane gibt, und da hab' ich schon einiges vorgeschlagen. Aber es hat nichts genützt. Der hatte halt sein Konzept, und das wollte er durchziehen; und da konnten Vorschläge kommen wie sie wollten" (Lorenz).

Es kann auch zur Resignation kommen, zu einem Abflauen des Interesses – und dies im fortgeschrittenen Stadium eines Leistungskurses (vgl. dazu Abb. 7 in IV, S. 70).

„… jetzt tauchen solche Fragen (Anm.: der Mitbestimmung) nicht mehr auf, weil der Kurs doch ein bißchen anders gelaufen ist, wie er sich das vorgestellt hat … Wenn er jetzt fragen würde: ,Was wollt Ihr denn lesen?', also da würde er relativ wenig zu hören kriegen. Daß halt die Leute mehr sagen: ,Bringen 'S was her, wir lesen es dann schon.' Da ist die Beteiligung nicht mehr so groß, gerade auf dem ,Gebiet – aus Schlappheit" (Siegfried).

Der Unterrichtende sollte sich nicht zu gut sein, Überlegungen anzustellen, was Schulunlust und -müdigkeit angehen kann:

„(Mitsprachemöglichkeiten) haben wir schon. Aber da ist eigentlich keiner so recht interessiert; wenn er sagt, wir lesen jetzt das und das und das – es sei denn, einer sagt: ,Nein, das will ich überhaupt nicht lesen', dann schon. Aber im Normalfall sagt man: ,Ja, ich kann das Zeug eh' nicht'" (Ludwig).

Eine andere „Stimme" dazu:

„Wir hatten vier Romane zur Auswahl, und da haben wir dann den gewählt – nach seinen Empfehlungen natürlich. Also, er hat schon gemeint, daß das für uns das Beste ist … und ich mein', es hat keiner eine Ahnung gehabt, und den meisten ist es sowieso wurscht … eine Lektüre ist praktisch wie die andere" (Boris).

Die Relation von Interesse und Mitarbeit hängt stark vom Gegenstand ab. Unterrichtslektüre ist auch eine Frage des Schüler-Engagements; im Fach Deutsch ist das offenbar nicht immer leicht, wird zu einem Alptraum, wie ihn mancher Referendar erleben mag:

„Unterrichtsbeteiligung ist eigentlich bei mir in allen Fächern immer nicht schlecht … weil es doch immer interessant ist … Ja, die Klasse ist eigentlich ziemlich schlapp … (bei mir ist sie) sehr stark. Der baut sich eigentlich auf drei Leuten auf: der Unterricht. Sagen wir mal die ganze Kollegstufe und die Leute … Bei uns hat es auch gar keinen Leistungskurs gegeben … Das ist bei uns fast Tradition an der Schule: kein Leistungskurs Deutsch" (Lorenz).

Manches liest sich modellhaft, vorbildlich, was über den Unterricht zur Literatur der Moderne gesagt wird. Dazu einige Beispiele:

a) Der Text „Party for Six" von Wolfgang Bauer wird nach Inhalt, Sprache, Form und „Aussage" besprochen, das Stück dann in den Bereich „Modernes Theater" eingeordnet; schließlich: „Lesen" (auszugsweise gemeinsam); Vergleich zum klassischen Drama und „zu Handkes ‚Publikumsbeschimpfung' bezüglich Form, Inhalt, Sprache, Aussage/Intention des Autors" (Siegfried WBl).

b) Aus den Wochenblättern eines unserer Probanden sei eine Übersicht wiedergegeben, die Aufschlüsse gibt über die Anwendung von Querschnitt- (Synchronie) und von Längsschnitt-Verfahrensweisen (Diachronie):

1. Woche:

Thema: „Brecht: ‚Der Kaukasische Kreidekreis' – Gegenüberstellung der dramatisch-geschlossenen Form des Theaters, episch-offene Form des Theaters."

Vorgehen: „Vergleich beider Theaterformen unter den Aspekten Publikum, Handlung, der Held, Unterbrechung, Zitierbarkeit – Aufstellen einer Vergleichstabelle."

Positiv: „Vergleichsmöglichkeit beider Theaterformen und nähere Untersuchung der episch-offenen Theaterform bei B. Brecht."

Negativ: „Eintönige Unterrichtsgestaltung, bloßes Auflisten der Fakten, keine Erläuterungen."

2. Woche:

Thema: „Brecht: ‚Der Kaukasische Kreidekreis' – Episches Theater von B. Brecht; der Zuschauer des dramatischen und epischen Theaters, Vergleich zweier Schemata, dramatisch-epische Form des Theaters; Brechts ‚Arturo Ui', Text; Untersuchung, welche Absicht Brecht mit dem ‚Kaukasischen Kreidekreis' verfolgte."

Vorgehen: „Austeilen des Brecht-Textes, Besprechen und Übertragen der wichtigsten Merkmale der Theorie auf die Ausführung, Lesen des ‚Arturo Ui'-Ausschnittes im Deutschbuch und Vergleich mit Videoaufzeichnung."

Positiv: „Untersuchung, wieweit sich die Theorie des Epischen Theaters mit der Realisation im Kreidekreis deckt, Betrachten der Videoaufzeichnung."

Negativ: „–––"

3. Woche:

Thema: „Suchen von Parallelen in Brechts ‚Augsburger Kreidekreis' zum ‚Kaukasischen'; Kurzepik, Kurzprosa, Massenmedien; Zusammenhang zwischen Dramatik, Epik, Lyrik."

Vorgehen: „Oben genannter Vergleich beider ‚Kreidekreise', allgemeine Hinweise zum Begriff Epik; Suchen von Verbindungen und Zusammenhängen der drei großen Literaturgattungen; Besonderheit epischer Darstellungsweise, Wirklichkeitsbrechung bei Verfassen und Lesen eines Textes."

Positiv: „Verfolgen des Entstehens und Weges eines Buches bis zum Käufer bzw. Leser unter dem Aspekt der Wahrnehmung und Wirklichkeitsbrechung."

Negativ: „Unübersichtliche Erklärung und Aufzeichnung bzw. Darstellung der Zusammenhänge zwischen Dramatik, Epik, Lyrik." (Ludwig WBl).

(3) Kein Zweifel, daß das Ausmaß der Motivation eine entscheidende Rolle spielt bei der Lektüre. Über die Motivation haben wir keine systematisch erhobenen Aussagen, aber die Mehrzahl der

befragten Probanden hat sich darüber geäußert. Wenn der Motivationsmangel nicht in der Ganzschrift, im Text, selbst begründet ist (Handlung, Motiv, Sprache, Form, Makro- oder Mikrostruktur) ist er stets auf Bedingungen des Unterrichts zurückzuführen. Wir haben die folgenden „Negativfaktoren" ausfindig gemacht:

- Erkennbare Konzeptionslosigkeit, verbunden mit fehlender oder unzureichender Vorbereitung von Unterricht
- Überinterpretation, von den Schülern als „Zerreden" oder Atomisieren empfunden
- Allusionen auf Lehrplanvorgaben und -vorschläge, die nicht den Beifall des/der Unterrichtenden fanden/finden
- Mängel in der Anknüpfung bzw. Einordnung des Textes oder der Lektüre in größere Zusammenhänge (Geistesgeschichte, Sozialgeschichte, allgemeine Historie, Lebensgeschichte eines Autors)
- Autoritärer Unterrichtsstil, der dann besonders negativ und kreativitätshemmend empfunden wird, wenn eine bestimmte (den Schülern obendrein bekannte) Interpretation als Grundlage der Durchnahme und der Argumentation dient und keinerlei Einwände, Gegeneinwände, Rückfragen, Informationsfragen, eben „eigene Meinungen" erwünscht scheinen
- Weitgehendes Fehlen kreativer Gestaltungsübungen („therapeutische" Vorschläge und Ziele: vgl. Birner 1978, S. 13ff. sowie Waldmann 1988)
- Verbinden von – vorgeschobener – „Freude am Lesen" mit dichtauf folgendem Klausurstreß
- Fehlender Wechsel der Methode bei der Lektürebehandlung
- Kaum Erinnerungen an Arbeitseinteilungen für Gruppen-, Partner- oder Einzelarbeit
- Negieren von aktuellen kultur- und bildungspolitischen sowie literarischen Ereignissen und Entwicklungen (aktuelle Film-, Fernseh-, Theater-, Festspiel-, Literatenszene als Fehlanzeige)
- Sinnvolles, auf einen modernen Stand gebrachtes Verteilen von Referats- und Facharbeitsthemen anstelle einer schon von Vorjahren her bekannten „Wiederkehr des Gleichen"
- Ausgewogener Medieneinsatz: die eine Klasse wird überfüttert mit Videos, die Parallelklasse geht leer aus…
- Fehlender Brückenschlag von der Schul- zur Freizeitlektüre und umgekehrt
- Lyrik – bei Schülerablehnung und -einsprüchen wird allzu schnell ausgeklammert, statt daß Zugänge eröffnet werden.

Wie wichtig die Motivation ist und als solche empfunden wird, möchten wir an einem Einzelfall, am Beispiel der Lektüre des Romans „Homo Faber" von Max Frisch aufzeigen:

„Also, anfangs war er (Anm.: der Unterricht im letzten Halbjahr) sehr stark; da war sie (Anm.: die Klasse) auch sehr engagiert, und da waren auch die Lektüren – irgendwie haben die halt im Kurs Anklang gefunden, und so anfangs waren das halt mehr so Reißer wie der ‚Homo Faber‘: der hat ziemlich gut eingeschlagen, aber er wird dann einfach zu ausgefranst und die Aktivität immer weniger. Das sieht man auch bei dem Remarque: am Anfang war da mords Halloh und Hurrah, und mit der Zeit wird das halt immer weniger, und irgendwann schläft es halt ganz ein, weil das eben so ausgeführt ist ohne strenges Konzept dahinter“ (Kilian).

Die Erkenntnis kann nur sein: die Lektüre war zu langwierig, zu wenig gestrafft-konzentriert und offenbar ungenügend vorbereitet für eine längerfristige Lektüre-Behandlung. Was ebenfalls motivations-hemmend ist, ist die fehlende Einordnung:

„... der ‚Homo Faber‘ wurde halt in den ganzen historischen Zusammenhang überhaupt nicht eingeordnet, sondern der wird halt durchdiskutiert, und dann ist Schluß. – Und was mir halt in der 10. Klasse ganz gut gefallen hat, das war dann z.B. ‚Trümmerliteratur‘: da wurde also der Borchert gelesen, und da wurde eben aufgezeigt, daß es eben auch noch andere Autoren gegeben hat, und da war der Unterschied breiter gefächert im ganzen, als wenn man das jetzt an einem Werk so ausfranst“ (Kilian).

Nicht nur, ob Unterricht gut oder mangelhaft vorbereitet ist, sondern auch „Vorlieben“ von Lehrern und nicht zuletzt liberale oder „autoritäre“ methodische Vorgehensweisen bleiben Schülern nicht verborgen – bis hinein ins Detail:

„Ja, z.B. den Max Frisch, also bestimmte Interpretationsansätze, die liegen ihm mehr, und wenn man andere – es gibt also genau immer nur eine Richtlinie und nach der wird interpretiert, und was anderes wird nicht zugelassen. Es wird also nicht gesagt, warum die anderen nicht zugelassen werden können: das wird nicht ausdiskutiert, warum die ‚unlogisch‘ sind, sondern das ist ganz einfach so, daß das die einzige Möglichkeit ist: und da gibt es dann teilweise schon Kontroversen zwischen dem Kurs und ihm“ (Kilian).

Der versöhnliche Abschluß eines persönlichen „Frisch“-Erlebnisses – und das bei einem Lehrer, von dem man den Eindruck hat, daß er „froh ist, wenn der Unterricht vorbei ist“ –, hört sich so an:

„Also, der ‚Homo Faber‘ hat mir schon gefallen; wenn ich mal wieder was in die Finger krieg‘ von dem, dann kann es schon sein, daß ich das lese“ (Kilian).

Beim Auswerten der Bänder bzw. Transskriptionen lernt man zu unterscheiden zwischen Aussagen über das Werk (die Lektüre also) und über die Art und Weise von dessen unterrichtlicher Behandlung.

(4) Ein noch recht zartes Pflänzchen ist, folgt man den spärlichen Hinweisen in den Interviews, das, was man kreativen oder produktiven Umgang mit literarischen Texten oder Ganzschriften nennt. Natürlich haben sich solche Elaborate der Kritik des Lehrers und des Plenums zu „stellen". (Müssen sie es?) Was vielleicht im Aufsatzbereich, also bei der Erörterung, beim Problemaufsatz, hingenommen wird, stößt hier auf begreiflicherweise eher negativ besetzte Erinnerung, auf besondere Empfindlichkeit: gemeint ist eine Kritik, „ist die Korrektur". Der präskriptive Ansatz ist erst in den letzten Jahren konkreter gefaßt worden, beispielsweise in der Lyrik durch Waldmann (1988) mit einer Publikation wie „Produktiver Umgang mit Lyrik" und vordem von Spinner (1984) „Umgang mit Lyrik in der Sekundarstufe I". – So meint in diesem Zusammenhang Kilian:

„(Das kreative Schreiben) wurde versucht bei den Fabeln und Parabeln. Da hatte er (Anm.: der Lehrer) die Möglichkeit offen gelassen, daß jemand als Unterrichtsbeitrag etwas schreibt. Es wurde dann auch ein Werk geschrieben ... das haben drei Leute zusammen geschrieben. Das sollte eine Fabel werden ... Das wurde dann ziemlich zerpflückt in zwei oder drei Stunden. Seitdem macht das niemand mehr. Das war aber auch das erste Mal, daß so etwas gefördert wurde."

Und weiter an anderer Stelle (Kilian):

„Es wäre mit Sicherheit interessant; aber es ist die Frage, inwieweit die entsprechenden Leute selber wollten. (Anm.: gemeint ist die Freiwilligkeit, ist die ‚Risikobereitschaft', ist das Fakultative des Sich-Engagierens). Ob das ihnen nicht vielleicht peinlich ist, da vor versammeltem Publikum die eigenen Werke zerstückelt zu kriegen!"

Gewiß, Möglichkeiten und Schreibanlässe gab es, doch schienen diese unter kreativitäts-hemmenden Begleitumständen zu leiden über die Rolle des Kursleiters:

„Ja, er tut immer so, als gäbe es die (Anm.: Möglichkeit des kreativen Schreibens) ..., aber immer schon gleich so, daß man sich nicht hinsetzen traut ... – Sobald er einem eine Anregung gibt, daß man da meint: ‚eigentlich müßte ich es mal probieren', dann kommt er danach mit irgendeinem Hammer: „Ja, der So-und-So – irgend ein berühmter Name – hat es auch schon vergeblich versucht', so daß man meint: Oh weh, gleich entmutigt" (Sabine).

In einer unteren Klasse – so sinniert Sebastian – „ist das vielleicht möglich".
Dabei wäre ein Lernen durch fortschreitende Produktivität eine Verstärkung von Lernen durch Einsicht bei der Analyse, wie dies Ludwig sieht:

„Ja, ich finde das schon gut, wenn man selber mal was macht. Man kann immer nur so seine Definitionen ... zwar lernen, aber irgendwie bei Fabeln und Parabeln ist das immer unheimlich schwer, das abzugrenzen. Und wenn man jetzt mal selber eine (Anm.: Fabel oder Parabel) geschrieben hat ... dann kann man sich da besser ein Urteil bilden."

Ähnliches berichtet Zacharias in einem Hinweis auf das „Schulleben" (wir bleiben bei der veranschaulichenden Darstellungsweise, wann und warum solche Kreativitätsübungen und Textproduktionen durchführbar oder effizient sind und was sie gegebenenfalls blockiert.

„... vor Weihnachten haben wir eine Weihnachtsgeschichte probiert – jeder einzelne und zusammen. Und daß wir, bevor wir unsere Zeitschrift herausgegeben haben, so eine Lesung gehalten haben ... und daß da dann eben diskutiert wird und Kritik kommt in einer fundierten Form, die man auch verträgt. Daß man sich gegenseitig was sagen kann. So: die Kreativität ist schon, daß man miteinander was schreibt oder daß immer wieder Leute Anregungen kriegen, was zu schreiben."

Unterschiedliche textproduktive Entfaltungsmöglichkeiten zwischen einer Vorform essyistischer Darstellung und der Kurzform von Frage-Beantwortungen womöglich verbunden mit Prüfungsdruck, meint Bodo:

„... Deutschabitur: da habe ich eine gewisse Aversion dagegen. Das ist mehr was für Leute, die dann über irgendwelchen Stoff vier Semester abhandeln. Das mag ich nicht so. Ich habe es gern, in Deutsch einen Nachsatz zu schreiben, über was Abgeschlossenes. Das wäre in Deutsch für mich eine Qual, wenn ich da nur die drei ‚Kurzfragen' zum Döblin habe: Dann möchte ich den (Anmerkung: Alfred Döblin, sein Werk) aber lieber abgeschlossen haben, und dann habe ich wieder drei Fragen zu dem und dem: da mag ich auch lieber einen eigenen Aufsatz schreiben."

Von besonderer Art ist der Hinweis von Zacharias, wo für die Facharbeit interdisziplinär (im Fach Französisch) vorgegangen wird, im besten Sinne kreativ bis vor-wissenschaftlich:

„Es ging dabei um Sagen, Legenden und Geschichten in Frankreich – und was heute noch geblieben ist... Da sind wir halt mit dem Auto von Bauernhof zu Bauernhof gefahren und haben mit den Leuten geredet, was noch aktuell ist, was sie noch wissen von den alten Erzählern, die über das Land gekommen sind."

Den Begriff des vor-wissenschaftlichen Arbeitens, jetzt angewandt auf die Facharbeit, umschreibt Marietta – sie ist einzuordnen in die Kategorie der Viel-Leser (Arbeitsbegriff) – in pointierter Form, sozusagen als übergeordnetes Lernziel, wobei der Fachinhalt schlichtweg eingeordnet wird:

„Es bringt unheimlich viel, einfach mal über ein größeres Thema, sich mal länger damit zu beschäftigen. Weil: das muß man irgendwie auch lernen, weil im allgemeinen kann man das nicht so gut – ich habe jetzt ein Thema und beschäftige mich jetzt ein halbes Jahr lang ab und zu immer mal wieder mit dem Thema und richte mein Interesse auch auf das Thema aus. Und das lernt man schon mit der Facharbeit, und das ist vielleicht nicht schlecht für später."

Referiert hatte dieselbe Probandin bereits im Deutschleistungskurs über die „Verschiedenartigkeit" der Darstellung der Emanzipation der Frau in Peter Handkes Erzählung „Die linkshändige Frau" (1976) und in Brigitte Schwaigers Roman „Wie kommt das Salz ins Meer" (1977). Ihr Fazit: „Moderne Frauenliteratur schaue ich schon genauer an unter dem Aspekt der Emanzipation."

Vorher merkte sie an: „... andererseits schaue ich mir schon so Bücher, so moderne Frauenliteratur, schaue ich mir schon genauer an unter dem Aspekt der Emanzipation. Aber sonst – ich habe mir so gedacht, daß es eigentlich unheimlich viel bringt, wenn man ein bestimmtes Thema nimmt und darüber dann mehrere Bücher liest."

5. Literatur des 19. Jahrhunderts – ein Stiefkind des Literaturunterrichts

Nimmt man Büchners „Woyzeck" (postum 1879) – und (gelegentlich) sein großes Werk „Dantons Tod" (1834/35) – aus, findet das 19. Jahrhundert nur sehr kursorisch im Literaturunterricht statt. Zum Glück fehlt es nicht an ausgeteilten oder erstellten Überblikken, ist zuweilen von Texten des Jungen Deutschland die Rede, also jener literarischen Bewegung in Deutschland zwischen 1830 und 1850 (weniger allerdings von konkreten Namen wie Gutzkow, von Wienbarg, von dem die Bezeichnung der Bewegung eigentlich stammt, ferner: Mundt, Kühne, Laube); nicht einmal Herwegh oder die der Bewegung nahe stehenden Börne und Heine, geschweige denn die als europäisch zu bezeichnende „Jugendbewegung" hat Registrier- bzw. Erinnerungswert in den Schüleraufzeichnungen.

Etwas häufiger findet sich die Begegnung mit der Dichtung des „Vormärz" apostrophiert, also die zeitlich nahezu entsprechenden Jahrzehnte um die deutsche Märzrevolution von 1848, die man heute unter den Begriffen „Biedermeier" und „Jungdeutschland" subsumiert.

Der Weg von der Romantik zum Realismus, der aufwendige zeitliche Hintergrund dazu, der historische Roman der zweiten Jahrhunderthälfte, aber auch die großen Erzähler des Realismus wie Stifter, Keller, C. F. Meyer, Storm (dieser mit dem unverwüstlichen „Schimmelreiter"), Raabe, Fontane begegnen so gut wie gar nicht (dafür wiederum „Die Judenbuche" von Droste-Hülshoff), leider auch kaum Hebbel oder Grillparzer (wobei es nicht ganz einfach sein dürfte, dann ausgerechnet sein Lustspiel „Weh dem, der lügt" an die Adressaten zu bringen). Viel gelesen und auch akzeptiert ist Georg Büchners Tragödien-Fragment „Woyzeck" und dazu seine Novelle „Lenz" (1839). Hier lassen sich sogar Einzelzüge des im Unterricht Erfahrenen/Mitgeteilten rekonstruieren, so etwa die Anknüpfungen und Rückverweise zum Sturm und Drang, die „Bühnenreife" eines Anti-Helden, eines Angehörigen des vierten Standes, eines „Proleten", dem man in der herzlosen Maschinerie des Militärs übel mitspielt und der aus Eifersucht seine Geliebte tötet – mit dem authentischen „Vor-Bild" eines Gerichtsfalles aus dem Jahre 1824. (Büchner hat das Protokoll bzw. das Hofrat-Clarus-Gutachten zu diesem „Kriminalfall" gekannt.) Mehrere Schlüsse, die 27 Kurzszenen, die ernährungs-theoretischen

Menschenversuche (des Stabsarztes an ihm, Woyzeck), das Balladeske, die psychologische Zeichnung, die vorgenommene Karikierung der Gesellschaft, die Volkston-Qualität, die zuweilen und stärker berücksichtigte Anatomieszene: dies alles kommt offenbar bei Schülern an. Und dennoch steht – trotz Alban Bergs (fast) gleichnamiger Oper, trotz verwandter Stoffe im Werk des F.X. Kroetz und der Angehörigen des „bayerisch-österreichischen Realismus" – das Werk wie ein einsames Fossil in einem irgendwie (von Lehrern oder auch von Schülern?) ungeliebten, in der Akzeptanz unterbewerteten Jahrhundert. Dabei könnte schon ein Blick in die Zusammenstellung von E. Frenzel „Stoffe der Weltliteratur" (1981[5], S. 645ff.), zum Thema Robespierre/Danton weiter helfen.

Für das Verständnis des 20. Jahrhunderts in der Geschichte der Literatur –möglichst im Kontext der Geistes – wie Sozialgeschichte – ist das 19. Jahrhundert ebenso wichtig wie es in der allgemeinen Geschichte unverzichtbar ist. Ganz abgesehen davon setzt die Literatur der Moderne von der „Definition" bis zu den Erscheinungsformen um ca. 1885 ein (Bettex 1961[2], S. 373ff. und Žmegač 1982). Schulmäßig-übersichtlich ist das 19. Jahrhundert beispielhaft aufgegliedert z.B. in der geschichtlichen Darstellung „Wege der deutschen Literatur" von Glaser/Lehmann/Lubos 1986, S. 185ff.):

Die Klassik (Goethe, Schiller) – Die Romantik (Jenaer, Heidelberger Romantik, Ausbreitung der Romantik) – Im Umkreis von Klassik und Romantik (Zwischen Klassik und Romantik, Nach Klassik und Romantik) – Das junge Deutschland – Der Realismus (Der frühe Realismus, Höhe des Realismus, Ausklang des Realismus) – Moderne (Naturalismus und Avantgarde der Jahrhundertwende, Ambivalenz der Tradition und konservative Erneuerung), gefolgt von „Expressionismus und zeitgeschichtliches Engagement" sowie „Surrealismus und aleatorische Entwürfe".

Ohne uns auf eine auch nur verkürzte Literaturgeschichte einzulassen, sei darauf verwiesen, daß die vermeintlichen Eckdaten der „Begrenzung", also 1800 und 1900, gewiß keine echten Fixpunkte sind, die den Gesamtbereich des 19. Jahrhunderts, dabei die abschließenden Jahre der Klassik ebenso einschließen wie Anfang und Höhepunkt des Naturalismus.

Im einzelnen seien, aufgrund von sporadischen Schülerhinweisen im Rahmen des Projekts, folgende Vorgehensweisen, Arbeitsformen und Anregungen zu Unterrichtsaufgaben empfohlen:

- Gegenüberstellen von Einteilungen der Literatur des 19. Jahrhunderts zum Zwecke des informativen Vergleichs in unterschiedlich strukturierten Literaturgeschichten
- Zusammenstellen von Aussagen in Literaturgeschichten für Schule oder Wissenschaft (bis hin zu Einzeldarstellungen der Sekundärliteratur) über einzelne Strömungen in diesem Zeitraum, über Autoren und Werke
- Sammeln von Belegstellen zu Glanz und Elend etwa der Heinrich-Heine-Rezeption in ausgewählten Werken (wiederum nach Literaturgeschichten für Schule und Wissenschaft)
- Verfolgen ausgewählter Werksinterpretationen (z.B. Georg Büchners „Woyzeck") im Lichte der Entstehungs- und der Wirkungsgeschichte
- Vornehmen von Motivvergleichen wie z.B. „Deutsche Großstadtlyrik vom Naturalismus bis zur Gegenwart" (Rothe 1973) mit Beispielen vom Naturalismus über Neuromantik/Symbolismus zum Expressionismus, dann Nachexpressionismus, Literatur der fünfziger und sechziger Jahre sowie Gegenwart (mit Beispielen aus der bildenden Kunst nicht erst seit dem Expressionismus, sondern auch zu Industriearchitektur/Gründerzeit usw.)
- Unternehmen des Versuchs, Literaturgeschichte in Gestalt von Texten bzw. Textreihen anzubieten
- Heranziehen von Anthologien und Sammlungen mit epischen, lyrischen und dramatischen Texten über das 19. Jahrhundert, seit der Jahrhundertwende
- Einsetzen laufender Schulfernsehsendungen und regulärer TV-Sendungen, Live-Übertragungen oder Aufzeichnungen, dann von Theateraufführungen zu Grabbe-, Hebbel- oder Grillparzerstücken
- Stärkeres Berücksichtigen vor allem der dramatischen Werke von Heinrich von Kleist (1777–1811) in seiner Sonderstellung zwischen Klassik und Romantik; Kleist wird meist nur „eindimensional" angeboten – als Lustspielautor („Der zerbrochene Krug") oder als Dramatiker („Prinz von Homburg"), als Novellenverfasser (am meisten herangezogen: „Michael Kohlhaas") oder als Verfasser theoretischer Schriften (z.B. Aufsatz über das Marionettentheater). Die sporadischen Hinweise auf Kleists Werke im Literaturunterricht einschließlich von neueren Deutungen Kleists wie z.B. durch Blöcker („Kleist oder das absolute Ich", 1960) signalisieren eine gewisse Ratlosigkeit. Neubesinnung dürfte sich lohnen.

Parallel dazu wird der Unterrichtende nicht verzichten wollen auf heute noch im besten Sinne gültige Werke wie die Geschichtswerke und Lehrbücher von Schnabel über das 19. Jahrhundert.

Es muß im Rahmen dieses Projekts beim Hinweis bleiben auf vorhandene Texte und Quellensammlungen zum Literaturunterricht, wie sie etwa Merkelbach als „Interpretationsmuster" (1973) in der Sammlung „Politische Lyrik des Vormärz (1840–1848)" für die Schule zusammengestellt hat, mit (a) „Beispielen demokratischer Lyrik" (Rheinkrise von 1840: mit Gedichten von Nikolaus Becker, Max Schneckenburger, Ludwig Seeger, Georg Herwegh, Robert Prutz, Friedrich Stoltze) sowie (b) über den „Hungeraufstand der schlesischen Weber 1844" (die Beispiele sind: Adolf Schult „Ein neues Lied von den Webern", Ernst Dronke „Das Weib des Webers", Heinrich Heine „Die schlesischen Weber" und – Verfasser unbekannt – „Das Blutgericht"); Gedichte (c) von Georg Weerth schließen den Sammlungsteil dieser wertvollen Publikation ab. Von hier aus oder von der Geschichte her (incl. Sozialgeschichte, Arbeitergeschichte, Maschinengeschichte) läßt sich eine Interpretation von Gerhart Hauptmanns Stück „Die Weber" vorbereiten oder ergänzen (als typisches Enrichment-Programm): nicht zu vergessen die Graphikerin (und Plastikerin) Käthe Kollwitz – in diesem Zusammenhang mit ihrem Radierungs-Zyklus zu Gerhart Hauptmanns „Die Weber" (1895–1898).

Dies sind nur einige Streiflichter: Ansatzpunkte, die man überdenken, ergänzen, modifizieren könnte im Bestreben, das so wichtige und komplexe 19. Jahrhundert in Literatur-, Geistes- und Sozialgeschichte nicht auf einige wenige und zusammenhanglos angebotene (so der Eindruck bei einer Reihe von Leserbiographien/Monatsberichten) Werke bzw. isoliert gebrachte Texte zu reduzieren. Gerade das 19. Jahrhundert muß oder müßte unterrichtlich wieder konsequenter „stattfinden".

6. Schwierigkeiten im Umgang mit Lyrik

Bei der Nennung von Ganzschriften aus dem epischen (Roman) und dem dramatischen Bereich (abendfüllendes Theaterstück, Drama, Hörspiel, Fernsehspiel usw.) verflüchtigen sich Spuren der Lyrik, die ja in den seltensten Fällen als „Zyklus" oder „Gedichtsammlung" gelesen werden. Niemand wird einen Gedichtband, eine Anthologie, eine lyrische Sammlung – auch nicht im Blockunterricht – „durchnehmen" wollen. Lyrik kommt nur gelegentlich –

laut Projekt-Aussagen, mit wenig Wissenspräsenz im Bezug auf Einzeltitel – im Unterricht vor, wird dort allenfalls noch als Übungsfeld im „Zerreden" mißbraucht, wobei die interpretative Text-Destruktion (als legitimer Teil einer fundierten Analyse) alles andere als einen „ganzheitlichen" Eindruck hinterläßt. Da Auswendiglernen von Gedichten zwar noch nie populär war (Gedichte-Lernen als „Strafe" war eine nie umzubringende „Tradition" und noch gefürchteter als der „Übungsaufsatz" oder ihr Vorläufer, die „Strafaufgabe"), seit den 70er Jahren aber als „verpönt" gilt, sind Lyrik-Erinnerungen Fehlanzeige. Statistische Befunde liegen nicht vor. Natürlich prägt sich der Titel eines Dramas oder von Dramen (Friedrich Dürrenmatts z. B.) leichter in das Gedächtnis ein als ein isoliert eingeschobenes Gedicht aus der Zeit der Klassik, der Romantik, des Expressionismus oder der Nachkriegszeit nach 1945. Rigide Lehrplan-Kanonisierungen (wie in Hauptschullehrplänen) wird man im gymnasialen Bereich kaum vornehmen wollen; dies aber bedeutet, daß Lyrik zurücktritt, daß sie jedenfalls nicht in systematischer (und zugleich einfühlender) Art berücksichtigt wird und somit prompt der Erinnerung entschwindet. Auch der „Stand" von Lyrik ist selten der neueste; vielmehr zeichnet sich eine Art Erstarrung oder „Fossilierung" ab bei der Wahl immer derselben Gedichte, wobei die Sammlung „Menschheitsdämmerung" aus der Zeit des Expressionismus und der unveränderten Nachkriegsausgabe (Pinthus 1948) noch am ehesten in Erinnerung bleibt, weil es da wenigstens Querverbindungen zur Zeitgeschichte und zur Kunst gegeben hat. Riedler schreibt in seiner Einleitung zum Schulfunk-Modell „Kinder, Dichter, Interpreten: Zehn Minuten Lyrik" (1979, S. 7),

es sei „nicht zu übersehen, daß die Schule noch immer ein gebrochenes Verhältnis zum Gedicht hat, vermutlich vor allem, weil viele Lehrer, wie eben überhaupt viele Menschen, ein gebrochenes Verhältnis zum Gedicht haben. Für sie ist Lyrik in einer Art Tabu-Zone angesiedelt, die, jedenfalls freiwillig, kaum betreten wird. Was die Schule betrifft, läßt sich diese Schwellenangst – die Angst des Lehrers vorm Gedicht – durch scheinbar plausible Gründe mühelos legitimieren. Etwa: Die Schule in ihrer heutigen Situation und Konzeption, dem Zusammenbruch nah unter der Last des Stoffs, curricular gegängelt, straff lernzielorientiert – kurz: die Leistungsschule könne es sich nicht leisten, Zeit und Kraft an einen so elitären und nutzlosen ‚Gegenstand' wie ein Gedicht zu verschwenden. (…)

Braucht nicht die Schule, gerade wenn sie zwangsläufig leistungsorientiert ist, in sich ein Kontrastprogramm zum Lernzielkatalog, ein Gegengewicht zum Leistungsprinzip? Die Fächer, die man gemeinhin die musischen nennt, bieten sich dafür an. Das Mißverständnis ist nur, daß auch hier fast immer wieder Schule betrieben, Leistung gefordert wird. Ließe sich hier nicht ein Freiraum offen halten, der wirklich frei und offen ist – vor allem für die Phantasie und Aktivität der Kinder?"

In einem Beitrag zum selben Thema (Untertitel: „Lyrik in der Schule: Spracherfahrung, Existenzerfahrung") hat Ruf (1988) folgende Anmerkungen gemacht, die sich mit Interview-Äußerungen des Projekts, ebenfalls gymnasial-bestimmt, nahezu decken:

„An einem mathematisch-naturwissenschaftlichen Gymnasium findet man, vielleicht mehr als anderswo, Schüler, die dazu neigen, ausschließlich rationalen Erklärungsmustern zu vertrauen. Sie suchen den handfesten Beweis, denken monokausal und funktionalistisch. Nur wenn sie wissen, daß der Stuhl ein Stuhl ist und sonst nichts, finden sie Ruhe und Sicherheit.

In der Gedichtstunde aber begegnen sie dem Fremden, dem Rätselhaften, dem Unbekannten, das sie aus ihrer Fassung bringt. Das beginnt schon bei den Titeln: ‚Dem Unendlichen' – ‚Gesang der Geister über den Wassern' – ‚Wünschelrute' – ‚Auf eine Lampe' – ‚Schwarzschattende Kastanie' – ‚Herbst der Bettler' – ‚Anrufung des großen Bären' – ‚Nur zwei Dinge' – ‚Liturgie vom Hauch'.

Schön ist es, wenn im Laufe der Gespräche die Mauer der Vorbehalte bröckelt, wenn mehr und mehr Schüler mit dem Lehrer auf Entdeckungsreise gehen. Plötzlich, man weiß nicht, wie es geschehen ist, herrscht eine Atmosphäre der Nachdenklichkeit, der Anteilnahme."

Noch zwei weitere Abschnitte seien aus diesem SZ-Artikel zitiert:

„Das Symbol öffnet das Auge für Wahrheiten, vor denen sich die Menschen gerne verschließen, nicht zuletzt viele junge Menschen unserer Tage, die – technikhörig und naiv-optimistisch – an die Allmacht des Menschen glauben, an die totale Machbarkeit des Lebens, und die Gefahren und Gefährdungen nicht sehen wollen. Wer Leben so anlegt, lebt in der Welt des Scheins, die eine trügerische Sicherheit vermittelt. Das haben schon Shakespeare und Andreas Gryphius gewußt.

Umgeben von Sprachklischees, von Tautologien, von Geschwätz, lernen die Schüler durch Gedichte, was Sprache ist. (Anm.: Lernziel ist u. a. Sensibilisierung für Sprache.) Denn im Gedicht hat jedes Wort Gewicht. Insofern erzieht das Lesen von Lyrik zur Genauigkeit und Ehrlichkeit. Man muß sich dem Thema stellen, sich konzentrieren, sich Zeit lassen. Das heißt nicht, daß man alles sezieren muß. Das Symbol setzt Vorstellungen frei, die man erleben und nicht gleich auf den Begriff bringen soll.

Deshalb ist es ein guter Weg, wenn Schüler Gedichte vorlesen, freiwillig, gerne, wenn ein zweiter, ein dritter liest, dann wieder der Lehrer, wenn das Lesen und das Gespräch über das Gelesene ineinander übergehen, wenn Reden, Zuhören, Schweigen zu einer Einheit werden. Es gibt solche Augenblicke."

Vermeiden müßte sich lassen, daß sich Schüler mitunter veranlaßt sehen, sprachliche, rhetorische, stilistische „Figuren" von „Anakoluth" bis „Zeugma" – sozusagen „von A bis Z" – entweder zu memorieren oder „neben den Text" zu legen – zur schematischen Bestandsaufnahme von vorgefundenen (oder vermißten) Gestaltungselementen. Ein solches formalistisches Vorgehen erinnert an Schablonendenken und kommt allenfalls für ältere Texte ausgesprochen rhetorischen Charakters vor. Ruf meint ähnliches (ebd.):

„Wie sollte den Schülern eine vom funktionalen Denken geprägte Gedichtanalyse auch behagen? – Viele Schüler behelfen sich so: Sie stellen, mehr oder minder exakt, Alliterationen, Ellipsen, Synekdochen und asyndetische Reihungen auf, ohne dem Sinn des Gedichts auch nur ein Stückchen näher gekommen zu sein. In einem abenteuerlichen Ratespiel beschreiben sie den Rhythmus des Gedichts, aber sie haben seine Strömungen überhaupt nicht in ihr Inneres hineingelassen.

Natürlich sollen die Schüler auch über Gedichte schreiben, aber persönlicher, assoziativer, bildhafter. Dabei muß sie der Lehrer ermutigen, nicht zuletzt durch sein eigenes Vorbild."

Es würde zu weit führen, entsprechende Zitate aus Schüleraussagen zusammen zu stellen. Eine Zwischenbilanz aufgrund solcher Äußerungen sieht so aus: Erlebnispädagogik, emotionales Durchnehmen und Lernen sollten zur rechten Zeit den Vorrang haben vor einförmiger, schematischer Durchnahme; Gedichte sind wichtiger als das lernzielwütige Unterbringen von zu behandelnden Fachausdrücken; ähnliche Pleiten ergeben Auseinandersetzungen mit Prosatexten, wo penetrant und dann einförmig (meist vorab) nach Erzählperspektiven, Erzählhaltungen usw. gefragt wird. Diese „germanistischen Verfrühungen" zum unrechten, weil kreativitätshemmenden und spannungsvernichtenden Zeitpunkt begünstigen Frustration. Es mag schon sein, daß „Wissen" über Lyrik kaum meßbar, daß die Behandlung von Gedichten sporadisch und immer in anderen Zusammenhängen (wie Motivverwandtschaft, -entsprechung) üblich ist, gar in „Bedarfspositionen" gebracht wird. Schüleräußerungen, spärlich ohnehin, wenn es um lyrische Texte geht, hinterlassen den Eindruck, daß Lyrik als Unterrichtsgegenstand zumindest nicht nachhaltig stattgefunden hat. Wieder wäre zu erinnern an motivliche Verknüpfungen, an die Verdichtung eines Zeitgefühls und -empfindens in der Lyrik (heute: Lyrik als politische und ökologische Aussage, als Waffe der Liedermacher, als Begleiter von Veranstaltungen, in der Verbindung von Jazz – oder „Sound" – und Lyrik, als Ausdrucksform von gesellschaftskonträrer oder auch -indifferenter Einstellung, als Gebrauchsform für das Megaphon oder als operative Literaturform für „Anschläge" und Posters), an einordnende strukturierende Lernhilfen, an Übersichten über lyrische Strömungen und Trends, die noch differenzierter sind als in jeder der beiden anderen literarischen Gattungen Epik und Dramatik.

Rezeptionsformen der Lyrik gibt es heute per Original-Lesungen (seltener in Rezitationsabenden), dies auch in organisierten Formen wie z.B. „Autoren lesen vor Schülern, Autoren sprechen mit Schülern" des Friedrich-Bödecker-Kreises e.V. (1983ff.), Video (Ernst Jandl bei Suhrkamp), auf Schallplatte oder Tonträger („Jazz und Lyrik"; die Lieder der Mutter Courage aus Brechts gleichnamigem Stück); es existieren auf Kassette Vertonungen von Lyrik, und es gibt Visualisierungen von Lyrik (zu Bildern im Off oder von Schauspielern gesprochen); es ist schade, daß sich nur wenige Schüler (Projekt-Erkenntnis) an Experimente mit Lyrik oder an Begegnungen mit konkreter Lyrik (visuelle wie akustische Gedichte/Lautgedichte) erinnern können oder wollen: Nicht nur Gedichttitel sind Fehlanzeige, sondern auch schon Namen von bedeutenderen Lyrikern, selbst solchen der Gegenwart.

Im Zusammenhang mit strukturierenden Lernhilfen steht im Anhang (Beispiel 4) ein bewußt ausführlich gehaltenes Modell zur Annäherung an Gedichte, und zwar für textimmanente wie texttranszendierende Faktoren. Die Lehrplanvorgaben zu solchen Modellen laufen Gefahr, zu verkürzten Rezepten mißbraucht zu werden.

Ein Modellfall, der bei Schülern, Lehrkräften und Kulturpolitikern auf ungeteilte Zustimmung und Akzeptanz gestoßen ist, ist das über Oberbayern und Bayern hinaus bekannt gewordene Weilheimer Modell: Autoren lesen, Schüler fragen (ihn/sie), Signierblöcke, künstlerische, wertvolle Plakate, nachfolgende Party-Gespräche, Lesehefte, Literaturkalender (bislang zur Prosa und zur Lyrik) ergänzen sich zu einem regelrechten „Gesamtkunstwerk" in der Kooperation von Schule und Öffentlichkeit.

In seinem Beitrag „Versuch zur Literatur in der Schule" hat

Denk (SZ Nr. 94 v. 23./24.4.1988), ausgehend von dem von ihm initiierten „Weilheimer Projekt" („Autoren an die Schule") auf die Bedeutung gezielter Leseförderung hingewiesen:

„Seit Jahren wird immer wieder festgestellt und beklagt, daß die heutige Jugend kaum mehr liest. In der Kindheit das Fernsehen und die Kassetten, später Popmusik, Videofilme und Computer: für Bücher ist da immer weniger Platz. Also: Leseförderung ist nötig. Der bayerische Kultusminister Zehetmair will ‚die Lesekultur nachhaltig fördern'. Der Börsenverein des Deutschen Buchhandels hat eine eigene Abteilung Leseförderung und führt heuer zum viertenmal den Wettbewerb ‚Das lesende Klassenzimmer' durch.

Die Namen der Organisationen ähneln einander: ‚Verein zur Förderung des Lesens' (VFL), ‚Deutsche Lesegesellschaft', ‚Aktion Lesen' und ‚Stiftung Lesen'. Alle wollen dasselbe und zielen vor allem auf die Schulen.

Freilich sind einige Fachleute skeptisch, ob die Schulen, ob der Deutschunterricht dazu in der Lage sei, Schüler zum Lesen zu bringen. Wenn es also den Deutschlehrern nicht gelingt, gelingt es vielleicht den Autoren selbst? Vielleicht sind Lesungen eine Möglichkeit, Schüler zum Lesen zu bringen?"

Bundesweite Initiativen hat in eben dieser Richtung der Bundesverband der „Friedrich-Bödecker-Kreise e. V." unternommen und dazu ein Autoren-Verzeichnis unter dem Titel herausgebracht „Autoren lesen vor Schülern, Autoren sprechen mit Schülern" (1983ff.). Natürlich können und wollen solche Aktivitäten das Lesen nicht „ersetzen", sondern zum (Selber-)Lesen motivieren.

Lesen, wenn wir beim Schüler, bei der Schule bleiben, findet statt in den zwei Grundformen
– der schulischen Lektüre (Literatur- und Textunterricht) und
– als Freizeitlektüre.

Dieses schulische Lesen und das vielleicht parallele oder auch kontrastive, wenn nicht gar „oppositionelle" Freizeitlesen sind bei Untersuchungen über das generelle Leseverhalten von Jugendlichen mit den gegebenen oder nicht gegebenen (oder sich sporadisch bildenden Interferenzen) zusammengehörig, was für Umfragen kleineren Stils ebenso wichtig ist wie bei größeren, umfassenderen empirischen Befragungen und Untersuchungen.

VII. Leseweisen

Was im angelsächsischen Bereich „literary approach" heißt, nämlich die Art der Annäherung an ästhetisch kodierte, an fiktionale Texte, im Sinne didaktischer reflektierter und methodisch organisierter Begegnung, vollzieht sich (vgl. Abschnitt II.5.) bei den Schülern nach offenbar unterschiedlichen Erwartungshaltungen.

Der Blick in die Lehrpläne für das Fach Deutsch in unteren und mittleren gymnasialen Jahrgangsstufen zeigt, daß gewisse Vorgehensweisen bereits für die Unter- und Mittelstufe angeboten oder – wie dies Schüler in den Interviews mehrfach bedauerten – „vorgegeben" sind. Die letzten Jahrgangsstufen bringen eine stärkere Differenzierung mit sich, wobei sich das Eingehen auf sprachliche und stilistische Elemente, auf innere und äußere Strukturen, in den Vordergrund schiebt. Moderne Literatur experimentiert mit Sprache, monologisiert, beschreibt eher Zuständliches.

Dieses verstärkte Differenzierungsangebot soll nicht etwa das Inhaltliche, Motivische, die „Action", den von den Schülern auch noch der Oberstufe erwarteten oder erhofften Spannungsgehalt zurückdämmen, sondern Sinn und Verständnis, Kompetenz wekken oder vertiefen helfen für sprachliche Momente (Könner- oder Meisterschaft), für die Umsetzung von Informationen (Dokumentationsliteratur) von ästhetischen Botschaften, von gedanklichen Diskursen, von Schreibintentionen in Sprache. (Daß dabei behutsam vorzugehen ist, zeigt eindringlich Abb. 10, Abschnitt II.4.).

Die Einstellungen auf ein bestimmtes „Muß" im Hinblick auf die Lektüre in der Schule und eine weit unbeschwertere Annäherung an Freizeitlektüre (überraschend stark vom Freundeskreis angeregt) sind (vgl. II.5.) bereits angesprochen worden. Häuslichprivates Lesen ist ein Lesen ohne Leitfragen, ohne Unterstreichungs- oder Anstreichensanlaß, ohne den Streß denkbarer Rechenschaftsablagen, ohne informelle Tests oder den Numerus clausus vorentscheidende Klausuren. Überlegungen, vielleicht sogar Diskussionen über – These – denkbare (primäre?) schulischkognitive und freizeitlich-emotive Leseeinstellungen dürften sich als nützlich erweisen. Wer als Unterrichtender ein Konzept besitzt, wird es sich auch leisten können, dieses zur Diskussion oder „zur Debatte" zu stellen.

Für Möglichkeiten einer „Entschärfung" von Texten – aber ohne textuale Eingriffe, Vereinfachungen usw. – durch advance organizers (Ausubel 1960) und über strukturierende Lernhilfen im Sinne von Übersichten, Orientierungen, Glossaren, Kriterienkatalogen, liefert der Anhang eine Reihe von Beispielen.

1. Postulat für den Deutschunterricht: Lesen als Thema

Es gibt auch im Deutschunterricht eine Reihe „versäumter Lektionen". Zu ihnen gehört das Sprechen über das Lesen, und zwar im Unterricht, für den Unterricht, für die Freizeit. Voraussetzung für solche Einlassungen ist eine gewisse Einsicht und Kenntnis des/der Unterrichtenden, sein/ihr Interesse an Ergebnissen der Lese(r)forschung.

Die „Not" der Lektüre-Auswahl für den Unterricht scheint insofern ausgestanden, als Lehrpläne obligatorische Kanons und fakultative Nennungen vorsehen.

Sicher entspricht das „Verordnen" einer Lektüre, laut Schulordnung einer Pflicht, der der Schüler nachzukommen hat; in welchem Maße er dies tut, wird durch Kontrollfragen, durch Rechenschaftsablage(n), durch informelle Tests, durch Klausuren usw. zu überprüfen sein. Der Grad an Intensität des Lesens, Aufnehmens, Verarbeitens jedoch zeigt sich an solchen Aussagen, und diese Erlebnisdichte ist weder zu verordnen noch „einklagbar". Aber sie sollte als Möglichkeit bedacht werden – aus der Erkenntnis, daß es neben dem kognitiven auch ein emotives (emotionales) Lernen und Aufnehmen gibt.

Daß jeder einzelne Schüler eine Art „Leserschicksal" hat, zeigten vor allem die Wochenberichte der Probanden.

Die Komplexität des Gesagten mag groß, zuweilen divergierend sein. Die Statements aber lassen sich doch zusammenfassen unter dem Nachweis eines sehr reflektierten Lesens, das auf Intentionen (Autoren, Werke) und deren Wirkung auf den Leser achtet und ein begrüßenswertes mitdenkendes Lesen aufweist.

Die andere Annäherung an das „Thema: Lesen" kann auf theoretischer Basis dann immer noch erfolgen. Fragen der Textrezeption sind heutzutage legitimer Unterrichtsgegenstand. Der Text gilt als Angebot (wenn auch „schulisch" mit, mit wenig oder ohne Nachfrage), der Leser ist aufzufassen als Sinnproduzent des Gelesenen. Betont die Literaturwissenschaft die Textseite, so hat sich die Didaktik wegen der zu beachtenden Beziehung zwischen Text und Leser auf die Leserseite, auf beides jedenfalls, einzustellen: Denn Lesen ist schließlich Interaktion zwischen Text und Leser. Der Leser muß bei literarischen Texten generell die „Leerstellen" oder „Unbestimmtheitsstellen" zwischen dem Gesagten und dem Gemeinten konkretisieren. Ihrem Verstehen-Lernen dient die schulisch-unterrichtliche Anleitung. Deshalb bleibt die unterrichtliche Interpretation unerläßlich. Bei der Auswahl von Texten – es gibt „schwierige" Autoren und dementsprechend „schwierige" Texte, d.h. Texte, die eine Überforderung darstellen können – ist die zum Forschungsbereich erhobene Frage der „Lesbarkeit" wichtig geworden. Dieser Begriff ist bei Bamberger/Vanecek (1987, S. 15) so definiert:

„Bei der Erwähnung des Begriffes ‚Lesbarkeit' stellt sich sofort die Frage: ‚Lesbar für wen?' Es handelt sich also nicht nur um einen Tatbestand, sondern auch um die Anpassung an einen bestimmten Leser oder Leserkreis: Ein und derselbe Text kann für einen Leser leicht, für den anderen schwierig sein.

Andere Fragestellungen in diesem Zusammenhang sind: ‚Wer braucht lesbare Texte?' ‚Für wen soll die Lesbarkeit vorausgesagt werden?' (…) Für die sinngerechte Aufnahme von Texten sind nicht nur die Bildungsvoraussetzungen entscheidend. Es gibt mannigfache Gründe dafür, warum manche Texte für schwierig befunden werden. Ein Leser findet einen Text schwer lesbar, weil er den Inhalt nicht recht versteht, ein anderer, weil er nicht seinen Interessen entspricht, ein dritter, weil ihm die Sprachform des Textes bzw. der Stil eines Autors Schwierigkeiten bereitet, ein vierter, weil ihm die wissensmäßigen Voraussetzungen zum Verständnis des Textes fehlen."

So gesehen ist auch begreiflich, daß und warum Interesse und Motivation für den Hochschullehrer (und seine Germanistikstudenten) keine besondere Aufgabe, eigentlich auch kein Problem darstellen, wohl aber für den schulisch Tätigen, der seine Schüler, selbst in einem Grundkurs der Kollegstufe, erst motivieren muß; die Zahl der „Verweigerer", der Wenig-Leser, wie wir sie im Projekt zu erfassen versuchten, ist prozentual nicht gering, wenn auch nach Zielgruppen/Kursen/Klassen recht unterschiedlich. Zu erinnern ist an die von uns erhobenen Lesbarkeitskriterien; zu nennen wären noch die wichtigsten Merkmale bzw. Sachverhalte, die mit der Lesbarkeit eines Textes zu tun haben (ebd. S. 16),

1. die inhaltliche oder begriffliche Schwierigkeit
2. die sprachliche Schwierigkeit
3. die Qualität des Stils
4. die Leserlichkeit und Gestaltung des Druckbildes
5. der Leserbezug bzw. die Ansprechbarkeit im Hinblick auf den Leser (vgl. dazu: Anhang).

2. Der Schüler als Leser

Nicht nur in der Geschichte der Literatur selbst, sondern auch in der Literaturwissenschaft und in der Literaturdidaktik, wie sie sich z.B. im deutschsprachigen Raum als muttersprachliche Didaktik entwickelt hat, lassen sich Bewegungen und Gegenbewegungen erkennen; in der Didaktik bedeutet dies einen Wechsel der Positionen und Ansätze, und zwar in einem zeitlichen Nacheinander wie Nebeneinander. Die wichtigsten Positionen der Deutschdidaktik (seit 1949) hat Müller-Michaels (1980) einprägsam deduziert, und der Aufweis solcher – forschungsrelevanten – Positionen sieht demnach so aus: Methodik des Deutschunterrichts – Didaktik der deutschen Sprache – Didaktischer Ansatz in der DDR (Methodik Deutschunterricht) – Kritische Didaktik – Didaktik der sprachlichen Kommunikation – Didaktische Handlungsforschung.

So war es nahezu sachlogisch, daß dem außengelenkten und politisch orientierten Schreibdiktat von 1933–1945 die Flucht ins Innere, die ängstliche Rückkehr zum (Nur)-Text folgte, repräsentiert durch die werkimmanente Interpretation. Dem wiederum mußte zwangsläufig die stärkere Beachtung des Kontextes der (zeit-)geschichtlichen und gesellschaftlichen Dimension folgen in der Betonung der literatur-soziologischen Betrachtungsweise(n). Es scheint, als haben sich diese in Einzelfällen bis ins Extreme geführten Ansätze in den ausgehenden 70er und in den 80er Jahren zu einer Synthese vereinigt – durch die ausgewogenere Berücksichtigung sowohl textimmanenter als auch texttranszendenter Faktoren. Die Entwicklungen in Linguistik und Textlinguistik einerseits und in der Kommunikationstheorie andererseits ließen einen deutlichen wissenschaftlichen „Drive" erkennen, der sich nicht nur im

(Germanistik-)Betrieb und Studium auswirkte, sondern bis in die gymnasiale Kolleg- oder Studienstufe zurückwirkte.

Unter (vernünftigem) Verzicht auf Jahreszahlen und Jahrzehntfixierungen läßt sich in diesem Zusammenhang nachzeichnen, daß das Interesse (1) für den Autor, dann für die Fragen der Produktion von Literatur (in Verbindung mit „Schau- oder Parkplätzen" der Literatur in einem geradezu chauffeurhaft-kulturgeographischen Sinn) verdrängt und ergänzt wurde durch das gestiegene Interesse (2) für den Text selbst. Morphologische, phonetische und phonologische, von der Zeichentheorie her syntaktische, semantische (mit Progression von der Wort- über die Satz- zur Absatz- zur Textsemantik) und pragmatische Kriterien, dazu eine differenziertere, verschärfte Optik für die Oberflächenstruktur und die Tiefenstruktur von Texten, waren der bedeutsame linguistische Ansporn. Für stichhaltigere Analysen, in Parallelführung dazu, kamen soziologische Gesichtspunkte mit Blick auf den Informations- und Text-„Betrieb", vom Kommunikationsmodell her gesehen auf die Distribution der Texte. In einer zu Beginn der 90er Jahre (3) immer noch dominierenden Ausrichtung geriet dann die Rezeption in den Fokus wissenschaftlicher Betrachtung, denn ohne Leser(schaft) ist an Texte (allein) anscheinend nicht mehr zu denken.

Das liest sich dann etwa so (Bamberger/Vanecek 1984, S. 20) zum Stichwort „Leser":

„Der Schwierigkeitsgrad eines Textes kann nie allgemein, sondern nur im Hinblick auf einen bestimmten Leser oder eine Lesergruppe gesehen oder untersucht werden. Lesermerkmale sind daher bei Feststellungen über die Aufnahme oder Wirkung der Lektüre zu beachten. Vielfach hängt es schon von den Merkmalen des Lesers ab, ob eine Begegnung mit dem Text stattfindet oder nicht, d.h. davon, ob der Leser motiviert oder interessiert ist, einen bestimmten Text zu lesen. Überhaupt ist es problematisch, vom ‚Leser' zu sprechen. In Wahrheit handelt es sich um Individuen, die sich in vielen Merkmalen unterscheiden, von denen manche bestimmend für die Aufnahme von Texten sind: so die Intelligenz, die Schichtzugehörigkeit, der Bildungsgrad, die Sprachbeherrschung, die Leseleistung, die Interessenrichtung, die Zielsetzungen u.a. Je besser wir diese Merkmale kennen, um so besser werden wir die Texte und Leser aneinander anpassen bzw. dem Leser helfen können, den richtigen Text zu wählen."

Des weiteren sind beachtet die „Sprache" des Lesers, sein Bildungsgrad und sein Vorwissen, seine Leseleistung bzw. sein Leseniveau, bei den Denkleistungen „im Leseprozeß" Verständnis, Lesegeschwindigkeit (als Hilfe zur Bestimmung der Leseleistung"),

Lesephasen, Lesertypen (bei Bamberger/Vanecek zunächst auf „Kinder" angewandt: Romantischer Typ, realistischer Typ, intellektueller Typ, ästhetischer Typ; letztgenannter Typ hat „Freude am Gedicht, am Sprachklang, findet früh zur wertvollen Literatur für Erwachsene", ebd.: S. 27f.).

In der Heranbildung des jungen Menschen zum Leser, als Aufgabe für (nein: von) Elternhaus und Schule sieht Ritz-Fröhlich (1974, S. 15) ein Grundanliegen:

„Lesen bedeutet für viele Unterhaltung und Entspannung, für andere geistiges Abenteuer, Teilhabe an der Welt durch Literatur, Daseinsorientierung in der Wirklichkeit. Für einen anderen Leserkreis stellen Lesen und der Umgang mit Büchern die Mittel eines lebenslangen Lernens, einer nicht endenden Lernbereitschaft dar. (…) Beide Zielsetzungen sind auf das engste verknüpft mit dem Buch als geistigem Instrument und dem Prozeß, durch den man sich der geistigen Inhalte bemächtigt, dem Lesen."

Auch hier also: der Text existiert zwar per se, kann aber erst „wirksam" werden nicht nur im Leser, sondern durch ihn. Die „beinahe unnötige Definition" (Kapitelüberschrift) wird so abgeschlossen (ebd., S. 15):

„Lesen stellt für den Menschen eine spezifische Möglichkeit dar, sich geistig zu vergnügen, zugleich aber auch seinen Gesichtskreis zu erweitern. Als Leser können wir dann denjenigen bezeichnen, für den Lesen zur Gewohnheit geworden ist."

Hier steht nun zu befürchten, daß die Zahl jener „Gewohnheitsleser" rapide zurückgeht oder schon zurückgegangen ist. In seinem Beitrag „Lesekultur in Deutschland" stellt Schmidtchen lapidar fest (zit. n. Frommelt/Rutz 1972, S. 39f.):

„Das deutsche Heim ist keine Spitzweg-Idylle, in der Bücherlesen eine naheliegende und wohlgelittene Tätigkeit ist. Viele deutsche Familien folgen Normen des Zusammenlebens, die der Bücherlektüre im Wege stehen… Der regelmäßige Leser ist tendenziell jemand, der innerhalb der Familie durchgesetzt hat, daß seine Leseinteressen respektiert werden; oder es handelt sich um alleinstehende Personen. (…) In den gehobenen Schichten ist die Chance, sich ungestört der Lektüre widmen zu können, um so größer, je ausgeprägter die Büchertradition in der Familie ist. In den oberen Schichten treten neben die hohe kulturelle und gesellschaftliche Bewertung des Bücherlesens Normen des Zusammenlebens, die es dem einzelnen erlauben und zuweilen auch nahelegen, sich periodisch für gewisse Zeit abzusondern."

Natürlich schwingt hier einiges von der „Schichtenspezifik" der Jahre nach 1968 als „Ansatz" mit und natürlich spielen Lesesituation und Umfeld eine Rolle, die „Umwelt" der Erzieher und Miterzieher. Deren Rolle ist zu ergründen, wenn es darum geht, den Schüler als Leser in seinen Interessen (= Leseinteressen) aufzuspüren: Ausgangspunkt unseres Projekts.

Einen Schritt weiter geht Groeben mit der einigermaßen trennscharfen Abgrenzung (a) von Textverständnis und Textverständlichkeit, dann (b) mit der Unterscheidung von Leserpsychologie und Lesepsychologie (1982, S. 1f.):

„... die Psychologie des Lesers geht vom im Prinzip bereits kompetenten Leser aus, behandelt nicht die Entwicklung des hörenden und sprechenden zu einem lesenden und schreibenden Sprachbenutzer, also die Probleme des Erwerbs der Lesefertigkeit; diese Probleme ordne ich (Anm. Groeben) einer Lesepsychologie zu, zu der es durchaus auch wichtige Forschungsergebnisse der Psychologie gibt..."

Groeben weist ferner darauf hin (ebd., S. 2), daß sich als die „klassischen" Bereiche der „kognitions- und motivations-psychologischen Erforschung des Lesers" herausgebildet haben:

- Lesealter
- Lesertypologie
- Leseinteressen/
  Lesemotivationen

- Textverständnis und Textverständlichkeit
- Wirkung von (fiktionalen und nichtfiktionalen) Texten.

Für den Hochschulgermanisten geht es nach wie vor vorrangig um den literarischen Text und seinen Autor, der Literaturdidaktiker aber weiß, daß dies – zumindest für die Schule und für die Vermittlung an den Schüler – nicht ausreicht. Nündel und Schlotthaus haben es (1968) unternommen, sich der Frage zuzuwenden, wie der weiter (vermittelnde) Lehrer als potentieller Multiplikator und als (selber) Lesender (idealiter gesehen) mit Texten umgeht, und zwar zunächst aus seiner Eigenschaft als Lesender und in seiner Kompetenz als Leser. Die Autoren stoßen in ihrer Publikation auf das, was sie „typische Einstellungsdisposition" nennen, die sich hinter Leserverhaltensweisen und Leseeinschätzungen verbergen und „für diese verantwortlich sind".

Bei didaktisch-methodischen Anleitungen zum Aufsatzunterricht bzw. zur Aufsatzbewertung und überhaupt bei Leistungsmessungen und Leistungsbeurteilungen ist stets die Rede von einer (auch Selbstkritik involvierenden) Reflexionsstufe beim Korrigieren und Notengeben, beim Werten und Bewerten. Eine ähnliche „Selbsteinschätzung" und kritische Reflexion wäre auch jedem Lehrenden anzuraten, der Literaturunterricht erteilt und nicht nur mit Texten, sondern auch deren Lesern, ihrem „Lesen" zu tun hat. Nündel und Schlotthaus haben zu einer Klassifikation solcher „Einstellungstypen" gefunden (S. 19), wobei am Anfang jener Typus dargestellt wird, der einsame Entscheidungen für, gegenüber oder auch gegen den Schüler trifft und von literarischen Meisterwerken ausgeht:

„Wir haben diesen einstellungstyp den literarisch-werkimmanent orientierten genannt. – Andere typen sind dadurch gekennzeichnet, daß lesen zur befriedigung des eigenen erkenntnisinteresses wichtiger ist als unterrichtsvorbereitung (erkenntnis-orientierter typ), lesen praktischen zwekken dient (pragmatischer typ), daß man nicht um der politik willen und nicht die massenpresse liest, wenn man beruflich weiterkommen will (strebsamer typ), daß die bewertung von texten unter nachprüfbaren kriterien erfolgen soll (kriterienorientierter typ), daß lesen dem vergnügen dient (unterhaltungsorientierter typ) oder der genuß nicht durch denken gestört werden soll (hedonistischer typ). Ebensowenig wie es das leserverhalten der lehrer gibt, ebensowenig kann man von dem deutschlehrer sprechen."

Die Autoren zitieren (ebd., S. 190) Wünsche (1950, S. 52) im Zusammenhang mit einem Leseumfeld, das ‚entdeckendes Lesen‘ begünstigt:

„… lesen, ohne durch etwas anderes aufgefordert zu sein als durch die bücher … Die räumliche situation hätte dann so auszusehen: in der klasse, möglichst zwischen den tischgruppen, stehen bücherregale mit antiquarischen lexika, sammelalben, bilderbüchern, romanen, katalogen, mit telefonbüchern, mit den täglich eingehenden drucksachen. Nichts ist altersspezifisch sortiert. Alles darf gelesen, durchgeblättert, angesehen oder als spielrequisit benutzt werden… Was der lehrer dabei machen sollte: auch lesen. Jedenfalls sich nicht einmischen in der weise, wie das nach der üblichen tiefenstruktur des unterrichts geschieht. Er gibt sein planungsmonopol ab, er befreit den schüler vom zwang zum öffentlichen denkprogramm, er befreit sich selbst von der not, texte erklären zu sollen, denen er zumindest rhetorisch nicht gewachsen ist. Er erspart sich besonders bei texten für kinder die peinlichkeit, sein desinteresse zu kaschieren."

Das mag „deftig" klingen, spitz, überpointiert, ist aber doch weit konkreter – weil einlösbarer – als die modisch vielen Aufrufe und Beschwörungen über die „Freude am Lesen", die eben nicht nur angeordnet, sondern erst einmal behutsam, innovativ und kreativ als (innerer) Auftrag eingelöst sein will. Heuermann/Hühn/Röttger (1975, S. 89ff.) haben in ihrem beachtenswerten Beitrag „Modell einer rezeptionsanalytischen Literaturdidaktik" über die philosophisch-hermeneutischen (Geißler), kommunikationstheoretisch-strukturalistischen (Kügler) und gesellschaftlich-situationsanalytischen Ansätze (Wilkending) hinaus die Funktionen und Lernziele des (literarischen) Rezeptionsvorgangs thesenartig dargelegt: zwei dieser Themen (a=14, b=15) greifen wir heraus:

a) „Die Diskrepanz zwischen empirisch festgestellten Lesegewohnheiten (Faktizität) und didaktisch gewünschtem Leseverhalten (Intentionalität) entspricht der Diskrepanz zwischen den faktisch ablaufenden Kommunikationsprozessen und den intentional angesteuerten Rezeptionsweisen. (Ein guter Aufsatz eines bestimmten Schülers zu einem bestimmten literarischen Thema kann für den Lehrer die Realisierung eines bestimmten Lernziels signalisieren, während die heimliche Lektüre von ‚Schundliteratur' durch denselben Schüler die Existenz völlig anders gearteter Funktionen beweist. Beide können sich unabhängig voneinander behaupten, beide können einander jedoch positiv wie negativ beeinflussen.)"

b) „Ihrer erzieherischen Aufgabe gemäß liegt der Literaturdidaktik daran, bestimmte Funktionen in Lernziele umzuwandeln (!), soweit dies unter den jeweils herrschenden Bedingungen wünschenswert und realisierbar ist. Umgekehrt obliegt es ihr (wie z.B. die Geschichte der Pädagogik des Nationalsozialismus zeigt), bestimmte Funktionen – etwa manipulativer oder indoktrinativer Natur – als Gefahren durchschaubar zu machen und zu bekämpfen" (ebd., S. 102).

Der Lesevorgang vollzieht sich in einem Kraft- und Spannungsviereck mit den Fixpunkten:

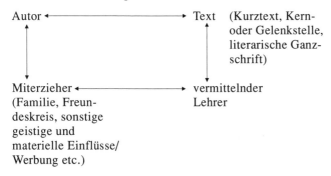

Autor ← → Text (Kurztext, Kern- oder Gelenkstelle, literarische Ganzschrift)

Miterzieher ← → vermittelnder (Familie, Freun- Lehrer deskreis, sonstige geistige und materielle Einflüsse/ Werbung etc.)

Kann sich der Jugendliche Lesen – z. B. als Freizeitbeschäftigung – angesichts der Leistungszwänge, der beruflichen Anforderungen, der „Karrierevorstellungen" noch leisten? Dazu ein Untersuchungsbeispiel:

Unter der Überschrift „Karriereplanung mehr gefragt als Literatur" hat das Organ des Bayerischen Philologenverbandes (Rubrik: Schulen im Ausland, H. 4/1988, S. 36) berichtet über eine Befragung in den USA mit knapp 8000 befragten (Ober-)Schülern im Alter von 17 Jahren. Dort ist – über den angelsächsischen Bereich – zu lesen (Auszug):

„Nur 16 Prozent – also erheblich weniger, als bei vier vorgegebenen Möglichkeiten rein statistisch zu erwarten gewesen wäre – kreuzten den richtigen Namen des Autors von „Schuld und Sühne" (Dostojewski) an. 64 Prozent wußten nicht, daß Geoffrey Chaucer die „Canterbury Tales" schrieb, eines der großen klassischen Werke der englischen Literatur. (...)" „... L. C. machte ‚drei Hauptschuldige' für die Misere aus: phantasielose Lehrpläne, schlechte Schulbücher und unzureichend ausgebildete Lehrer. Der tiefere Grund für die Vernachlässigung klassischer Fächer, wie Literatur und Geschichte, liegt ihrer Ansicht nach allerdings vor allem darin, daß der Lehrstoff an Elementar- und Oberschulen zunehmend auf die Heranbildung praktischer und sozialer Fähigkeiten ausgerichtet wurde. Immer weniger Schüler wollten sich mit ‚Literatur plagen', wenn daneben Kurse wie ‚Einführung in die Karriere' angeboten würden."

Gerade das stattliche Kontingent der (1) im englischen Sprachraum angebotenen Bücher (Fachzeitschriftenbeiträge, Forschungsberichte etc.) wie die Tatsache (2) eines Gefährdetseins der Lesekultur von heute als übernationales Problem macht den Blick über die Landesgrenzen hinaus wünschenswert und notwendig. Dann (3) wird man – generell – die vereinfachende „Schuldzuweisung" mit dem vorwurfsvollen Unterton einer leseunwilligen oder -unfähigen nachwachsenden Generation angesichts solcher Außenzwänge relativieren müssen. Schließlich entspricht es (4) der internationalen Forschungslage, in der es (für den Sprach- wie Literaturdidaktiker) gilt, deutsche Sprache und Literatur – arbeitsteilig natürlich – „dreigleisig" zu vermitteln, nämlich

– Deutsch als Muttersprache,
– Deutsch als Ziel- oder Fremdsprache und
– Deutsch als Zweitsprache (z. B. für Kinder/Schüler aus nichtdeutschem Elternhaus und einer anderen Sprache als Original-, Mutter- oder Quellsprache in der Bundesrepublik).

Jeder, der In- und Auslandserfahrung in der Fortbildung besitzt, wird – u. a. nach landeskundlichen Gesichtspunkten – wissen, welche Bedeutung der Frage nach Textverständnis/-verständlichkeit, relevant bei Fragen der Lektüre-Auswahl, zukommt. Dazu sei noch einmal Groeben zitiert (1982, S. 4f.):

„Im Gegenstandsbereich von Textverstehen verbinden sich allgemeinpsychologische Analyseperspektiven und damit Grundlagen- und Anwendungsforschung. Von der allgemeinpsychologischen, insbesondere lern- und kognitionspsychologischen Grundlagenforschung her wird das Textverstehen untersucht: vor allem unter den Aspekten, welche Fähigkeiten und Prozesse beim Verstehen notwendig sind bzw. ablaufen. Unter pädagogisch-psychologischem Gesichtspunkt wird vor allem instruktionspsychologisch nach der Brauchbarkeit von bestimmten Textformen und -strukturen für den Lern- und Lehrprozeß innerhalb von Institutionen unseres Bildungssystems gefragt. Die kognitions- und sprachpsychologische Grundlagenforschung zum Textverständnis sowie die intruktionspsychologische Anwendungsforschung zur Textverständlichkeit sind bislang weitgehend unverbunden nebeneinander hergelaufen; (…) Die Forschungslinien konvergieren aber mittlerweile: und zwar vor allem in der Vorstellung einer nicht nur passiven Rezeption, sondern kognitiv aktiven Verarbeitung von Texten."

Es werden – dies klang bei vielen Schülerantworten durch – Chancen vertan, wenn die/der Unterrichtende (gleich in welcher Schulart und Schulstufe) nicht den Rahmen absteckt, die Zielvorstellungen und Begründungen ihres/seines Vorgehens angibt, wobei die Zielgruppe in der Kodierung, in der Wortwahl und im Schwierigkeitsgrad jeweils zu berücksichtigen ist.

– Sprachunterricht sollte nicht beginnen oder ablaufen, ohne daß wenigstens eine Einführung erfolgt oder eine Diskussion angesetzt wird über Wesen und Funktionen der Sprache.
– Medienunterricht: Medien sind nicht nur Mittel, sondern können/sollen im Deutschunterricht auch Gegenstand der Betrachtung sein; vielleicht sollte man von einer Medienreflexion sprechen.
– Literaturunterricht wird nicht ohne poetologische Grundlegung erfolgen, sicherlich; aber schulischer wie außerschulischer Umgang mit Literatur bedeutet Lesen, Lesen von „Lektüre": Mit dem Lesen bahnt sich an, was Beinlich (Handbuch, 1969[5]) die „literarische Entwicklung" genannt hat. Lesen geschieht im ungünstigsten Fall (vgl. den vielsagenden Ausdruck „Pflichtlektü-

re") eben auf Befehl, es sollte aber auf Interesse und primärer Motivation beruhen. Die Frage nach dem, was gelesen wird (Freizeit) und wie gelesen wird (Textunterricht in der Schule) sollte ergänzt werden durch die Frage, warum (warum was) gelesen wird: das Phänomen des Lesens also als Unterrichtsgegenstand...

In seinen „Denkbildern", Illuminationen genannt, hat Benjamin (zit. n. Nibrig 1983, S. 206f.) von der Muse des Romans, der „Küchenfee" gesprochen, was – kulinarisch pointiert – „genüßlich" so beschrieben wird:

„Nicht alle Bücher lesen sich auf die gleiche Art. Romane zum Beispiel sind dazu da, verschlungen zu werden. Sie lesen ist eine Wollust der Einverleibung. Das ist nicht Einfühlung. Der Leser versetzt sich nicht an die Stelle des Helden, sondern er verleibt sich ein, was dem zustößt. Der anschauliche Bericht davon aber ist die appetitliche Ausstaffierung, in der ein nahrhaftes Gericht auf den Tisch kommt. Nun gibt es zwar eine Rohkost der Erfahrung – genau wie es eine Rohkost des Magens gibt –, nämlich: Erfahrungen am eigenen Leibe. Aber die Kunst des Romans wie die Kochkunst beginnt erst jenseits des Rohprodukts. Und wieviel nahrhafte Substanzen gibt es, die im Rohzustand unbekömmlich sind! Wie viele Erlebnisse, von denen zu lesen ratsam ist, nicht: sie zu haben. Sie schlagen manchem an, der zugrunde ginge, wenn er ihnen in natura begegnete. Kurz, wenn es eine Muse des Romans gibt – die zehnte –, so trägt sie die Embleme der Küchenfee. Sie erhebt die Welt aus dem Rohzustande, um ihr ihren Geschmack abzugewinnen. Mag man beim Essen, wenn es sein muß, die Zeitung lesen. Aber niemals einen Roman. Das sind Obliegenheiten, die sich schlagen."

In diesem Buch mit dem Titel „Warum lesen?" schreibt Nibrig im Vorwort „anstelle einer Gebrauchsanweisung" (ebd., S. 14):

„Zur Sprache kommt der Leser in vielfacher Gestalt: der kindliche, der faule, der kranke, der schlaflose, der süchtige, der hilfesuchende, der fromme und andächtige, der gelehrte, der kritisch-beißende, der neugierige und gelangweilte, der sentimentale, der schnelle und der bedächtige, der informierte, körnige Fakten pickende Leser, der Voyeur, Leseratte und Bücherwurm."

Mit diesen Zitaten wollen wir nicht zu einem „Zerreden" des Lesens, zu einer Verunsicherung beitragen, sondern darauf hinweisen, wie unkonventionell (selbstverständlich aus geübter Feder) kommentiert wird: Es ist eben so, daß die Götter oder wer auch immer vor die Literatur das Lesen gesetzt haben – eine Kultur-technik, die gerade heutzutage sorgfältige Pflege und Wartung verdient.

Worauf wir uns (wegen der fehlenden exakteren medizinischen wie neurophysiologischen Grundlagen, die dazu erforderlich wä-ren) nicht einlassen wollen und können, sind die Fragen nach dem „Funktionieren" von Lesen im Gehirn. Auch scheint die Diskus-sion darum, die Forschung in der Hirnphysiologie noch in vollem Gange oder auf einer vorläufigen Ergebnissicherung zu sein, wie der folgende Hinweis (DIE ZEIT, Nr. 19, 6.5.1988, Spalte „Er-forscht und erfunden") verdeutlichen mag:

„Daß der Teil des Gehirns, der uns zum Lesen befähigt, mit dem, der uns die Deutung von gehörnten Sprachlauten möglich macht, identisch sei, gilt lange schon als erwiesen. Dieser Überzeugung wegen hatten bisher Hirn-forscher angenommen, wir würden gelesene Wörter und Sätze im Kopf zunächst in das Eindrucksmuster übersetzen, das die nämliche, jedoch akustisch aufgenommene Information im Denkapparat hinterlassen hätte, und erst nach dieser Umcodierung die daraus resultierenden Hirnimpulse an das Zentrum, das uns in die Lage versetzt, Mitgeteiltes zu verstehen. Doch mit einem modernen elektronischen Scanning-Verfahren hat der Hirnphysiologe Steven Petersen an der Washington-Universität in St. Louis (US-Staat Missouri) nachgewiesen, daß im menschlichen Gehirn gesprochene Information von einem anderen Hirngebiet aufbereitet wird als die schriftlich vermittelte. Erst danach leiten diese voneinander ge-trennten Gebiete die entsprechenden Impulse an, die für das Erinnern oder das Assoziieren mit anderen Eindrücken zuständigen Interpreta-tionszentren weiter."

Welche Folgerungen ergeben sich im Hinblick auf vertiefte Be-schäftigung mit dem Lesen in naher Zukunft und für Ausbildung wie Fortbildung?

Noch mittelbar für die Schule, aber überfällig für die Lehrerfort-bildung wäre es, wichtig und ratsam, nicht nur auf abstrakte Denkmodelle wie die „Postmoderne" und den „Poststrukturalis-mus" einzugehen, sondern verstärkt auf Ergebnisse der Lese- und Rezeptionsforschung und der neueren Textlinguistik zu verweisen. Wenigstens zwei Begriffe seien dazu aufgeführt, die in der gegen-wärtigen Diskussion eine Rolle spielen, nämlich „Intertextualität" und „Metatextualität". Zu Terminus und Phänomen der Intertex-tualität führt Pfister (1987, S. 197) aus:

(Er) „ist jünger als die verschiedenen traditionellen Begriffe von Texten auf andere Texte (z.B. Zitat, Anspielung, Übersetzung, Adaption, Parodie, Travestie), die er neu und pointiert zusammenfassend umschreibt, und wesentlich jünger als die Sache selbst. Schon seit der Antike haben sich Texte nicht nur in einer imitatio vitae unmittelbar auf Wirklichkeit, sondern in einer imitatio veterum auch aufeinander bezogen, und die Rhetorik sowie die aus ihr gespeiste Poetik brachten solche Bezüge, wenn auch ohne Sinn für deren Gesamtzusammenhang, auf den Begriff."

Zitiert wird dazu Bachtins Eingriff der „Dialogizität", ausgehend von der Konzeption, nach der das „literarische Wort" nicht ein Punkt (nicht ein „feststehender Sinn") ist, sondern eine Überlagerung von Textebenen, ein Dialog verschiedener Schreibweisen: des Schriftstellers, des Adressaten, der des „gegenwärtigen oder vorangegangenen Kontextes" (ebd.): Es sind die intertextuellen Verfahren gemeint (ebd., S. 199).

„in denen in pointiertem und markiertem Bezug ein Einzeltext auf einen anderen verweist, indem er diesen zitiert oder auf ihn anspielt, ihn paraphrasiert oder übersetzt, fortschreibt oder adaptiert, parodiert oder travestiert. Aus dieser Sicht erscheint dann der postmoderne Inter-Text als eine historisch spezifische Transformation dieser Verfahren, die hier so hypertroph und mit so großer Streubreite eingesetzt werden, daß hinter den pointierten Einzelbezügen die globale Beziehbarkeit aller Texte aufeinander suggeriert wird."

Kravar (1987, S. 248) sucht den anderen Begriff, den der Metatextualität, wie folgt zu verdeutlichen:

„Gedacht ist an die Bezeichnung der Situation, in der ein Text über sich selbst reflektiert. In diesem Sinne ist die Metatextualität ein Organon dessen, was heute unter dem Begriff ‚immanente Poetik' verstanden wird. Metatextualität als Autoreflexität oder Autoreferentialität ist ein Phänomen, das sich nach verschiedenen Seiten abgrenzen läßt. Als die minimale und notwendige Bedingung der Metatextualität kann die Situation angesehen werden, in der ein literarischer Text wenigstens eine Äußerung enthält, deren Gegenstand derselbe Text oder einer seiner Aspekte ist. Diese Situation verwirklicht sich aber in verschiedenen Formen. Unterschiedlich kann zunächst die Stelle der metatextuellen Äußerung im konkreten Text sein, wobei zwischen einer absoluten und einer relativen Metatextualität unterschieden werden kann.
Als absolut metatextuell dürfte eine Äußerung gelten, die zwar in den Grenzen des von ihr bezeichneten Textes formuliert wird, aber nicht in dessen thematische Welt hineinpaßt. Als die einfachsten Beispiele können die Anfangszeilen berühmter Epen (‚Ilias', ‚Aeneis', ‚La Gerusalemme liberta') angeführt werden, die das Publikum direkt ansprechen, den In-

halt des jeweiligen Werks in einem kurzen und formelhaften autoreflexiven Satz ankündigen."

Wir haben diese Hinweise zur Inter- und zur Metatextualität deshalb eingeschoben, weil aus einer Reihe von Schüleraussagen im Projekt die starke Inhaltsbezogenheit (immerhin sporadisch ausgedehnt auf motivgeschichtliche Betrachtungsweisen) bei der Durchnahme literarischer Ganzschriften, besonders von Dramen, von der Unterrichtsanlage her aufgefallen ist, was im übrigen den auf Spannungselemente in Dramen wie Prosawerken eingestellten Schülerreaktionen entgegenkam. Was hier, im Bereich der Literatur, schulisch vernachlässigt wurde, stand bei den pragmatischen Texten (vor allem bei rhetorischen Texten) im Vordergrund. Allenfalls – so die Klagen der Schüler – werden rhetorische und stilistische Figuren gesucht im Zitatverfahren, herausgeschrieben, nach „Vorhandensein" abgefragt und abgehakt: Einer sprachlichen Sensibilisierung sind solche Sprachverwaltungsmaßnahmen mit ihrem Nachweischarakter wenig dienlich. Im übrigen sollte es nicht als Schelte, sondern als Appell an alle Beteiligten verstanden werden, wenn man schlicht darauf verweist, daß die Mehrzahl der behandelten Werke einschließlich solcher der Gegenwartsliteratur bereits mehr- oder sogar vielfach interpretiert vorliegen. Wir erinnern da an die „Bibliographische Handreichung für das Lehrfach Deutsch" von Schlepper „Was ist wo interpretiert?" (1975[4]): Das ist hilfreicher als ein sich für die Didaktik abzeichnender Trend, Büchners „Woyzeck" zum 30. Male didaktisch oder wie auch immer aufzubereiten…

3. Schülervorschläge zum Literaturunterricht

Es ist für die Literaturdidaktik selbstverständlich, sich auf Vorschläge für den Literaturunterricht aus Schülersicht zu beziehen. Ausdrücklich sei gesagt, daß solche Aussagen deskriptiv, also nicht kurzerhand als didaktische Auslegungen zu verstehen sind. Man sollte solche Kundgaben von Schülern auf der Positivseite von Rezeption verbuchen, da damit Interesse am Unterricht dokumentiert ist und die „Schülerschaft" keinesfalls als eine mehr oder weniger literarisch „nicht-stattfindende" oder „uninteressierte" Gruppierung erscheint, die unterrichtlich eben über sich ergehen läßt, was man ihr anbietet (oder zumutet).

Die Anregungen (darunter auch einige weitergedachte Interpretationen) beziehen sich auf Lektüre- und Textarbeit, während wir Vorschlägen zur Schulorganisation – Aufgabenbereich von Schulverwaltung bis Kulturpolitik – nur peripheren Raum widmen können, und zwar in Abschnitt X.

Zunächst also zu den Schülervorschlägen, den Literaturunterricht betreffend:

Literatur als Lektüre

– Lektüre (Ganzschriften, Texte) gezielt und sorgfältig auswählen, Schüler in die Auswahl miteinbeziehen
– Bei der Auswahl der Lektüre nicht unbedingt immer nur die Klausur „im Kopf haben", sondern auch einmal Schülerwünsche vorrangig behandeln (die Auswahl ist schließlich entscheidend für die Beteiligung am und im Unterricht)
– Zum Lesen der Schullektüre anhalten und motivieren; es hat keinen Zweck, über etwas zu reden, was die meisten oder ein Teil gar nicht kennen
– Die Lektüre sollte nicht zu umfangreich sein, damit die Behandlung nicht zu oberflächlich und zu unvollständig wird
– Wenn möglich, aktuelle Themenkreise auswählen und aktuelle Bezüge herstellen
– Anregungen für die Freizeitlektüre geben (z.B. indem Romane oder Texte vorgestellt, Romananfänge vorgelesen werden)
– Büchertips für die Freizeit geben (auch aus eigener Erfahrung und aus der einzelner Schüler)
– Hilfestellungen für das Freizeitlesen gewähren, Orientierungshilfen über den Buchmarkt; Besuch von Bibliotheken, Archiven u.ä.
– Lyrik nicht bei Ablehnung durch die Schüler von vornherein gleich in den Hintergrund stellen, sondern lieber versuchen, den Schülern vielleicht doch einen Zugang zu ermöglichen.

Textarbeit

– Die Textbehandlung muß ebenso wie die Textauswahl in Schwierigkeitsgrad und Vorgehensweise der Zielgruppen angemessen sein
– Vor dem Lesen der „Schullektüre" durch gezielte Hinweise Hilfestellungen geben (erkannten und erkennbaren Verständnisproblemen von vornherein begegnen)

- Hintergrund- und Zusatzinformationen zu Texten bieten (Einbeziehen von Geschichte, von Kultur- und Kunstgeschichte)
- Nicht zu oft im Unterricht Texte (längere, theoretische) laut vorlesen lassen: das kostet viel Zeit und langweilt die Schüler auf die Dauer
- Mit dem Lesen mit verteilten Rollen umsichtig umgehen (geeignete Passagen auswählen; dieses Verfahren nicht zu oft anwenden und nur dann, wenn die Schüler dies ernst nehmen)
- Texterschließung nicht immer gleich zu funktional-mechanisch angehen
- Kein abstraktes Interpretationsschema (z. B. immer wieder das Kommunikationsmodell) vermitteln oder strapazieren, das dann unter Umständen unverstanden angewendet wird
- Auf verschiedene Art und Weise an Gedichte herangehen, zunächst jedoch deren Zugang über den Inhalt oder das Motiv finden
- Die Form des Textes nicht so losgelöst vom Inhalt erarbeiten, sondern die Form über den Inhalt erschließen
- Den Text nicht überinterpretieren und „durchkauen", sondern das richtige Maß finden, damit die Texte als Ganzes (und die Lesefreude) nicht zerstört werden
- Keine vorgefertigten Interpretationen vorlegen (höchstens dann nach der gemeinsamen Texterschließung und zum Vergleich)
- Bei der Textanalyse Schülermeinungen zulassen, ernstnehmen (auch abweichende), sie nicht abweisen oder gar als „falsch" abstempeln: sensibel mit Stoff und Schülern umgehen, Schülermeinungen auch einmal als Bereicherung aufnehmen …
- Herstellen von Zusammenhängen – wenn möglich Vergleich von Texten –, Anwendung des Erlernten, Transfer auf vergleichbare Texte oder Gebiete
- Wenn möglich aktuelle Bezüge zu „historisch zurückliegender" Literatur herstellen (z. B. Goethe – Plenzdorf: Werther-Stoff)
- Kritische Diskussion(en) über den Text anregen
- Nach Abschluß der Lektüre das eine oder andere Mal Film oder Theaterstück anschauen (falls vorhanden und erreichbar), dabei das Theater klar dem Film vorziehen
- Im Rahmen der Textarbeit kreatives Schreiben fördern, aber wiederum sensibel damit umgehen, d. h. vorsichtig anfangen mit Umformungen; eigenen Schluß zum Text schreiben lassen, bevor eigenständige Produktionen versucht werden; die Gefahr einer Bloßstellung vor der Gruppe oder dem Plenum der Klasse vermeiden.

4. Zwischenerkenntnisse: Wie läßt sich das Lesen in der Schule (generell) fördern?

Eine Neubesinnung auf das Lesen läßt sich in drei Bereichen ansetzen, erstens in der Lehrerbildung/-ausbildung (Phasen I und II, also Universität und Referendariat), zweitens in der Lehrerfortbildung (Arbeit mit Texten, neue Erkenntnisse z. B. in der Linguistik und Textlinguistik) und drittens durch schulinterne Weiterbildung (Fachkonferenzen).

Denkbare Vorleistungen in der Lehrerfortbildung:

– Einführen und Vertiefen in die Techniken des Lesens (Sinngestaltung, Klanggestaltung, Strukturgestaltung usw.) mit Bekanntgabe des „Warum", der Lernziele: dessen, was erreicht werden soll. Beispiele des Vorgehens dazu sind:

a) Vom Kurztext über den Textauszug (Kern- oder Gelenkstelle) zum längeren Text,
b) vom Textauszug zur Ganzschrift,
c) vom epischen Text (Prosatext) zur dramatischen Ganzschrift (Dramentext, abendfüllend),
d) mit Herstellen von Bezügen zur Kinder- und Jugendliteratur,
e) Eingehen auf Werke der zeitgenössischen Literatur, ausgewählte Neuerscheinungen, Werke, die in der „Diskussion" stehen,
f) nicht zu vergessen: Gesichtspunkt der Wertorientierung bei der Textauswahl.

– Lehrkräfte aller Schularten sollten Bescheid wissen über Interessenbildung beim Lesen, über Motivierungsmaßnahmen zum Lesen, über Fragen und Ergebnisse eines betont kognitiven oder des dominant emotionalen/emotiven Lesens
– Bei allen Maßnahmen ist zu achten auf zielgruppengerechtes Unterweisen, d. h.: die schulartenspezifischen Voraussetzungen, Möglichkeiten und Probleme sind differenziert zu betrachten und zu berücksichtigen
– Aufgreifen aller Möglichkeiten, von der innerschulischen (Deutschunterricht, Textunterricht, Literaturunterricht) zur außerschulischen Lektüre Brücken zu schlagen (Freizeitverhalten, Freizeitlektüre, gezielte Freizeitpädagogik)
– Hinweise auf den Zusammenhang von Leseerziehung und Freizeitverhalten (Freizeitlektüre), Einrichten eines „Leseservice", so wie es (sicherlich) auch einen „Medien-Service" gibt
– Immer wieder Diskussionsblöcke einbauen über eventuelle Schwierig-

keiten, bei einem „dickeren" (umfänglicheren) Buch „zu bleiben", über Gründe für Leseabbrüche
- Vermeiden von Überinterpretationen oder von starren Vorgehensweisen beim schulischen Umgang mit Texten
- Anleitungen zum „Fertig-Werden" mit längeren Texten, mit Zugriff auf Buchform/Buchumfang; Lernziel kann auch sein: Überwinden der Angst vor dem Lesen
- Hinweisen auf die Bedeutung der Typographie (mit Druck und Layout, Buchstabenwahl) für das Lese-Verstehen
- Lesedidaktik, die auch außer- und nachschulisch (= prospektiv) orientiert ist.

Lernen durch Lesen

- Beispiele vorführen, wie „man das Lernen lernt", z. B. bei Texten aus Geschichts-, Sach-, Heimatkunde-, Religions-, Geographie-, Ethik- oder Sozialkundelehrbüchern (Lesen muß man auch in anderen, eigentlich in allen Fächern und für alle Fächer beherrschen, nicht nur für den und im Deutschunterricht)
- Erörtern der Möglichkeiten sicherer Informationsaufnahme aus Lehrbüchern (Kodierungen; Schwierigkeitsgrade von Texten; Bedeutung der Fachsprache(n))
- Lehren des Umgehens mit (Lehr-)Büchern – bewußt auch anderer Sachgebiete, und zwar sowohl musischer wie naturwissenschaftlicher und gesellschaftswissenschaftlicher Fächer
- Auseinandersetzen mit Texten, mit deren Inhalt: durch Eintragungen, Zusätze (Interlinearversionen wie Marginalglossen, d. h. Eintragungen zwischen den Zeilen, am Rand, am Ende von Texten); Anfertigen eines Sekundärtextes anhand der Aussagen eines (vorgegebenen) Primärtextes
- Aufsammelnder Unterricht, hier: „aufsammelndes Lesen" (dadurch einfachere Möglichkeiten der Textbeschaffung)
- Heranziehen von Stütz- und Quellentexten zu vorgegebenen Motiven und Inhalten (vgl. Lehrplan), und zwar erhellend oder kontrastiv (nach Inhalt, Aussage, Form usw.)
- Anlegen-Lassen von Mappen, Textreihen, Bildern (Fortsetzung des „aufsammelnden Lesens" im Zusammmhang mit projektorientierten Vorgehensweisen)
- Sammeln von Texten mit gleichem oder ähnlichem (motivgleichem, -ähnlichem) Inhalt: Bedeutung der „erhellenden Sequenzform", wie sie bei modernen Lesebüchern genutzt wird
- Anleitungen zum wörtlichen oder verkürzten Exzerpieren von Texten
- Verfahrensweisen beim Zitieren von Texten (incl. Nutzen einfacherer – erreichbarer – Bücher).

Lesen als Handeln

a) Vorstufen
- Verstehendes Strukturieren von Texten beim lauten Lesen (erst bei Wiederholungen, dann bei Neubegegnungen)
- Erfassen der Texte beim leisen („stillen") Lesen
- Umgang mit vorbereiteten, dann mit unvorbereitet („Impulsunterricht") ausgegebenen Texten
- Wahl von Texten, die Interesse wecken oder befriedigen; Texte, die die Jugendlichen auch einmal „brauchen" können (sinnvolle Schülberbeteiligung bei der Auswahl)
- Vielfältiges Textangebot, das Interesse weckt oder wecken will (darunter auch informatorische, appellative, verhaltenssteuernd-regulative Texte)
- Hilfen für auswählendes, selektives Lesen: Welche Kernsätze, Kernbegriffe, welche Beispiele für Wort-, Satz-, Absatz- und Textsemantik offeriert ein Text, der unter bestimmten Gesichtspunkten ausgewählt wird
- Arbeit am Text, Rückversicherung am Text: Unterscheiden und Markieren von sinntragenden Wörtern (Schlüsselwörter und -begriffe, key words)
- Vom Herausstreichen/Anstreichen in vorgelegten Texten auf weiterer, höherer Stufe: Trennung von Textinformationen (Innovationskernen) und Einbindung (Redundanz), dann von Information und Kommentar
- Herausarbeiten der Kriterien zu pragmatisch-sachbezogenen Texten (autorbezogene, sachbezogene, adressatenbezogene Texte)
- Besonderheiten einfacherer, dann schwierigerer, komplexerer literarischer Texte
- Wechsel von sachlichen und „ernsten" auch einmal zu humorigen Texten.

b) Umsetzungen
- Progression vom Lesen zum Vorlesen (möglichst ohne Wettbewerbscharakter; somit keine äußere Differenzierung in „Profi"- und „Amateur"-Leser)
- Überlegungen zum Anknüpfen an Fortsetzungsmöglichkeiten des Leseunterrichts für den mündlichen Sprachgebrauch
- Überleiten vom Lesen zum schriftlichen Sprachgebrauch (Zwischenstufe), stets mit „Rückversicherungen am Text"
- Erweitern von Diskussionsblöcken durch das Aufzeigen plausibler Gründe („eigentliche" Lebens- und Alltagshilfe) für die Notwendigkeit des Aneignens von Lesefertigkeit; Lesen-Lernen und -Beherrschen läßt sich (praktisch-zweckgebunden wie ästhetisch-literarisch) begründen
- Lesen: auch einmal aufgefaßt als „Spielform": Wecken des Interesses für Spiel, für Sprachspiele, auch einmal für Nonsens-Texte

- Umsetzen von Texten in das Spiel (z. B. Szenenanspiel bei der Dramenbehandlung)
- Memorieren von eingängigen (und auch kürzeren) Texten: vorzugsweise (gereimte) Lyrik
- Übung: vom Lesen zum mehr rhetorisch bestimmten Vortragen (Mittel-, Oberstufe)
- Exkursionen (Bibliotheken, d. h. nicht die Katalogsäle, sondern Heranführen an die Bücher und Regale; es lohnt, wenn Zeit zum Schmökern, Lesen, Diskutieren bleibt; Einführungsvortrag im Raum des Sach- oder Personenkatalogs, vor den Computern und Karteikästen bringt erfahrungsgemäß wenig, kann abschreckend wirken).

VIII. Verständnisschwierigkeiten

Die Befragungsergebnisse und Statistiken des Projekts (vgl. II.6) haben u. a. ergeben, daß, wenn Verständnisschwierigkeiten auftreten, dies eher bei Jungen als bei Mädchen geschieht, stärker im Rahmen der Unterrichts- als der Freizeitlektüre, daß sich Mädchen – möglicherweise – mit differenzierteren Verständnisproblemen konfrontiert sehen – weil sie gehobenere, anspruchsvollere Lektüre für die Freizeit wählen, während die Unterrichtslektüre vom Lehrplan her verständlicherweise nicht geschlechtsspezifisch vorgeschlagen oder aufgeschlüsselt ist. Die „Zuständigkeiten" für Auskünfte liegen im Falle der Schullektüre bei den Lehrkräften, bei der Freizeitlektüre bei Eltern und Bekannten. Von Interferenzen ist da kaum die Rede, Rollen- oder Bezugspersonentausch offenbar sehr selten.

Für die Literaturdidaktik ist die Frage der Verständnisschwierigkeiten wegen der denkbaren Verweigerungen oder Leseabbrüche sehr wichtig. Geht man, um die Progression abzustecken, von einem schwierigen oder unbekannten oder kaum verständlichen Begriff (auch in der Muttersprache) aus, so ergeben sich Ansatzpunkte etwa für die Semantik, also die Bedeutung der sprachlichen Zeichen, beim Einzelwort, im Absatz, im Gesamttext (vgl. Wort-, Satz-, Textsemantik). Es kann voraussehbare Verständnisschwierigkeiten geben, etwa bei mythologischen „Kodierungen", bei Sub-Kodes, bei gewissen Sinnbezirken eines ausgefalleneren Fachwortschatzes (oder auch Jargons). Wie es beim Rechtschreiben eine allgemeine Skala mit Wahrscheinlichkeiten von Fehlerdiagnosen gibt, zu der sich die individuellen Fehler gesellen können, so wird immer eine bestimmte Quote von Verständnisschwierigkeiten bleiben, mit der/die Unterrichtende nicht gerechnet hat. Bei wiederholtem Durchlauf einer bestimmten Pflicht-Lektüre z.B. wird der Grad der Vorhersehbarkeit und Voraussagbarkeit wachsen, und diese Berechenbarkeit wird von Erfahrungswerten diktiert. Bei literarischen Neuerscheinungen, für die weder Interpretationen, gebrauchsfertige Erläuterungen, Materialien oder Handreichungen verfügbar sind, ist dieser „Risikofaktor" entsprechend größer. Aus der Unterrichtspraxis ist es eine geläufige Beobachtung, daß ein – auch neuer – Text in seinem „Schwierigkeitsgrad" vorhersehbarer abzuschätzen ist vor „bekannter" als vor „unbekannter" Zielgruppe. Unterrichtsbeobachtungen in Parallelklassen desselben Schuljahres oder in zeitlichem Abstand zeigen oft eklatante Unterschiede auf, was Verständnisschwierigkeiten angeht. Über Fragen der intendierten und der tatsächlich erreichten Lektürewirkungen und -folgen (Unterrichtseffizienz) wird an späterer Stelle (vgl. IX) zu sprechen sein.

1. Die unterschätzte Bedeutung des Mittelstufen-Unterrichts

Es ist verständlich, daß Studierende der Germanistik für das Lehramt an weiterführenden Schulen in ihrer Mehrarbeit fixiert sind auf die Literatur, deren spätere unterrichtliche Vermittlung. Die beruflichen Notwendigkeiten und die auf sie justierten Prüfungsordnungen sehen eine Einheit des Faches vor, im Rahmen der fachdidaktischen Ausbildung also die Didaktik der (deutschen) Literatur und Sprache. Üblicherweise wird dieses Begriffspaar, ein sachgerechtes Junktim, in der umgekehrten Reihenfolge aufgeführt. Erklärtes Ziel der meisten Lehramtsanwärter sind die innovativ anzugehenden Leistungskurse für Literatur in der Oberstufe/Kollegstufe. Was mit den „anderen" Teilbereichen des Deutschunterrichts zu tun hat, wer sich mit Aufsatzkorrekturen oder gar mit Orthographie, mit der Beurteilung mündlicher Sprachleistungen und mit Sprachunterricht abgeben soll: das wird zunächst verdrängt. Schon die Nennung von Prüfungsschwerpunkten für Sprachdidaktik und angewandte Linguistik bereitet Ratlosigkeit. Kann sich diese Einstellung auswirken bei der Unterschätzung der Bedeutung des Unterrichts auf der (gymnasialen) Mittelstufe?

Die Denkweise des Unterrichtenden sollte spiralcurricular angelegt sein, d.h. z.B. Begriffe wie „Fabel" oder „Parabel" müßten entsprechend den Lehrplanvorgaben bereits „hier" verfestigt werden – einzubringen als Voraussetzungen für den Unterricht in der Kollegstufe. Eine „Poetik in Grundrissen" sollte dieses Anliegen für die Fachbetreuer an den Schulen sein, und hier könnten z.B.

strukturierende Lernhilfen, Übersichten, verständlich verfaßte Glossare (zu Grundbegriffen) oder Arbeitsblätter eine wertvolle Hilfe sein. Der Lehrer/die Lehrerin in der Kollegstufe sollte auf konkretes Wissen und Vorwissen bei den Schülern aufbauen können. Dann sind einerseits die (auch im Projekt) viel-beklagten Wiederholungen ausgeschlossen; andererseits ist Zeit eingespart, die für genauere Analysen und fächerübergreifend angelegte Verfahrensweisen freigesetzt werden könnte. Auch wäre es kein Nachteil, der betreffenden Zielgruppe am Ende der 9. Jahrgangsstufe eine Aufstellung der gelesenen Ganzschriften (Epik, Dramatik) gewissermaßen mitzugeben.

Natürlich ist die „Pflichtlektüre" – sie entspricht dem Lehrplankanon – bekannt; aber die dem Unterrichtenden freigestellte fakultative Lektüre-Entscheidung könnte hervorragende Möglichkeiten, nämlich Rückgriffe, Anknüpfungen, Rückverweise etc. anbahnen helfen, was erhellenden Unterricht und „positive Verstärkung" begünstigen würde. Der Einstieg in die Oberstufe/Kollegstufe wäre dann der in den Schüleraussagen öfters apostrophierten „Tabula-rasa-" oder „Nullpunkt"-Situation enthoben: Im übrigen könnte der Unterricht, seine Bedeutung in der Mittelstufe, dadurch aufgewertet werden, und zwar nicht nur in seiner „Zubringer-Funktion" für den Oberstufen-Unterricht.

2. Bei den Schülern gefragt: Kontextbezüge und Hintergrundinformationen

Gemeint ist die Beziehung zwischen Werk und Autor, zwischen der Entstehungszeit des Werkes und den Bedingungen und Bedingtheiten des Entstehens; es geht um die historische Dimension, in die Texte bzw. Werke zu stellen sind, aus der sie kommen – freilich nicht als bloßes „Produkt" der Zeit, der Umstände oder der sozialen/gesellschaftlichen Bedingtheiten. Vereinfacht geht es um folgende Kontext-Modelle, mit denen wir uns die Summe der Schüleraussagen unschwer ergänzen können:

a) Geschichtlicher Hintergrund der Entstehungs- und Wirkungszeit des Werkes oder Textes,
b) geistesgeschichtlicher/ideengeschichtlicher Kontext,
c) sozial- und gesellschaftsgeschichtliche Entwicklungen,
d) biographische/lebensgeschichtliche Gegebenheiten (Autor),

e) situativer Kontext, in dem das Werk oder der Text, im Umfeld des Autors gesehen, steht,

f) sprachliche, auch regionale Besonderheiten, die sich auf Wortwahl, Syntax, auf Bildhaftigkeit und auf semantische Beispiele auswirken mögen;

g) Fragen nach politischen, wirtschaftlichen, technischen, kulturellen, sozialen, religiösen Gegebenheiten und Entwicklungen entsprechen Grundfragen, wie sie in archaischen Zeiten des Aufsatzunterrichts als „W"-Fragen (wer, was, wo, wie, wann, warum usw.) proklamiert wurden. Ein Werk muß nicht das erklärte Produkt einer bestimmten Zeit sein; doch existieren in aller Regel Zusammenhänge, so daß die Verbindung von textimmanenten und von texttranszendenten Fakten und Faktoren objektivere Wertungen zuläßt bei der versuchten Interpretation der Texte als das beim Bevorzugen einer dieser beiden grundsätzlichen Entscheidungen voraussichtlich der Fall wäre.

Abstrahiert man dies weiter und überträgt diese Kontext-Methode auf den Unterricht in Deutsch als Zielsprache oder Zweitsprache, mag als summarische Orientierung das Diagramm (Abb. 14) über

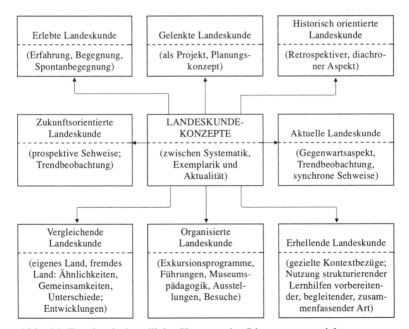

Abb. 14: Der landeskundliche Kontext des Literaturunterrichts

die Landeskunde und ihren Kontext dienen (cf. K. Stocker, 1984, S. 188, ins Japanische übersetzt von S. Yamanaka, 1986).

Natürlich ist Literatur von heute „politischer" geworden – gesellschaftspolitischer und -„kritischer" als in früheren Jahrhunderten; es ist deshalb nicht verwunderlich, daß Literatur, daß die Autoren vielfältige Antworten geben auf die Probleme ihrer, unserer Zeit. Es wäre zwar nicht schwierig, für jeden der o.a. Gegenstandsbereiche Text- und Lektüre-Beispiele anzubieten, doch ist davon abzuraten, nach der Methode vorzugehen, die man zuweilen bei der zu wortwörtlichen Auslegung von Lehrplänen (Lernzielen/Lerninhalten) erkennen kann, nämlich Texte zu suchen, die dem Motto entsprechen: „Gegeben ist ein Ziel/Lernziel, gesucht der dazu geeignete, inhaltlich kompatible Text".

3. Verständnisprobleme in Texten

Man ist sich in der Didaktik – von der Literaturdidaktik bis zur Museumspädagogik – wohl im klaren darüber, daß Unterrichtsvorbereitung in dem Sinne „antizipierend" ist, als sich mutmaßliche Schwierigkeiten z.B. im sprachlichen, begrifflichen oder metaphorisch-bildlichen Bereich vorab erkennen lassen. Diesen ist dann zu begegnen entweder mit vorweggenommenen oder vorbereitet-begleitenden Erklärungen, darüber hinaus auch mit Begriffserklärungen und -erläuterungen sowie mit der Bereitstellung von Glossaren (etwa bei der Einführung in Grundlagen der Linguistik) – oder durch die Bekanntgabe von Ankerbegriffen: Einen Roman, das „alte" oder das „Neue" Volksstück, ein Musikdrama oder ein modernes Gedicht mit den Kodierungsgewohnheiten eines „poeta doctus" kann man ebenso wie Werbetexte oder Texte mit Adreßfaktoren und Texte der verhaltenssteuernden oder sozialintegrativen Art durch das Einführen oder Sichern von Fachausdrücken („Fachsprache") zugänglich machen oder „entschärfen".

Das DFG-Projekt hat ergeben, daß z.B. männliche Jugendliche und Schüler bei solchen „Konfrontationen" weit eher das Handtuch werfen und zu Leseabbrüchen neigen als Schülerinnen: keine Frage also, welche der beiden geschlechts-spezifischen Zielgruppen hier mehr Geduld und pädagogische Zuwendung braucht, wie man andererseits „gemischte" Klassen oder Gruppen vorurteilsfrei zu betreuen hat... Ausubel (1969) verdanken wir für wesentliche Bereiche des schulischen Lernens präzise Anregungen. Für das Textverständnis und fast noch (zeitlich) „vor" der Interpretation eines

Textes sind die Grundvoraussetzungen und -kenntnisse der Linguistik und Textlinguistik sachdienlich, und der vermeintlich angemessen ausgewählte Text erweist sich dann als schwierig oder unlösbar, wenn die sprachlichen Voraussetzungen, die syntaktischen Verknüpfungen und – immer wieder – der Wortschatz nicht im entsprechenden Maße „vorhanden" sind. Oder es ist einzukalkulieren, daß ein mittelschwerer oder schwieriger Text nur von einem Teil der Zielgruppe erfaßt und verarbeitet werden kann. Es geht hier um Fragen der angemessenen Forderung, der eventuellen Überforderung, der adäquaten Dosierung, ja schon der Auswahl von Texten.

Von genutzten Möglichkeiten einer „Verzahnung" der Projekt- mit parallelen Lehr- und Fortbildungsaufgaben war bereits die Rede. Im folgenden möchten wir ein Drei-Phasen-Modell vorstellen: Es ist im Rahmen eines Intensivseminars (in) der Akademie Dillingen entstanden, und es soll, in etwas verkürzter Form, helfen, Verständnisschwierigkeiten beim Umgang mit literarischen Texten zu überwinden.

Exkurs: Anregungen zur Auswahl von Texten

- Intention: Was will ich mit diesem Text erreichen oder bezwecken?
- Repräsentanz: Aus welchem Grund, aus welchen Gründen eignet sich der Text im didaktischen „Mehreck" (Autor – Interpret – Text als Sprach- und „Kunstwerk" – Text und Realität – Text und Aktualität – landeskundliche Verifizierung oder Falsifizierung – Leser/Rezipient) für lernzielbewußtes didaktisch-methodisches Vorgehen?
- Leseinteressen der Zielgruppe: Wird der Text vorgeschlagen vom Unterrichtenden, wird er vorgeschlagen von der Zielgruppe, ist eine Synthese erreichbar, ist diese notwendig?
- Angemessenheit: Ist der Text nach seinem Schwierigkeitsgrad (mutmaßlich) eine Überforderung, eine Unterforderung oder ist er aufgrund seiner sprachlichen wie inhaltlich-thematischen Beschaffenheit voraussichtlich angemessen?
- Lern- und Entwicklungspsychologie: Sind die Texte geeignet, d.h. berechenbar und einschätzbar von der Kodierung (Wortschatz, Form, Struktur), vom Vorwissen der Lerner, von der Zusammensetzung der Gruppe (Zielgruppe) her?
- Ansätze: Welche Betrachtungs-Ansätze bieten sich an? Beispiele: Linguistischer Ansatz, Frage des soziokulturellen Hintergrundes, informationstheoretischer Ansatz (z.B. kommunikativ, zeichentheoretisch auf der Grundlage der Landes- und Kulturkunde)?
- Einzelkriterien: Fragen nach der Gattung oder dem literarischen Genre, nach der inhaltlichen Gestaltung, nach semantischen Wertigkeiten, nach

der Gliederung des Textes, nach der Wirkung auf den Leser (Hörer, Zuschauer usw.).

– Unterrichtsmethodische Aspekte: Welche „Vorwegnahmen" (schwierige Wörter und Begriffe; Erklärungen, Hintergrundwissen, Ergänzungen; Definitionen), welche Erläuterungen sind während des Unterrichts, welche zum Abschluß bzw. zwecks Weiterführung notwendig oder wünschenswert oder „gewünscht"?

– Textverständnis als Ziel: Muß die Verbesserung des Textverstehens liegen z.B. im adaptiven Lesen, kann man bereits ausgreifen auf kritisch-kreatives Lesen, läßt sich damit eine Ausweitung auf kreatives (mündliches oder schriftliches) Vorgehen erreichen?

– Techniken der Textoptimierung: Bieten sich Trainingsmöglichkeiten, verständlichkeitsfordernde Gestaltungstechniken, Beiträge zur Lesbarkeitsforschung, zu selbstgesteuerten Lese- und Lern- bzw. Interpretationsstrategien?

Modellvorschläge

Phase 1: Vorüberlegungen (im einzelnen)

– Feststellen und Erfragen des vorhandenen Wissens, Vorwissens oder Hintergrundwissens über Inhalte des Textes (Beispiel, im folgenden als „B" abgekürzt, Text über Berlin: was ist darüber bekannt, was ist vermutlich Neudarbietung, was ist möglicherweise Wiederholung?)

– Aussprache oder schriftliche Skizzierung zu Assoziationen, die sich mit einem Schlüsselbegriff, einem Reizwort, Stichwort usw. verbinden (B.: geteilte Stadt, zwei „nationale" Literaturen bis 1990?)

– Fixierung der Erwartungen an einen Text (B.: inhaltlich, vom Problem her; literarische Epoche; Kennzeichen eines Jahrzehnts, Zeitstil, Persönlichkeitsstil)

– Mobilisierung eigener Erfahrungen, Interessen, Vorstellungen und Entscheidungen zum Text oder Textauszug (B.: aus angelesener, erlernter oder erlebter Landeskunde; Verhältnis von Text und Realität)

– Möglichkeiten einer Entlastung des Textes bei schwierigen, voraussichtlich zu komplexen oder noch unbekannt einzuschätzenden Wörtern und Begriffen (B.: Verbaldefinition; Ableitung von Wort, Begriff oder Sinnbezirk des Wortes; Nachschlagemöglichkeiten; Etymologisches, Semantisches; Fragen der Entstehungs-, Vermittlungs- und Rezeptionsprozesse)

– Einsatz von Medien im Sinne eines Impulsunterrichts (B.: Bild, Poster, Plakat, Diapositiv, Videoclip, Film- oder Fernsehsequenz, Stütztexte aus Zeitungen, Zeitschriften, Lexika)

– Anknüpfung, Rückgriff oder Rückverweis auf früher angesprochene problemverwandte Themen, Stoffe, Texte, Projekte, Ganzschriften (B.: Lektüre, Lehrbuchabschnitte, Anthologien, Kursteile)

– Vertrautwerden und Vertrautmachen mit der Semantik eines für das

Textverständnis grundlegenden Wortes oder Begriffes (B.: Progression von der Wort- zur Satz-, zur Absatz- schließlich Ganz- zur Textsemantik)
- Sprachliche Antizipation des Textes durch hinführende, vorbereitende Texte (B.: Progression von der sachbezogen-pragmatischen zur literarisch-ästhetischen Darstellungsweise)
- Transfer-Möglichkeiten (B.: vom einfacheren zum schwierigeren Text, von der pragmatischen Textsorte zu einem motiv-verwandten literarischen Genre)
- Grundfragen der literarischen und didaktischen Werte (B.: Wertungskriterien, Wertungsprobleme, ästhetische und/oder pragmatisch-funktionale Werte und Diskussion ihrer Begründung; Frage nach axiologischen und funktionalen Wertsystemen)
- Erstellen von zunächst einfacheren strukturierenden Lernhilfen, von Zusatzmaterialien, von einführenden Orientierungen (B.: Materialien zu Leben und Werk, zur Teil- oder Gesamtbiographie eines Autors)
- Angabe der Lernziele, die man erreichen möchte, die sowohl die Begründung der Text-Auswahl als auch die Betrachtungsweise oder Methode der Textannäherung einschließen (B.: kognitive, emotive Ziele; Ortsbestimmungen/Zwischenbilanzen und -ergebnisse – immer mit Überlegungen zur jeweiligen Zielgruppe bzw. zu den gegebenen Voraussetzungen vom Inhaltlichen bis zum Wortschatz als Teil der sprachlichen Kompetenz)
- Fragen der Motivation, des „Neugierig-Machens" auf den Text (B.: historischer Anlaß, aktuelles Geschehen; Erschließung von historischen, individuellen oder kollektiven Situationen; Vorbereitung einer Exkursion, eines Projekts, eines Planspiels)
- Frage des Einbringens von motivgleichen, motivähnlichen und nach Inhalt oder Form „kontrastiv" angelegten Texten (B.: Texte aus verschiedenen Jahrhunderten, aus unterschiedlichen Sprachstufen, Sprachebenen, Sprachschichten)
- Landeskundlicher Hintergrund, geschichtliche Dimension (B.: Texte vor dem Hintergrund ihrer Genese von Werten, Normen, Lebensformen)
- Gesamtüberlegungen zum jeweils gebotenen Dreischritt der fachlich-sachlichen (germanistischen), der didaktischen Reflexionsstufe (Ziele; Achten auf Unterforderung, Überforderung, „Verfrühung" usw.), und, drittens, der methodischen Stufe (unterrichtsmethodisches Vorgehen, Unterrichtsorganisation, Lernschritte u.a.).

Phase 2: Möglichkeiten der Durchführung (Textbegegnung)
- Phasenmodell

(a) Hinführung zum Text, (b) Textbegegnung, (c) Klärung des Textes nach Inhalt, Form, Sprache, Struktur, (d) Transfer, (e) Textgestaltung/analytisch, (f) Verfassen von Texten/kreatives Schreiben

– Erwägen von (ausnahmsweisen) Vorgaben selbst-entwickelter oder übernommener Kriterien oder Kriterienkataloge (B.: Anwendung vorhandener oder erschlossener Modelle, Unterrichtsskizzen usw.)

Phase 3: Kreative Weiterführung/Einbindung des Textes

– Erstellen eines Sekundärtextes aufgrund eines vorgegebenen Primärtextes (B.: Weiterführung, Entgegnung; kreative „Antwort" auf eine z.B. ästhetische Botschaft)
– Umsetzung des Textes oder sprachlicher Teile in verbale und bzw. nonverbale interpretative Möglichkeiten (B.: Sprechen, Vortragen, in Handlung umformen – etwa bei dramatischen Texten: monologische, dialogische oder „multilogische" Bearbeitung von Texten)
– Produktion von Texten nach vorgegebenen Mustern, Reizwörtern oder Schlüsselbegriffen (B.: eigene Darstellung und Gestaltung des Motivs oder Problems, der entsprechenden oder vergleichbaren Situation)
– Vornahme textualer Veränderungen (B.: Umformen, Verschärfen, Entschärfen, Umschreiben eines Textes; Veränderung der Erzählperspektive; Illustrationen, Collagen; „Nonsens-Varianten" bei geeigneten Texten)
– Begegnungsmöglichkeiten mit dem Text, variierbar (B.: Spontanbegegnung, Begegnung mit Leitfragen; Ausgeben oder Nichtausgeben von Hinweisen; heuristische Auswertung in Frageform; entdeckendes Interpretieren, d.h. gemeinsames Erarbeiten mit Anleitungen, mit Rückmeldungen, Kontrollfragen, Hilfen)
– Entscheidung über Schwerpunkte bei der Textbearbeitung (B.: soll „im Vordergrund" stehen die Produktion des Textes, seine Distribution oder seine Rezeption, geht es sozusagen „vorwiegend" um den Autor, um den Text und seine Verbreitung, um den Leser bzw. um Aufnahme des Textes durch ihn?)
– Fragen der Leseweise(n) des Textes (B.: Varianten des interpretierenden Lesens, des Sprachrhythmus, des Satzrhythmus; Vergleiche)
– Anwendung linguistischer Verfahrensweisen (B.: Textvokabular, Äquivalenzklassen; Kodierungen und Subkodierungen in den Texten)
– Anleitungen zum Erfassen der Groß- und Kleinstrukturen von (ausgewählten) Texten (B.: Spannungsbogen im Text, rhetorische Elemente, sprachliche Figuren; Wiederholungen usw.)
– Herausarbeiten von Textelementen bzw. Textfaktoren (B.: informative, appellative Textteile)
– Verifizierung oder Falsifizierung des Inhalts (B.: Einbringen eigener Erfahrungen und Beobachtungen; Reiseerlebnisse; Begegnungen; Kenntnisse; Lektüre)
– Herstellen von Bezügen zur Überschrift; Untertitel, Widmungen, Klappentexte (B.: Texte in ihrem zeitlichen und „situativen" Kontext; Bezüge zur Theorie der Sprechakte)
– Erwägen von Möglichkeiten zur Erarbeitung/Erschließung eines Textes

durch optische Textanalyse, in Form von Diagrammen oder Flußdiagrammen (B.: Ergebnissicherung durch Tafelanschrift, sei sie vorbereitet oder entstehend).

Die Brücke zwischen dem (unvermeidlich) exemplarischen und dem – nie erreichbaren – enzyklopädischen (komplettierten, erschöpfend-gründlichen) Unterrichtsprinzip bilden am ehesten strukturierende Lernhilfen (Stocker 1979, S. 59ff.):
Man versteht darunter Übersichten, Aufstellungen, Quellen-Sammlungen, Zitate, Diagramme oder Schaubilder, Modell-Konstruktionen, die entweder vor Eintritt in ein neues Wissensgebiet (vorstrukturierende Lernhilfen), während der unterrichtlichen Behandlung (begleitend-strukturierende Lernhilfen zur Ergänzung, Vertiefung, zur stärkeren Veranschaulichung) oder nach Abschluß eines Objektbereichs eingesetzt werden, als Zusammenfassung, als Rückblick oder Ausblick (nachstrukturierende Lernhilfen).
Hier hat unser DFG-Projekt gewisse „Defizite" beim Literaturunterricht nachweisen müssen: Während in naturwissenschaftlichen Fächern, aber auch im Grammatikunterricht und in den Fremdsprachen eine Fülle von Arbeitsblättern, Lückentexten usw. „anfallen", sind Hinweise (z.B.) auf Übersichten über pragmatische Textsorten und über literarische Gattungen oder Gattungsformen (Genres), über Programmformen des Fernsehens, über Strömungen des Gegenwartstheaters etc. recht selten.
Dabei wäre es wünschenswert, etwa nach der Lektüre (oder vor dieser) von den 2–3 gelesenen dramatischen Werken von Bertolt Brecht eine Gesamtübersicht zu seinem Lebenswerk vorzustellen bzw. auszuteilen – entweder in Form einer Biographie mit den wichtigsten Lebensdaten und den zugeordneten Werken (vgl. die Kurzfassung, wie sie im Augsburger Brecht-Museum beziehbar ist) oder in der Aufgliederung von Brechts Werken nach den Schaffensfeldern, also den dramatischen, lyrischen, epischen und theoretischen Texten. Ergänzend dazu läßt sich das Vorstellen illustrierter Biographien und wichtiger Werke der Sekundärliteratur über Bertolt Brechts Leben und Werk in Buchexemplaren bzw. in Artikelform/Zeitschriften-Beiträge oder in Form von Listen mit strukturierter Sekundärliteratur (zu vertieftem Studium oder für Facharbeiten) anbieten.
Das „vollständige Abdecken" einer Epoche (z.B. des Naturalismus oder des Expressionismus in Literatur und Kunst) ist auch im Rahmen eines Leistungskurses, ja nicht einmal im Laufe eines Studiums der Germanistik möglich. Exemplarisches Vorgehen bedeu-

tet ein Springen von Insel zu Insel; die Skizzierung des Weges, der Trasse, des „roten Fadens" aber ist wenigstens ein Bindeglied zum strukturierten Überblickswissen, das wegen der Stofffülle zwangsläufig entsprechende Abstriche in Kauf nehmen muß. Solche notwendigen Eingrenzungen sind mehr als Teillösungen: es ist allerdings darauf zu achten, daß Vereinfachungen nicht zu Lasten der wissenschaftlich als verbürgt, gesichert, erkannten Ergebnisse vorzunehmen sind. (Über das Prinzip der didaktischen Reduktion bzw. der didaktischen Brechung wurde bereits an früherer Stelle referiert.) Im Anhang haben wir eine Reihe von Beispielen aus der Lehrerfortbildung zusammengestellt. Sie lassen sich mit einigen Abstrichen/Vereinfachungen auch für Kollegiaten verwenden. Die advance organizers, Diagramme und Übersichten dürften in dieser oder in modifizierter Form helfen, vor allem in Grundkursen Verständnisschwierigkeiten eindämmen oder beseitigen zu helfen. Die Beispiele tangierten in Reihenfolge (1) das biographische, psychologische und gesellschaftliche wie politische Umfeld, in dem Franz Kafka stand, (2) Forschungsbereiche im Zusammenhang mit Exilliteratur zwischen 1933 und 1945, (3) Informationen als erhoffte Lesemotivationen zu drei einschlägigen Exil-Lebensläufen, (4) ein Modell zur Vermittlung literarischer Texte, (5) Lyrik seit 1945 im Überblick, (6) ergänzend dazu Anleitungen zur Gedichtinterpretation, (7) Fragen an literarische Texte, vorzugsweise Prosa betreffend, (8) didaktische Reflexion zum Einbau eines Romans in den Unterricht im fächerübergreifenden Vorgehen, (9) Auswahlund Alternativvorschläge zur stufengerechten didaktisch-methodischen Konzeption im Dramenunterricht des Sekundarbereichs, (10) Motivationsmöglichkeiten durch Texte (über das „Ende" von Literatur am Beispiel von Wolfgang Hildesheimer), (11) mediale und textuale Bezugsquellen zur Landeskunde, (12) Medien als Mittel und als Gegenstand des Deutschunterrichts und (13) Überlegungen zu Werten und Wertsystemen als Teil der didaktischen Reflexion und Analyse.

Verständnisschwierigkeiten zu „bekämpfen" mag als eine Aktivität ex negativo erscheinen. Die Lerneffizienz zu erhöhen, wäre eine zusätzliche Variante. Dafür können advance organizers dienlich sein. Möglichkeiten sind da z.B.:

– Vorstrukturieren und Einordnen bestimmter Lehrinhalte (Lernbereiche)
– Aufzeigen der historischen Entwicklung eines ausgewählten literarischen Genres

- Erklären typischer Aufbauformen bestimmter literarischer Genres (Kurzformen, Großformen der Prosa, lyrische Formen, Theatertraditionen)
- Ausgeben von Aufstellungen zur weiterführenden Beschäftigung mit Primärquellen oder ausgewählter Sekundärliteratur
- Ausarbeiten von Programmformen des Rundfunks, des Fernsehens, der Typologie von Filmen
- Erklärungen zu Hypothesen, Theorien, Ideen, Ideologien, die einem literarischen Werk zugrunde liegen können
- Hilfen zum Erkennen verschlüsselter Texte (eventuell mit Aufzeigen der für das Verständnis als notwendig erkannten Hintergrund-Informationen)
- Ausarbeiten von Lernmotivationen und Denkanstößen für selbständig fortzuführende Überlegungen (Analyse wie Weiterführung)
- Eruieren, welche (vorhandenen) Arbeitsmittel einsetzbar, welche wünschenswerten Ergänzungen entwickelnswert und lohnend scheinen
- Ausarbeiten und Ausgeben von Plänen – eventuell von Planspielen – für längerfristige Projekte (beispielsweise zum Informations- oder zum Literaturbetrieb).

IX. Lektürewirkungen und -folgen

Die Frage nach den Lektürewirkungen und -folgen ist für die Literaturdidaktik von besonderer Brisanz. Wir greifen zurück auf eine Feststellung am Ende von Abschnitt II.7., derzufolge Schüler einen deutlichen Unterschied machen „zwischen der Bedeutung, die die Lektüre für sie selbst besitzt und derjenigen für die Gesellschaft". Hier ist im weiteren Sinn jene Spannweite angegeben, die vom Unterrichtenden nur mit Vorbehalt forciert oder vorausgesehen oder beurteilt werden kann, die von keiner Seite her „einklagbar" ist. Beispielsweise läßt sich literarisches Wissen, nicht aber z.B. literarisches Verständnis „abprüfen". Im engeren Sinn geht es um die unterschiedliche Einschätzung der Frage nach „Lebenshilfe" durch Literatur; hier dürfen die Erfahrungen in der Schule und die Einstellung der Germanistik voneinander abweichen. Mit Bezug auf das Projekt und seine Ergebnisse ist wiederum zu unterscheiden zwischen Freizeitlektüre und schulischer Lektüre.

Befunde aus unserer Fragebogen-Erhebung (vgl. dazu: II.7):

– Stärkeres Betroffensein der Schüler durch die Inhalte, Themen, Aussagen der Freizeitlektüre, die ja mehrenteils frei-gewählt, selbst-entdeckt oder fremd-empfohlen ist.
– Größeres Motiviertsein zum Selber-Schreiben aufgrund von Begegnungen mit Lesestoffen aus der Freizeitlektüre.

Daß demgegenüber die Unterrichtslektüre stärker aus instrumenteller Warte gesehen wird – was noch lange nicht eine kognitive Wertigkeit bedeutet, sondern wohl auch Prüfungskalkulation einschließt – muß hier ebenso zu denken geben wie das Zurücktreten der kreativen Herausforderung. In den Nachkriegsjahren nach 1945 dominierte eine Art „Lebenshilfe"-Didaktik; weiterhin war die „moralisierende" Auswertung noch üblich (mit den in der Zwischenzeit in Verruf geratenen berühmt-berüchtigten Fragen der Art „Was will uns der Dichter damit sagen?" und „Wie hättest Du

184

reagiert in dieser Situation?" oder gar: „Wie hätten …, wie hätten wir hier handeln müssen?").

In den 70er Jahren, u. a. im Zuge der Lesebuchdebatte, kreisen die Fragen um Texte (und Autoren), die aufgenommen werden oder ausgeschlossen bleiben sollten aus Gründen des Wertrelativismus hier und des „Ideologieverdachts" dort – oder wegen einer fehlenden „Gesellschaftsrelevanz" usw. (vgl. experimentelle, artistische Literatur). Statt dessen wurde gesucht nach Texten, die nicht nur Zitat-, sondern Belegcharakter hatten, die in „Bedarfspositionen" gerückt wurden – „hinterfragt" nach Lebenslehre und vor allem auf Gesellschaftsrelevanz.

1. Kritische Anmerkungen zur „Lebenshilfe"-Didaktik

Nun haben sich die Germanistik und ihre Didaktik schon immer etwas schwerer getan als die Schule, was die Akzeptanz des Begriffes und der Erscheinung „Lebenshilfe" angeht. Die in den 70er Jahren verstärkt einsetzende Debatte (zit. n. Stocker 1977[2], S. 361ff.) sei anhand einiger Beispiele in Erinnerung gerufen:

Schulz beruft sich auf Kayser: „Wir sollten so utilitaristisch gemeinte Wörter wie Lebenshilfe im Zusammenhang mit Dichtung vermeiden und uns hüten, derart große, ungedeckte Scheine auszugeben, die der Lehrer vor der Klasse dann in Kleingeld umwechseln soll, um seine Schüler für die Beschäftigung mit der Dichtung zu bezahlen."

Baumgärtner: „Den literarischen Unterricht auf die Vermittlung von Lebenshilfe anlegen zu wollen, hieße, einen bestimmten Aspekt einer bestimmten Art von Literatur fälschlich zu verallgemeinern, und liefe darauf hinaus, zur Hauptaufgabe des Lesens von Texten zu erklären, was gelegentlich begrüßenswertes Nebenergebnis sein kann."

„Man muß sehen, daß Literatur zwar Lebenshilfe im Sinne von Menschen- und Weltkenntnis, von sprachlicher Förderung und ethischer oder gar metaphysischer Orientierung bieten kann, daß aber all das keineswegs zu ihren unabdingbaren Kriterien gehört. Viele und höchst bedeutsame Texte sind gerade dadurch gekennzeichnet, daß sie die Welt nicht nachbilden, sondern sich in freiem Spiel über sie erheben, daß sie Wirkliches bewußt verfremden, stilisieren, ins Ideale oder Groteske umformen" (ebd.).

„Entscheidend ist, das bloß affirmative Verhalten zu überwinden und in literarischen Texten primär einen Gegenstand der Reflexion zu sehen. So wären, beispielsweise, Texte der Vergangenheit bewußt als das zu vermitteln, was sie sind, als Dokumente früherer Zeiten und überwundener Zustände, nicht als Offenbarungen ewiger Ordnungen oder gar als Maß der Gegenwart. Manche Texte müßten geradezu ‚gegen den Strich' gelesen werden, damit der falsche Anspruch, den sie erheben, und die Ideologie sichtbar wird, die sie enthalten" (ebd.).

„Die Forderungen nach rationaleren Methoden und differenzierteren Arbeitsformen, die wenige Literaturdidaktiker erheben, bleiben in der Schulpraxis weitgehend unberücksichtigt … Das Einüben und Eingewöhnen praktikabler Techniken und die Erfahrung durch eigenes Tun und Handeln sind dafür unerläßlich. Hier liegt die ‚Lebenshilfe' als positives Nebenprodukt literarischer Bildung, das nicht unterschätzt werden sollte" (ebd.).

Ähnlich Giehrl: „Dichtung kann gewiß Lebenshilfe sein, allerdings allein in einer Weise, die dem dichterischen Sein adäquat ist. Dichtung muß als Dichtung erlebt und wirksam werden. Sie kann keine Rezepte für ein bestimmtes Verhalten in der Realität liefern, sie soll auch nicht als Füllhorn kluger Lebensregeln angesehen werden und schon gar nicht als eine Seelenapotheke … Dichtung vermag aber doch dem jungen literarischen Leser in großartiger Weise zur Lebenshilfe zu werden, insofern sie ihm, kraft ihres eigentümlichen Seins, Werte erschließt und offenbar macht, die sein Leben entscheidend mitgestalten, es erhellen und ihm einen neuen, tieferen Sinn verleihen können."

Konsequent warnt Geißler: „In dieser Situation kann man vom literarischen Unterricht weder eine moralisch-weltanschauliche Verbindlichkeit und damit ‚Lebenshilfe' erwarten, noch kann er sich in unbegründeter Weitergabe eines traditionell bestimmten Bildungsgutes erschöpfen. Der literarische Unterricht steht selbst in Frage."

Elschenbroich: „Der Begriff der Lebenshilfe. Er hat im Gefolge der Erlebnispädagogik eine neue, sogar noch erhöhte Bedeutung gewonnen, im Sinne der Vorbildlichkeit dichterischen Erlebens der Welt, der Vorbildlichkeit gestalteten Lebens, gestalteter Lebenserfahrung und Lebensbewältigung. Hier zog neben vielem Positiven eine andere Gefahr herauf: die zu vordergründig lebenspraktische Auffassung der Lebenshilfe. Sie konnte bis zur Auflösung der Dichtung in ‚Lebenskunde' führen. Und dann war es letztlich doch wieder Anweisung. Um sich hiergegen abzugrenzen, ist versucht worden, einen Ausweg darin zu finden, daß der Lebenswert der Dichtung als ‚Bildungshilfe' und ‚Bildungsdienlichkeit' bestimmt wurde (Newe, Dichtung als Bildungshilfe, Wirkendes Wort 7, 1956/57, S. 40ff.). Aber da legt sich allzu leicht das Mißverständnis nahe, als handle es sich bei der Begegnung mit Dichtung in der Schule um Wissenserwerb" (ebd.).

„Sind wir einmal willens, Lebenshilfe negativ zu verstehen – und der Verdacht, daß hier im unguten Sinne schulmeisterlich mit Dichtung verfahren werden solle, reizt uns vielleicht allzusehr dazu –, dann denken wir gleich an eine moralisierende Auslegung, die ja in der Tat seit dem Zeitalter der

Aufklärung fast bis an die Schwelle unserer Tage, jedenfalls aber bis zur Befreiungstat der Kunsterziehungsbewegung das beherrschende Verfahren des Umgangs mit Dichtung in der Schule, in Besonderheit der Volksschule, gewesen ist. Dichtung scheint hier nur geschrieben zu sein, um mit ihrer Hilfe Abstraktes faßlich machen zu können, um durch sie zu belehren, um aus ihr einen Extrakt ziehen zu können in Gestalt einer allgemeingültigen Lebensregel" (ebd.).

So zeigt sich, daß der Begriff Lebenshilfe zur Bestimmung des Lebenswertes der Dichtung viel zu eng gefaßt ist. Wir werden dem Wesen der Dichtung und ihrer Wirkungsweise mit diesem Begriff nicht gerecht. Vielleicht kann das eher gelingen, wenn der Versuch unternommen wird, ihn zu erweitern zum Lebensverständnis. Dabei soll Lebensverständnis nicht an die Stelle der Lebenshilfe treten, sondern Lebenshilfe soll, aus der zweckhaft gebundenen Absichtlichkeit gelöst, mitaufgenommen sein in die umfassendere Bedeutung, die dem Lebensverständnis zukommt" (ebd.).

Dennoch ist es begrüßenswert, daß seitens der Schüler in unserem Projekt (und wie in Abschnitt II.7. ausgeführt) auch der schulischen Lektüre Wissens- und Horizonterweiterung attestiert wurde. Die Anwendung einer Likert-Skala hat u.E. dazu wertvolle Aufschlüsse erbracht (Tab. 20), wobei zu konstatieren war, daß die generelle Lesebedeutung zweiwertig, nämlich „individuell" und „gesellschaftlich" gesehen wurde oder wird. Als eine Art Synthese dazu darf die Wertorientierung betrachtet werden, die als Globalziel von Bildung und Erziehung überall Gültigkeit besitzen müßte. Gerade im Wertbereich ist kaum ernsthaft überprüfbar, ob kurz-, mittel- oder langfristige Wirkungen auftreten.
(Vgl. dazu auch: Hand-out zur Werte-Diskussion, Beispiel 8 im Anhang.)

2. Gegen die Eindimensionalität von Unterricht – für Lernziel-Reflexion als Teil der Vorbereitung

Wenn – in einem nicht als ideal-typisch zu kennzeichnenden Modell von Unterricht – die möglicherweise weitgehend „kanonisierte" Pflichtlektüre in den Lehrplänen auch noch mit den gleichen Stütz-Materialien, d.h. Quellensammlungen, Interpretationen, Unterrichtshilfen, Handreichungen versehen wird, ist eine gewisse Einheitlichkeit, aber auch Einförmigkeit des Unterrichts kaum zu vermeiden.

Eine experimentell denkbare und durchführbare Mehrdimensionalität und damit Originalität geht dabei verloren. In Grundkurs- und Leistungskurs-Materialien aufgeteilt, hat der Unterrichtende Verfügungsmöglichkeit über vorsortierte Stütztexte, Quellentexte, für erhellende, darunter auch einmal kontrastive Stellungnahmen, Kriterien, Exegesen. Laut Projektaussagen können solche an sich begrüßenswerten Bereicherungen des Unterrichts, die der Lehrer nicht erst zu suchen, zu vervielfältigen und überhaupt bereitzustellen braucht, zu einer unverbundenen Zweischienigkeit (statt Parallelität) führen; und solche „Theoriestunden", in denen die Texte vorgelesen und besprochen oder „häuslich aufgegeben" und dann inhaltlich abgefragt werden, können zwar Wissen vermehren, aber auch beeinträchtigen. Dies kann erlebnishaftes Aufnehmen zu einem regelrechten Frust führen, noch dazu, wenn es um eine Fülle solcher Texte geht, die – als poetologische Sekundärtexte – weit weniger geschätzt werden als Original- oder Primärtexte von poetisch-ästhetischer Provenienz. Unterrichtende sehen dann wohl kaum einen Anlaß, alternative Texte zu suchen und einzubringen, wenn sie vorgefertigte Quellen, von der Lehrmittelindustrie vorfabrizierte Folien und schulmäßig aufbereitete Interpretationen oder gar griffbereite Stundenbilder vorfinden. Die Schüler jedenfalls merken solch „prefabricated teaching"; sie erwarten dann gar nicht mehr, daß sich spontane Redeanlässe, problemorientierte „sprachliche Situationen", daß sich also „echte" Diskussionen entwickeln. Mit Blick auf diese Text- und Exegese-Verknüpfung für Unterrichtsplanung wie -durchführung ließe sich noch einiges verbessern.

Einer der Klage-Punkte von Schülern im Projekt bezog sich auf die fehlende Einbindung, auf nicht nachvollziehbare „stoffliche" Sprünge, auf vermißten Zusammenhang einzelner Lektüren, auf nicht mitgeteilte Lernziele, die ja auch eine Lernzielkontrolle möglich gemacht hätten. Aus einer früheren Arbeit (Stocker 1979, vergr.) greifen wir das dreistufige Modell zur Unterrichtsanalyse heraus, das immer noch aktuell sein dürfte, auch wenn man derzeit die Lernziel-„Kataloge" kürzer faßt und die Anforderungen in die Formel kleidet: „Der Schüler soll…"

Exkurs: Die drei Analysestufen

Stufe 1: Voraussetzungen einer sachlich-fachlichen Analyse literarischer Texte und Ganzschriften

a) Literaturwissenschaftliche Voraussetzungen
- Kenntnis der wichtigsten literaturwissenschaftlichen Methoden
- Kenntnis der Theorien und Ergebnisse (Einblick in den Forschungsstand) der Allgemeinen und insbesondere der Germanistischen Literaturwissenschaft
- Kenntnisse von Strukturen und Funktion der deutschen Literatur
- Kenntnis der Geschichte der deutschen Literatur in verschiedenen wesentlichen Epochen
- Fähigkeit, die literaturwissenschaftlichen Methoden (und ihre Geschichte) unter theoretisch-systematischen Aspekten zu erfassen
- Fähigkeit, literarische Texte in wissenschaftlich fundierter Weise zu analysieren
- Fähigkeit, eigene Kriterien zur Analyse und Bewertung literarischer Texte und Werke zu erstellen
- Fähigkeit, die historisch bedeutsamen Faktoren des literarischen Lebens im Kontext des kulturellen und gesellschaftlichen Lebens in die Betrachtung einzubeziehen
- Fähigkeit, die Produktions-, Distributions- und Rezeptionsbedingungen der Literatur unter historischem Aspekt zu beurteilen
- Fähigkeit, wirkungsgeschichtliche Aspekte in synchroner und diachroner Betrachtungsweise zu berücksichtigen
- Fähigkeit, wechselseitige Beeinflussungen deutscher und fremdsprachiger Literatur (in komparistische Betrachtungsweisen) einzubeziehen.

b) Sprachwissenschaftliche (linguistische) Voraussetzungen einer sachlich-fachlichen Analyse
- Kenntnis linguistischer Theorien und Methoden (und Fähigkeit zu ihrer kritischen Aneignung und Anwendung)
- Kenntnis der allgemeinen Methoden zur synchronen und diachronen Erforschung und Beschreibung von Sprachen und speziell Anwendung auf die deutsche Standardsprache (auch unter Aspekten von Idiolekt, Soziolekt und Dialekt)
- Kenntnis der wichtigsten Entwicklungen in der Geschichte der deutschen Sprache
- Fähigkeit, neben regionalen und sozialen Sprachvarianten auch Probleme der Sprachverwendung zu berücksichtigen
- Fähigkeit, auch Methoden und Ergebnisse z.B. der Psychologie und Soziologie heranzuziehen
- Fähigkeit, Texte auch älterer Sprachstufen wissenschaftlich zu analysieren

- Fähigkeit zur angemessenen Übertragung solcher Texte in die Gegenwartssprache
- Fähigkeit, eigenständige Kriterien zu ihrer Analyse und Bewertung zu erarbeiten
- Fähigkeit, historisch bedeutsame Faktoren der Gebrauchsbedingungen von Literatur zu klassifizieren und einander kompetent zuzuordnen.

Vorschalt-Diagramm zugleich als Zwischenbilanz

Phonetisch	Phonologisch	Morphologisch
– Lautbildung; Artikulation durch den Sprecher; akustisch: physikalische Meßbarkeit von Lauten – auditiv: Sprachlaute, beschrieben nach Aufnahme und Wirkung auf den Hörer bzw. Empfänger	– Sprachlaute, ihr Vorkommen – Kombinierbarkeit der Sprachlaute – Funktion der Sprachlaute im Sprachsystem Wissenschaftliche Verfahrensweise bei Textanalysen	– Gestalt, Struktur, Bauformen sprachlicher Zeichen – Funktion, Kombination (Wortbildung) – Flexions- und Formenlehre

Syntaktisch	Semantisch	Pragmatisch
– Beziehungen sprachlicher Zeichen im Satz – Satzmuster, Satzbaupläne, Satztypen, Satzlängen	– Bedeutung sprachlicher Zeichen und Zeichenfolgen – Wort-, Satz-, Textsemantik – Bedeutungswandel – linguistische, philosophische und allgemeine Wort- und Bildsemantik	– Sprachverwendung – Abhängigkeiten von Sprechsituation und Sprachbenutzung – konkrete sprachliche Äußerung als Untersuchungsgegenstand

Stufe 2: Sachfragen zur Vorbereitung einer didaktischen Analyse:

- Von welcher bildungstheoretischen Orientierung geht man aus?
- Welche Bildungsinhalte sind welchen Bildungsgehalten übergeordnet?
- Lassen sich Detailfaktoren nach Kontext und Wertigkeit ordnen?
- Sollten die Akzente bei der Auswertung (Analyse) vorwiegend auf kognitiver, emotiver oder pragmatischer Ebene liegen?
- Ist die Verknüpfung des Lerngegenstandes zum (beispielsweise curricularen) Lehrplan gegeben?
- Lassen sich, ausgehend von den relevanten Lehrplänen, Lernziele organischer und konsequenter Form bündeln?
- Welche Stellung fällt dem Gegenstand im Kontext des Faches zu?
- Welche Ziele verweisen auf fachübergreifende Zusammenhänge?

- Wie ist die Stellung des Lehrgegenstandes im größeren didaktischen Konnex zu sehen?
- Welche Bedeutung hat der ausgewählte Text für die Gegenwart und für die Zukunft des Schülers?
- Wie sind die Mikro- und Makrostrukturen, die Nah- und die Fernbezüge in einem Gesamttext oder Textabschnitt beschaffen?
- Welche Entscheidungen zum unterrichtlichen Mindestvorhaben sind anzusetzen?
- Welches Motivations-, Wissens- und Erwartungsniveau, wieviel an Erfahrung und Können darf vorausgesetzt werden?
- Läßt sich – angesichts der (stets speziellen) Unterrichtssituation und mit Blick auf die in Frage kommende Zielgruppe – ein „optimaler" Zugang zum Gegenstand „errechnen"?
- Wie eröffnet sich also der vermutlich beste Zugang zu Gestalten, Motiven, zu Erlebnis-, Appell- oder Argumentationsstrukturen eines Werkes?
- Inwieweit ist an eine retro- bzw. prospektive Dimension des Erarbeiteten gedacht?
- Läßt sich der Anspruch, die didaktische Analyse sei ein „Modell didaktischen Denkens" in der Vorgehensweise aufrecht erhalten?
- Inwiefern läßt sich die didaktische Analyse als Anregung zu wichtigen Fragestellungen verstehen (und zwar zu solchen inhaltsbezogener, formaler, sprachlich-stilistischer, problemorientierter oder gesellschaftlicher Art)?
- Wie kann man den zu bearbeitenden Text oder das zu analysierende Werk in (längerfristige) Rahmenplanung oder (mittel- oder kurzfristige) Phasenplanung einordnen?

Stufe 3: Sachfragen zur Vorbereitung einer methodischen Analyse

- Welche Mittel und Methoden stehen dem Unterrichtenden für seine pädagogischen Absichten (methodische Vor- und Aufbereitung curricular vorgegebener Inhalte) zur Verfügung?
- Welche Verfahrensweisen, Mittel, Medien des Lehrens und des Lernens sollen im speziellen Fall Berücksichtigung finden?
- An welche Artikulationsstufen (Motivation, Lösungen, Behalten, Einüben, Transferbereitschaft) ist gedacht?
- Welche Unterrichtsstufen, welche Aktionsweisen des Lehrens (mit Auswirkung auf Tempo, Verlauf, ein- oder mehrgipfliges Vorgehen, Unterrichtsdramaturgie, Gestaltung von Unterrichtssequenzen) sind vorgesehen?
- Welche Unterrichtsphasen (Initialphase, Mittelteil, Schluß) sind eingeplant?
- Welche Lehr-, Unterrichts- oder Sozialformen des Unterrichts

(Gruppen, Partner-, Einzelarbeit; Maßgaben des aufsammelnden Unterrichts) sollen – in den einzelnen Unterrichtssequenzen – berücksichtigt werden?

- Welche Unterrichtstechniken (z. B. Schildern, Erklären, Vorzeigen) kommen für bestimmte Unterrichtsphasen in Betracht?
- Ist Medieneinsatz sinnvoll, ist er zwingend, ist er möglich (Lehr- und Lernmittel; Hardware und Software)?
- Welche Unterrichtsstile (autokratisch, dominant, sozial-integrativ; Mischformen) sind den einzelnen Unterrichtsphasen zuzuordnen?
- Wie ist die Zeitplanung anzulegen?
- Welche Maßnahmen sind – darüber hinaus – geplant, die den Verlauf der Unterrichtseinheit strukturieren und steuern?
- Welche Unterrichtsvorbereitung (in vermutlich schriftlicher Form) ist angebracht oder geboten (Lehrdisposition, Lehr- oder Unterrichtsskizze, Lehrdarstellung, Detailprogramm für eine Unterrichtseinheit, Gesamtprogramm für ein Unterrichtsprojekt)?

3. Das Instrumentarium der Didaktik: Leitkonzepte und Unterrichtsstrategien

Literaturunterricht wurde vielfach schulisch als „technologisches Muster" erteilt, von aufgeweckten Schülern so nachempfunden. Die in unserem Bericht abgedruckten längeren Aufstellungen zollen der Schule Lob. Den Tagebucheintragungen und Interviewäußerungen waren auch zu entnehmen: Probleme bei mathematisch-naturwissenschaftlich ausgerichteten Schülern im Umdenken auf Literatur, Berührungsängste mit experimenteller Literatur (auch Nonsensdichtung, Werke des Absurden Theaters) Schwierigkeiten mit der Akzeptanz des Lektürekanons, verweigerte „Lebenshilfe", die als Schullektüre bei den Lehrern, bei Privatlektüre zu Hause oder im Freundeskreis gesucht wird, negative Unterrichtserfahrungen (mitbedingt u. a. durch Lehrerwechsel, durch Referendareinsätze, durch die als störend empfundene „Zerschlagung" der Klassengemeinschaft in der Kollegstufe). Es dürfte an dieser Stelle erlaubt sein, an das an sich stattliche und jedem verfügbare Repertoire an literaturpädagogischen und didaktischen Möglichkeiten zu erinnern. Wieder wird von uns versucht, Lese- und Literaturunterricht mit – wo es sinnvoll erscheint – Medieneinsatz und Medienpädagogik zu verbinden:

a) Leitkonzepte der neueren Literaturdidaktik

- Literaturdidaktik in pädagogischer Begründung
  (Selbstverwirklichung – Wertvermittlung – Kulturstrategien)
- Literaturunterricht in psychologischer Begründung
  (Lernpsychologie – Entwicklungspsychologie – prospektiver
  Aspekt)
- Einfluß der Sozialwissenschaften
  (Motivwahl – Sprach-, Kultur-, Sozialbarrieren – Kompensatorik
  – Kriterien – Begriffswelt – text- und literatursoziologische
  Aspekte)
- Kommunikationstheoretische Begründung
  (Produktion, Distribution, Rezeption – Analyseverfahren – zei-
  chentheoretische Grundlegung – Appellstrukturen auch in ästhe-
  tischen Texten – situativer Sprachgebrauch in literarischen
  Texten)
- Literaturhistorische Perspektiven
  (Kanonfragen – Ausweitung des Literaturbegriffs – Veränderun-
  gen des Textbegriffs – Diskussion um die Relevanz der „Gat-
  tungstrinität" – Anwendung von Quer- und Längsschnittverfah-
  ren – Betonung der historischen Dimension – Kern- und
  Gelenkstelleninterpretation als Vorleistungen für exemplarisches Unterrichten – Frage nach Datierungen und chronologi-
  schem Vorgehen – Jugendschrifttum und Massenliteratur –
  Progression von der literaturwissenschaftlichen zur literaturdidaktischen Wertung)
- Medienwissenschaftliche Ausrichtung
  (Veränderung des Literaturbegriffs durch die Medien – neue
  Ausdrucksformen – Einfluß verschiedener Medien auf die
  Sprachgestaltung – Auseinandersetzung mit literarischen Neu-
  formen – multimediale Ausdrucks- und Gestaltungsformen
  durch ergänzende Zeichensysteme – Entdeckung der non-verba-
  len Elemente zusätzlich zu den sprachlichen – Stellenwert der
  Wort-Bild-Kohäsionen – Bedeutung der kinästhetischen Kom-
  munikation – Sprache der Gefühle – Körpersprache; Frage der
  Umsetzung – Berücksichtigung von Zielgruppen – Lesetechni-
  ken)
- Formen und Grade der Außenlenkung
  (Außerschulische und schulfremde Einflüsse – Politisierung –
  Ideologisierung – Auswirkungen auf Textauswahl, Lesebuchdis-
  kussion – Kanonbildungen – Dichtung als „Beleg", literarische
  Texte in „Bedarfspositionen" – Affirmation und Kritik als

Grundeinstellungen – Zielsetzung von Kommunikation und Emanzipation)
– Handlungstheoretische Grundlegung
   (Auswirkungen von Linguistik und Analysemethoden zur gesprochenen Sprache – Progression vom Sprach- zum Sozialhandeln – Texte des Reagierens und des Agierens – Auswirkungen der Sprechakttheorie – Wechselbezüge zwischen Sprech- und Schreibstrategien des pragmatischen mit dem ästhetischen Bereich – Deutsch- und Literaturunterricht als „Handlungsfeld" – Fragen der Anwendung, der Umsetzung, des Transfer – Aufgeben des Nur-Rezipierens)
– Einflüsse hermeneutischer und empirischer Methoden der Bezugsdisziplinen (Einsatz des Computers – Textstatistik – Textlinguistik – Strukturalismus)
– Produktions- und Kreativitätsaspekt
   (Eigenversuche – kreatives Schreiben – Schreib-, Sprech- und Spielumsetzung – Collagen – Schüler „dichten" – Progression vom Primär- zum Sekundärtext).

b) Strategien des Literaturunterrichts

Im Zusammenhang mit den Ergebnissen dieser Publikation über „Interesse an Literatur bei Jugendlichen/Schülern des Gymnasiums" seien jene „Strategien des Literaturunterrichts" in Erinnerung gerufen, wie sie Stocker (1982: hier ergänzt durch Beispiele) vorgeschlagen hat:

1. Querschnittverfahren: Synchrone Betrachtung eines bestimmten „Zeitpunkts", beispielsweise der Aufbruchsjahre zur Literatur und Kunst um 1910, der seit Ende des 19. Jahrhunderts sich abzeichnenden „Moderne";
2. Längsschnittverfahren: Diachrone Betrachtung über einen längeren Zeitraum hinweg, z. B. Wesen und Formen des sozialen Dramas von Georg Büchner im 19. Jahrhundert bis zur Arbeiterdichtung des 20. Jahrhunderts, zu den Hauptstationen Naturalismus, Bertolt Brecht, bis zum sogenannten bayerisch-österreichischen Realismus der 70er und 80er Jahre;
3. Strukturierendes Verfahren: Hier geht es um das Aufzeigen bestimmter einzelner oder sich „entsprechender" Strömungen in Literatur, auch Kunst und, generell, Kultur; Beispiel: „Expressive" Strömungen in der deutschen Literatur, ausgehend

vom „Sturm und Drang" im 18. Jahrhundert über den „Vormärz" und die „Jungdeutsche Bewegung" im 19. und den Expressionismus in der ersten Jahrhunderthälfte bis 1933 und in seinen Rückgriffen und Auswirkungen nach 1945;

4. Multidimensionales Verfahren: Literarische Werke begegnen uns heute vielfach in visualisierter Form, d.h. als Filme, als Fernsehspiele, als gefilmtes oder verfilmtes „Theater", in der Adaption als Hörspiele, als Erst- und Neufassungen, als Remakes; Literatur und ihre Visualisierungsversuche können in Vergleichsanordnung interessante Aufschlüsse über Glanz und Elend solcher Umsetzungsversuche ergeben;

5. Didaktische Reihen: Motivgleiche, motivähnliche oder kontrastive Texte aus der „gleichen" Zeit, Strömung oder Epoche, vom selben Dichter, von unterschiedlichen Autoren, von Schreibern aus verschiedenen Jahrhunderten erschließen Motivlich-Inhaltliches wie Formales aus der Vergleichs- oder Sequenzanordnung;

6. Projektorientierung: Als Beispiele seien genannt: Partner-, Gruppen- oder „Plenums"-Aufträge in Form von Recherchen in Archiven, Bibliotheken, durch vorbereitete und ausgewertete Exkursionen, Besichtigungen, Führungen durch Ausstellungen, Museen oder aktuelle Wechselausstellungen; projektorientiertes Unterrichten bedeutet zieljustierte, längerfristige Unterrichtsplanung;

7. Lernzielorientierung: Die Vorgehensweise betrifft obligatorische Lernziele/Lerninhalte, umfaßt fakultative Lernziele, betrifft Auswahlentscheidungen im Sinne wohlverstandener Exemplarik oder kann „kategorial" bestimmt, d.h. so ausgewählt sein, daß sich die Bildungsgüter einerseits der individuellen Bildung anpassen, andererseits die objektiven Fakten und Sachverhalte entsprechend berücksichtigt sind;

8. Extensive Unterrichtsplanung: Man versteht unter dem „intensiv" Geleisteten den fast ausschließlich vom Lehrer bestimmten Unterricht; die „extensive" Unterrichtsplanung, die man auch „schülerzentriert" oder „schülerorientiert" nennen könnte, ist eine Art „Mitbestimmungsmodell" für die Schüler und die Schule: diese Einstellung hat weniger mit Kompromissen als mit gegenseitiger konstruktiver Einvernehmlichkeit zu tun;

9. Kontrastive Verfahrensweise: Texte in unterschiedlichem Arrangement, vielleicht in der Form der bereits angesprochenen „didaktischen Reihen"; der Wechsel der Methode beim unterrichtlichen Vorgehen; Impulsunterricht; konträre Stellungnah-

195

men, unterschiedliche Kritiken, Kommentare, Rezensionen, Besprechungen, Aussagen in schriftlicher oder mündlicher Form, Interviews, Statements; abweichende Äußerungen und Lehrmeinungen, unterschiedliche Rezeptionsformen sowie kontrastive Interpretationen sind geeignet, Schüler auf Wertungsprobleme aufmerksam zu machen, sie zu einer gewissen Wertungskompetenz zu führen);

10. Motivierungsaspekt: Intrinsische, d. h. innere, subjektive Motiviertheit, dann extrinsische, von außen kommende Motivation, Hinweise auf die Differenz zwischen Ausgangs- oder Ist- und Ziel- oder Soll-Lage; Gegebenheiten und Konsequenzen einer primären, z. B. interessengesteuerten und einer sekundären (z. B. prüfungs-diktierten) Motivation.

Von den hektischen Reformen der 70er Jahre und von ihren ruhigeren Verlaufskurven in den 80er Jahren war andeutungsweise die Rede; die Fachdidaktiken haben diese Entwicklung im pädagogichen Bereich maßgebend mitbestimmt. Wieweit diese Denk-, Handlungs- und Kreativitätsansätze allerdings ihren Niederschlag gefunden haben in der „Schulpraxis", bei der älteren und/oder der jüngeren Generation der Unterrichtenden: da lassen sich nur Beobachtungen, Erfahrungen (durchaus wechselnder Art) und Auswertungen etwa in der Fortbildungsarbeit, mehrenteils auch nur Vermutungen anstellen. Möglicherweise war das Jahrzehnt zwischen 1968 und 1978 innovationsfreudiger, während die darauffolgenden Jahre im Zeichen einer stärkeren Reformmüdigkeit und einer steigenden Theorieaversion stehen.

X. Möglichkeiten der Mitbestimmung und Mitgestaltung

Zu einem demokratischen und sozialen System – darunter das Schulsystem –, gehört Mitbestimmung, wobei es um Ziele und um Mittel und Wege geht, diese Ziele zu erreichen. Nun wird man im unterrichtlichen Bereich realistisch von drei Strängen ausgehen müssen, nämlich von den Vorgaben des Lehrplans, zweitens von den Einstellungen der Kompetenz und dem Engagement des Lehrers sowie drittens von Vorstellungen der Schüler. Im „Idealfall" müßte sich eine Kongruenz, eine weitgehende Deckungsgleichheit der Interessen herstellen lassen, eine symmetrische Kommunikation. Schüleraussagen (vgl. Abschnitt IV.2.) zeigen unmißverständlich, daß beim Umgang mit den Lehrplänen Verunsicherungen auftreten.

Es geht uns in diesem Abschnitt nicht um „übergeordnete" Mitbestimmungsmöglichkeiten (wie Elternbeirat, Schulforum oder Schülermitverwaltung), sondern um Mitsprachemöglichkeiten in einem Klassenverband (Jahrgangsstufe, Kurs) etwa bei der Auswahl von Lektürestoffen, da die Lehrpläne ja nur einen Teil der Ganzschriften oder Texte obligatorisch machen. Ein weiterer „Verdacht" drängt sich auf, wenn man die Schüleraussagen, Lehrpläne betreffend, prüft: Es ist eine – sicherlich unterschiedliche – Kenntnis über die Fachlehrpläne vorhanden, doch fällt kaum einmal ein Wort über die den Lehrplänen vorgeschalteten Präambeln, die ja entscheidend sind für die Prämissen des Unterrichts. Hier ergibt sich eine Einsicht, aus der der Unterrichtende lernen könnte. Wo, wie dies in den Präambeln der Fall ist, pädagogischer Freiraum erwähnt und erwünscht ist, sind Lehrpläne weniger „restriktiv", lassen sie dem Unterrichtenden Entscheidungs- und Handlungsspielraum, begünstigen dadurch allein schon Mitbestimmung, Mitberatung.

Lehrpläne können, wie die Ergebnisse zeigen (vgl. IV.2.), bekannt, teilweise bekannt oder weniger bis gar nicht bekannt sein; das Unterrichtsgeschehen wiederum mag in – erkennbar – direktem, kaum oder auch nicht erkennbarem Zusammenhang stehen. Vom „Mut" und von der Art der „Begründung" von Lehrplanauflagen ist die Rede bei den Schülerwünschen, von positiver, verhaltener oder eher ablehnender Lehrereinstellung, vom Lehrplan selbst allerdings auch, der immer wieder als Druckmittel eingesetzt wird: Endziel Abitur (zuweilen gleichbedeutend mit Abschneiden in Richtung Numerus clausus): Hier treten Gefühle der Ungeduld, der Resignation, der Passivität auf. Damit die Schüler aber nicht als prinzipielle Lehrplan-Skeptiker und Schulnörgler dastehen, haben wir für den Abschluß dieses Abschnittes eine Vorschlagsliste von Schülerwünschen erstellt, die aus den Interviewaussagen abgeleitet ist und die erhellt, daß man konkret etwas meint, wenn von Mitbestimmungsvorstellungen die Rede ist (Schwerpunkte: Organisation, Deutschunterricht allgemein, Lehrerverhalten). Mögen die in den Schüleräußerungen zutage tretenden Resignationszüge auch „pragmatisch" auslegbar sein: kreativitäts- und lernfreudehemmend wirken sie allemal.

Was ist mit „Pragmatik" gemeint? Es geht um Einstellungen wie: Der Lehrplan „stehe", was könne man da schon ändern oder unterlaufen, der Lehrer trage Mitverantwortung beim Abschneiden der Schüler am Ende von deren Schulzeit, und eine optimale Vorbereitung sei deshalb auch in seinem, des Lehrers, eigenem Interesse ... Der Idealzustand: Wir zitieren Gagné 1970[2], S. 174, weil es ja auch noch eine „Freude am Lernen" geben sollte:

„Damit sich eine solche ‚Lust zu lernen' entwickelt, muß der Schüler zunehmend davon entwöhnt werden, sich auf den Lehrer oder andere äußere Agenten zu verlassen. Das bedeutet vor allem, daß er seine eigenen ‚Maßstäbe' entwickeln muß, gegenüber denen er seine Leistungen, wie sie sich Zug um Zug im Erlernen eines Gegenstandes oder Themas entwikkeln, vergleichen kann. (...) In höheren Klassen sollte es ihm (Anm.: dem Kind) jedoch in zunehmendem Maße möglich sein, sich selbst die Anleitung zu geben und eine Vielfalt von Lernstrategien zu erwerben, die es befähigen, die gesamte Lernsituation unter Kontrolle zu nehmen. Es kann jede neue Lernaufgabe als eine Situation angehen, die mit Hilfe seiner eigenen Problemlösungs-Techniken und Strategien zu bewältigen ist."

Es geht also bei unserer Fragestellung um mehr als um ein äußerliches Proporz-Mitspracherecht u.ä.

Weiter sagt Gagné über die Aufgabe des Lehrers (ebd., S. 26):

„Den Schüler an seinem Tun, an den Fähigkeiten, die er zu erwerben im Begriff ist, zu interessieren, ist eine Aufgabe, die großes Geschick und

Überzeugungskraft von einem Menschen verlangt, für gewöhnlich von einem Lehrer, der die Erfahrung und Weisheit der Erwachsenenwelt repräsentiert. Die Bereiche des Wissens, die Richtungen weiteren Lernens und die Möglichkeiten zusätzlicher Themen und zu erforschender Felder bestimmen und darin zu beraten, sind wesentliche Tätigkeiten in der Lenkung des Lernens, die wiederum ein großes Maß an Kenntnissen und breiter Erfahrung verlangen, wie sie ein guter Lehrer besitzen mag. Schließlich ist es nötig, daß die Lernergebnisse, die Leistungen des Lernenden, von einer Instanz ‚außerhalb‘ des Schülers festgestellt werden, um Objektivität und Unvoreingenommenheit zu sichern."

Es schien uns wichtig, solche Belange wie die des Lernens und der Lehrplanumsetzung von Schüler- wie von Lehrerseite her zu betrachten. Immerhin haben die Lehrpläne ein (theoretisch denkbares) Bildungsgefälle zwischen Zentren und Flächenstaat vereinheitlicht und damit eine Bildungschancen-Gleichheit schaffen helfen; ferner sind einseitige, früher auch einmal schrullige Privathobbys, Zu- oder Abneigungen gegenüber Lerninhalten, Autoren, Epochen usw. von Lehrerseite sowie anderweitige Fehlhaltungen eingedämmt. Lehrpläne bedürfen auch einmal der Interpretation, wenn sie begrifflich zu schwierig formuliert und damit schwerverständlich sind. Der „Sprache der Lehrpläne" hat bereits Blankertz (1977[10], S. 146ff.) einen Exkurs mit Beispielen gewidmet. Aus diesen Gründen meinen wir, kam es bei unserem Projekt (Phase II) nicht auf die Zahl der Aussagen an, sondern auf deren u. U. beherzigenswerte und übertragbare Inhalte.

1. Lehrplan: Spielraum, nicht Diktat

Die Vertreter der Fachdidaktik haben sich seit der Zeit der Realisierung des curricularen Ansatzes (Lehrpläne, die nicht mehr nur Richtlinien oder gar lediglich „Stoffpläne" sind) dagegen ausgesprochen, daß Studierende wie praktizierende Lehrkräfte die Lehrpläne mit dem Apparat der „numerierten" oder gar memorierten Lernziele (und Lerninhalte) halbwegs auswendig behalten und buchstaben- wie zifferngetreu unterrichtlich umsetzen: Man sieht dies zu Recht negativ, bedeutet es doch ein schablonenartiges Vorgehen, in dem die Lernziel/Lerninhaltsbindung zu einer Engführung des Unterrichts führt, der eigentlich ein innovativer und „offener" Unterricht sein sollte, fächerübergreifend und nach Möglichkeit motivierend. Bei der Auswertung der Lesetagebücher im

Rahmen dieses Projekts zeigte sich überraschenderweise, daß eine möglicherweise nur durch einen Gang getrennte Klasse bei der „Sturm-und-Drang-Zeit" des 18. Jahrhunderts verweilte, während die „gegenüber" untergebrachte Gruppe bei einer anderen Lehrkraft sich längst in den Bereichen von literarischen Texten der 2. Jahrhunderthälfte (20. Jahrhundert) „bewegte" – und dies bei immerhin ein- und demselben Lehrplan. Ursachen können sein unterschiedliches Darbietungs- und Lerntempo, Lernzielbündelungen, Exemplarik, die auch einmal „Mut zur Lücke" bedeutet, unterschiedliche Verweildauer bei einer literarischen Ganzschrift oder eben individuelle Lehrer-Vorliebe für bestimmte Dichter, literarische Strömungen, didaktische Reihen; andernfalls kann auch vorliegen, was man Negieren des chronologischen Vorgehensprinzips nennt, oder ein simples Abweichen vom Lehrplan wurde unbewußt oder bewußt vorgenommen.

Die Projekt-Aussagen über „Lehrplan und Unterricht" lassen folgende Anregungen „weitergebenswert" erscheinen:

- Eine sachliche Diskussion über Sinn, Zweck und Notwendigkeit von Lehrplänen, die ja auch Bildungs- und Bildungschancengleichheit bewirken, würde die Skepsis vieler Schüler entschärfen; dann die zuweilen süffisanten, dann wieder als ängstlich-pedantisch geschilderten Lehrereinstellungen; die sekundären Motivationen für die Schüler (Prüfungsdruck, Examensangst, Klausur- und Abituranforderungen) hätten dann ein Ende gefunden.
- Auch über die „Nicht-Einklagbarkeit" literarischer Interpretationen wäre zu sprechen; nicht alle „Problemlösungen" in literarischen Texten unterliegen einer „Lernzielkontrolle"; Lernziele in Kombination mit ausgewählten Lerninhalten können als strukturierende Lernhilfen wirken, autodidaktisches Lernen ermuntern und didaktische (Pro-und-contra-)Diskussionen denkbar machen.
- Jene Übergangsphasen zwischen den „alten", zur Zeit gültigen und eventuellen „neuen", im Planungsstadium, in Modellversuchen und Probedurchläufen befindlichen Lehrplan-Revisionen sind „Beweise" für offene Curricula, dürfen keinesfalls zu Verunsicherungen führen oder gar zu Beeinträchtigung von Prüfungschancen.
- Auch Fragen nach einem „Literaturkanon" sollte sich der/die Unterrichtende stellen; gelegentlich kann ein Ausgreifen auf andere Länder nicht nur erhellend, sondern auch heilsam sein.

Brügelman (1975, S. 7f.) hat das offene Curriculum – „idealtypisches Gegenmodell zum geschlossenen Curriculum" – durch sechs Merkmale beschrieben: (a) Offenheit des Entwicklungsprozesses, (b) instrumentale, (c) normative Offenheit, (d) didaktische Variabilität, (e) Inhaltsoffenheit und (f) Offenheit des Lernerfolgs. So müßte die „Kunde" von anstehenden Lehrplanrevisionen jüngere und ältere Staatsbürger eher beruhigen...

Auch die Lehrerfortbildung unterscheidet zwischen innovativen Einführungsphasen und post-curricularen Zeiten. Im vorliegenden Projekt schien es uns bemerkenswert, daß die Schülerschaft so etwas wie eine „Curriculum-Euphorie" nie erreicht hat, was man (mit Common sense oder etwas Entwicklungspsychologie) durchaus verstehen kann. Zur Bedeutung der Lehrpläne führt Westphalen (1979, S. 67) an:

„Für den Pädagogen ist die Frage, was er seine Schüler lehren soll und zu welchem Zweck er dies tut, von entscheidender Bedeutung, entscheidender als alle Probleme der Schulorganisation, der Methoden, der Leistungsmessung und dgl. – Ziele und Inhalte des Lernens sind die Kernfragen des Unterrichts, damit ein Kernstück jeder Pädagogik."

Lehrpläne, so meinen wir, sind nicht nur Mittel (Lehrinhalte/ Lerninhalte nach Auswahl, Struktur, Abfolge, Leitideen usw.), sondern auch einmal (sachlicher) Unterrichts-Gegenstand.

2. Nachholbedarf an fächerübergreifendem Unterricht

Die Einrichtung von Grund- und besonders von Leistungskursen der Kollegstufe hat es mit sich gebracht, daß der Unterricht in den Einzelfächern eher fachintern ausgerichtet war. Das konnte zu einer Spezialisierung führen, die aber wiederum das Prinzip des fächerübergreifenden Vorgehens mit Blick auf eine auch noch auf Allgemeinbildung und Ganzheitlichkeit ausgerichteten Gesamtunterrichts etwas in den Hintergrund drängte. Fach- oder fächerübergreifendes Unterrichten fand begreiflicherweise die Zustimmung der Schüler.

Die Bündelung von Lernzielen bezeichnet das Verknüpfen verschiedener (zunächst zusammenpassender) Verbindungen von Lernzielen und -inhalten, und solche Kombinationen können auch zur Projektorientierung führen, also zu mittel- oder längerfristiger Unterrichtsplanung. Eine Art Zwischenstufe sind dabei Verfahrens-, Funktions- oder Prozeßziele, etwa beim aufsammelnden Unterricht (z. B.: Materialien, Interviews, Photos, Zeichnungen, Plakate etc. werden gesammelt, gesichtet, geordnet: über ein Theaterfestival, auch einmal über ein Jugendtheater-Festival). Die Konzentration – zunächst verwandter – Lernziele läßt sich bei den in der Regel mehrspaltig angeordneten Lernzielen (mit Lerninhalten und Unterrichtsverfahren angereichert und verbunden) als Querschnitt- oder als Längsschnittverfahren, also im engsten oder engeren und im weiteren Umfeld durchführen, was natürlich fachliche Kompetenz und „Überblick", aber auch Innovationsbereitschaft und Kreativität voraussetzt. Spuren solcher Lernzielbündelungen haben sich (besonders im Zusammenhang mit Dramenbehandlungen z. B. zu Georg Büchner und Bertolt Brecht) im Projekt in eindrucksvoller Ausführung nachweisen lassen.

Ein auf Interessen ausgerichtetes Projekt muß Erziehung unter dem Aspekt sehen, ob und wie Interessen – offenkundige wie neue Richtungen von Interesse – zu wecken, zu vertiefen, auszuweiten sind. Eine dieser Möglichkeiten ist oder wäre das fach- oder fächerübergreifende Vorgehen. Die Kollegstufe weist ein Angebot nachstehender Teilbereiche auf, zwischen denen fachgruppen-intern (innerhalb eines z. B. musischen Aufgabenfeldes) oder „interdisziplinär" Anknüpfungsmöglichkeiten erhellend sind. Sicherlich spielen Lehrer-Einvernehmen, Arbeitsbereitschaft der Schüler und das Wohlwollen der Schulleitung/Schulverwaltung eine große Rolle bei solchen Initiativen, die projektorientiert, längerfristig, aufwendig, aber auch einmal improvisiert sein können, sozusagen im kleineren Rahmen stattfinden. Vermutlich weil die Kollegstufen-Organisation dem entgegensteht, war im Projekt nur sporadisch die Rede von fächerübergreifenden „Erinnerungen". Theoretisch bieten sich folgende Fächerbündel an, wobei natürlich die Arbeitsbereiche vielfältig, an vertauschbaren Möglichkeiten reich sind; zur Übersicht (Grundkurse, Leistungskurse insgesamt, Pflicht-, Wahl-, Abwahlfächer incl.) ist die folgende Aufstellung unverzichtbar:

1. Sprachlich-literarisch-künstlerisches Aufgabenfeld (mit den Fächern Deutsch – Englisch – Französisch – Griechisch – Latein; Kunsterziehung – Musik)
2. Gesellschaftswissenschaftliches Aufgabenfeld (Geschichte – Erdkunde – Sozialkunde, Wirtschafts- und Rechtslehre, Religionslehre – Ethik)

3. Mathematisch-naturwissenschaftliches Aufgabenfeld (Mathematik – Biologie – Chemie – Physik; Sport).

Das Prinzip der Interessendifferenzierung, das hier vorrangig ist, wird in der Regel realisiert (a) durch Fächerwahl-Differenzierung und (b) durch eine Differenzierung per Themenwahl. Denn fachübergreifender Unterricht (z. B. Fragen der Übersetzung: Englisch/Französisch/Deutsch) kann in „Personalunion" erfolgen oder in Teams stattfinden, kann mit begrenzteren oder mit umfassenderen Themen gemäß Lehrplan oder nach Vereinbarung (und natürlich Interesse) befaßt sein.

Bei einem fächer-übergreifenden Kooperieren, ist ein (s. o.) Aufgabenfeld angesprochen, grobgerastert zu unterscheiden zwischen geistes- und zwischen naturwissenschaftlichen (Einzel-)Fächern. In den 60er Jahren, als die Studientage (in Bayern führend: Rupprecht-Gymnasium München unter O. Bohusch) verbreitet, eingeführt und beliebt waren, wurde so manche Unterrichtseinheit, Wochenendtagung, Landheimfahrt zum programmatischen und erlebnismäßigen Höhepunkt eines Schuljahres. Die Kollegstufe sollte dann freilich eine andere Struktur bringen, die verbunden war mit der Auflösung von Klassenverbänden. Dennoch wäre eine Renaissance dieser Ansätze wünschenswert. Unsere Probanden haben von Vergleichbarem nur in Einzelfällen berichtet.

3. Schulorganisatorische Maßnahmen – aus der Sicht von Kollegiaten

Es ist hier nicht beabsichtigt, Vorschläge in Richtung Schulorganisation, womöglich zur Schularchitektur, zu äußeren Differenzierungsformen etwa von Groß- oder Kleingruppen anzugehen. Erkenntnisse aus dem Projekt sind da bruchstückhaft, allenfalls mosaikartig. Aus den Äußerungen der Jugendlichen geht dagegen deutlich hervor, wie wohltuend sie kleinere Klassen, Jahrgangsstufen oder Gruppen empfanden. Als negativ hat man vermerkt, daß man im Zuge der Auflösung des „Klassenbestandes" auf lauter Gruppen mit verschiedener Zusammensetzung getroffen ist. Homogene Leistungsgruppen – theoretisch ein Vorteil – haben dabei die als „Zerschlagung" empfundene Auflösung des bis in die unteren Jahrgangsstufen-Verbandes zu Beginn die Ober- oder Kollegstufe nicht aufzuwiegen vermocht. Solche Aufteilungen sind somit nicht nur ein „Problem" der Stundenplanmacher oder neuerdings eine Aufgabe des Computers, ein Zeit- und Räumlichkeiten-, also ein Organisations-, sondern auch ein psychologisches Problem.

Ad absurdum geführt ist der Fächer-Wahl- oder -Abwahl-Mechanismus vollends dann, wenn jemand z.B. für einen Deutsch-Leistungskurs votiert hat, der dann aber doch nicht zustande gekommen ist. Nicht bei allen Schülern waren/sind diese Kurse beliebt oder gefragt, weil es sich herumgesprochen hat, daß man in Ausweich-, „Palaver"- oder Ventilfächern (die ungeniert genannt wurden) weit weniger „lesen", sich damit weit weniger engagieren muß als im lese-intensiven Fach (bzw. Leistungskurs) Deutsch. Die Zukunft und in ihr die Entscheidungen der Kulturpolitiker werden zeigen, welche Revisionsmöglichkeiten und -notwendigkeiten sich hier aus den insgesamt gemachten Erfahrungen ergeben. Da solche Organisationsfragen eine periphere Rolle im Projekt gespielt haben, möge es bei diesen Andeutungen bleiben. Für jeden Unterrichtenden wäre es allerdings wichtig, die „vor Ort" gegebenen, gewünschten oder machbaren Lernvoraussetzungen zu erkunden, zu reflektieren und optimal zu nutzen (Bibliotheksverhältnisse, Arbeits- und Gruppenräume, Medienzimmer, Fachräume usw.).

Aus Raumgründen möchten wir im folgenden unter drei Aspekten Schülervorschläge anführen, wie sie zu Rahmenbedingungen und zum Organisatorischen, zum Deutschunterricht allgemein und über das „Lehrerverhalten" mitgeteilt wurden. Von erzieherischer Sicht fielen solche Hinweise, Anregungen oder Vorwürfe nebenher ab, aufgrund von Zusatzfragen oder durch spontane Nebenbemerkungen. Wenn in diesem Abschnitt schon von Mitbestimmung und Mitgestaltung zu sprechen ist, dürfen projektgebundene Schüleräußerungen nicht außer acht bleiben (die „Stilform" ist vereinheitlicht):

Rahmenbedingungen / Organisatorisches

- Schülerzahl im Grundkurs verringern (brächte bessere Arbeitsbedingungen in jeder Beziehung, vor allem auch mit Blick auf das soziale Lernen)
- Den Grundkursen gegenüber den Leistungskursen einen höheren Stellenwert als bisher einräumen
- Keine Spätnachmittagsstunden abhalten (Gefahr aufkommender Müdigkeit, „Übergang zu Desinteresse")
- Der mündlichen Note mehr Gewicht geben (Mitarbeit ließe sich dadurch mit Bestimmtheit steigern)

– Klausuren mehr über das Semester verteilen („Klausur-Streßphasen" nach Möglichkeit vermeiden)
– Dem Fach Deutsch am mathematisch-naturwissenschaftlichen Gymnasium mehr Anerkennung bzw. Bedeutung zugestehen (Einstellung zum Fach ist zu verändern)
– Eventuell im Deutsch-Grundkurs nahezu den Klassenverband der 11. Jahrgangsstufe erhalten; zumindest keine erneute Einteilung nach der 12. Jahrgangsstufe vornehmen; die zunehmende Anonymität verhindern (ein gewisses Maß, ein Vertrauensverhältnis, ist wichtig für Diskussion wie für Gedankenaustausch)
– Eventuell Einteilung der Kurse nach Schülern, die im Fach Deutsch mit dem Abitur abschließen (Abitur-Prüfungsfach) und solchen, die in Deutsch keine Abiturprüfung ablegen (die unterschiedlichen Interessenlagen der Schüler würden veränderte Schwerpunktsetzungen im Unterricht ermöglichen)
– Von den Schulleitungen aus sollte man mehr Exkursionen, Theaterbesuche, Autorenlesungen u. ä. anregen, diese unbürokratisch genehmigen, sich nicht hinter der Schulordnung allein verschanzen
– Eventuell von der Schulleitung aus die Lehrkräfte ausdrücklich darauf hinweisen, daß projektorientierter Unterricht erwünscht ist und nicht nur auf dem Papier stehen sollte
– Mehr Zusammenarbeit zwischen den Lehrkräften fördern und fächerübergreifenden Unterricht anregen
– Die Schülerbücherei (gerade als zentrale Bücherei) gut ausstatten, dabei Schülervorschläge einholen.

Zum Deutschunterricht allgemein

– Unterricht sollte ablaufen mit einem klaren Konzept, gut vorbereitet sein, dabei jedoch flexibel bleiben
– Straffer Ablauf des Unterrichts mit der nötigen Lockerheit und Elastizität
– Methodenwechsel im Unterricht: abwechslungsreichen Unterricht halten, Unterricht auflockern (Vortrag, Diskussion, Medieneinsatz, Gruppenarbeit, Referate, Unterrichtsgespräch, Exkursionen usw.)
– Anschaulichen Unterricht halten, Theorie durch Beispiele illustrieren oder an Beispielen aufzeigen; Theorie nicht isoliert behandeln
– Unterricht inhaltlich klar strukturieren
– Die Ergebnisse aus der Unterrichtsarbeit klar und verständlich herausstellen
– Die Schüler durchaus fordern, intensiv mit ihnen arbeiten, etwas Anspruchvolles planen und durchführen
– Den Schülern Information und Wissen, bei Dichtung Hintergrundwissen anbieten
– Freiraum für die Anwendung des Erarbeiteten geben (z.B. in Gruppenarbeit oder Partnerarbeit)

- Die Schüler in den Unterricht mit einbeziehen, zur Beteiligung anregen; Mitarbeit und Eigentätigkeit gezielt fördern, Schülerinitiativen in den Unterricht einbauen
- Mehr Gruppenarbeit, dabei sinnvolle und klar abgegrenzte Aufgabenstellung, die möglichst alle fordert und zur Eigentätigkeit motiviert; diese Aufteilung gut organisieren, die Ergebnisse für alle verwertbar im Rahmen einer Diskussion vortragen lassen
- Diskussionen allgemein zulassen und fördern, sie aber nicht so lehrerzentriert durchführen
- Aktuelle Diskussionsanlässe aufgreifen und einbeziehen, Freiraum für Schülerbedürfnisse gewähren, lebendigen Unterricht gestalten
- Referate von Schülern einplanen und durchführen lassen
- Gründlich auf Klausuren und Abitur vorbereiten, dies aber nicht zu sehr oder „drohend" in den Vordergrund rücken
- Auch schriftlichen Sprachgebrauch üben, nicht alles mündlich bestreiten, dabei dann nur die Klausuren schreiben lassen
- Medieneinsatz sinnvoll dosieren, ihn nicht zu häufig vornehmen
- Nicht den Lehrer-Schüler-Gegensatz betonen, sondern ein Miteinander anstreben.

Über das Lehrerverhalten

- Auf die Resonanz der Schüler achten, die erstens „erfahren" und zweitens reflektiert werden sollte
- Eingehen auf (aktuelle) Bedürfnisse und Interessen der Schüler bei einer gewissen Freizügigkeit und Flexibilität des/der Unterrichtenden
- Eigeninitiative der Schüler anregen; Schüler mit einbeziehen in das Unterrichtsgeschehen und die Unterrichtsgestaltung
- Auf Schülermeinungen eingehen, diese ernst nehmen
- Bei Diskussionen als Lehrer/Lehrerin eher im Hintergrund bleiben; nicht dominieren, aber durchaus die eigene Meinung einbringen, „so vorhanden"..
- Echte Beteiligung der Schüler bei der Lektüreauswahl zulassen, keine „Scheinbeteiligung" mit abgewimmelten Antworten
- Flexibler und kreativer Umgang mit dem Lehrplan: Freiheiten nutzen, d.h. das, was als „pädagogischer Freiraum" bekannt ist
- Nicht immer mit dem Abitur „drohen" oder damit „zwangs-motivieren" wollen
- Inhalte nicht nur immer wieder mit „Lehrplan" oder „Prüfung" oder „Klausur" begründen, sondern z.B.: Allgemeinbildung und Interesse in den Vordergrund stellen, zum freiwilligen Arbeiten „verleiten"
- Keinen „künstlichen" Notendruck und -streß erzeugen (Noten, Punkte)
- Nicht zu stark am Konzept hängen, flexibel sein (gerade in einem Kernfach wie Deutsch); das Konzept „auch 'mal" fahren lassen, ein variables Unterrichtskonzept vorziehen

- Kompetenz und Fachautorität sollen, müßten da sein; deshalb trotzdem keine unbegründeten Dominanzversuche durchdrücken wollen
- Bei Stoffgebieten, in denen man sich nicht so sicher fühlt, nicht „kneifen", sondern dies durchaus zugeben und dafür vielleicht die Schüler verstärkt fordern und heranziehen
- Ein persönlicheres Verhältnis zwischen Lehrer und Schüler fördern, keine belastende Distanz aufbauen
- Mehr Engagement entwickeln bei der Organisation, Planung, Durchführung und Auswertung von Theaterbesuchen, Exkursionen usw.

XI. Schlußfolgerungen: Elemente einer literaturdidaktischen Theorie

Aus den mitgeteilten Befunden zum Leseverhalten und zum Literaturunterricht und aus den anschließenden literaturdidaktischen Ausführungen wollen wir in diesem letzten Kapitel einige prinzipielle schulpädagogische Konsequenzen ziehen. Ehe das geschieht, ist es vielleicht sinnvoll, den Untersuchungszusammenhang mit seinen verschiedenen Teilzielen knapp zu rekapitulieren.

Zunächst ging es darum, das Leseverhalten unserer Probanden in der 10. bis 12. Jahrgangsstufe zu beschreiben. In einer Überblicksstudie und in längsschnittlich angelegten Einzelfallanalysen erhoben wir bevorzugte Titel der Freizeit- und Unterrichtslektüre, die Leseintensität und unterschiedliche Formen der Lektürewahl, Erwartungen, Schwierigkeiten und Folgen im Zusammenhang mit der Lektüre. Einen Schwerpunkt bildeten dabei die Einstellungen unserer Probanden zum Literaturunterricht, einen anderen die interessentheoretisch bedeutsamen Erfahrungen von zunehmendem Wissen und Verstehen, emotionalem Erleben und bewertendem Stellungnehmen.

Diesem deskriptiven Teil folgten literaturdidaktische Überlegungen. Sie akzentuieren einesteils anerkennende und kritische Schüleräußerungen über ihren Unterricht, andernteils behandeln sie weiterführende Konsequenzen aus den interessentheoretischen Befunden. Kurz gesagt bemühen sich die literaturdidaktischen Ausführungen in den Kapiteln V bis X um Aspekte bzw. um Möglichkeiten der Interessenförderung im Literaturunterricht. Zur Sprache kommen dabei literaturtheoretische und unterrichtsmethodische Tatbestände und Verfahrensweisen, die nicht alle neu, aber im interessentheoretischen Zusammenhang dringlicher zu begründen sind oder überhaupt in einer bisher kaum beachteten Perspektive erscheinen. Es werden aber auch bisher nicht im literaturdidaktischen Repertoire befindliche Vorgehensweisen und Methodenansätze aufgegriffen. Daß ihre Verwirklichung zum Teil erhebliche unterrichtsorganisatorische Veränderungen und planerische Flexibilität voraussetzen, spricht nicht gegen sie. Man kann sagen, der für die Unterrichtspraxis dienliche Gewinn unserer Studie liege in der teilweisen Neubewertung des didaktischen und unterrichtsmethodischen Arsenals, aber auch im Aufweis bisher wenig praktizierter Formen des Literaturunterrichts.

Daß solche didaktische Konsequenzen nicht systematisch herausgearbeitet werden können, ist offensichtlich: eine solche Systematik könnte nur aus einem zweipoligen Ansatz in der Theorie des Gegenstandes und in der Theorie des Schulunterrichts entwickelt werden. Dabei bedürfte zumindest der unterrichtstheoretische Zweig umfangreicher und differenzierter empirischer Fundierung. Davon ist nicht nur die Literaturdidaktik noch weit entfernt. Eine Alternative zum Status quo, der das Fehlen hinreichender theoretischer Grundlagen beklagt und sogleich zum üblichen Unterrichtsbetrieb „aus der Praxis für die Praxis" übergeht, ist der hier vorgestellte deskriptiv-pragmatische Ansatz. Er löst keine Elementarprobleme, kann aber dazu beitragen. Zumindest verbreitern die Befunde die Erfahrungsbasis, auf die sich Lehrerhandeln stützen kann und machen es damit sicherer. Sie implizieren ferner eine Zielstellung (nämlich Literaturinteresse), die genauer mit den didaktisch-methodischen Maßnahmen verknüpft ist, als dies bei den üblichen Globalzielen wie „literarische Bildung" oder „ästhetische Kompetenz" der Fall ist.

Wenn auch die literaturdidaktischen Folgerungen keine präskriptiv-technologische Theorie des Literaturunterrichts abgeben, so können sie doch als Elemente dafür dienen. Um dies zu verdeutlichen, formulieren wir grundsätzlicher: wir versuchen, aus unseren Ergebnissen Prinzipien literaturdidaktischen Handelns herzuleiten. Vorausgesetzt ist dabei, was ja auch die gesamte Untersuchung unterstellt, daß der Literaturunterricht auf Interesse zielt. Er verfolgt auch andere Zwecke, aber nur um diesen einen geht es uns. Der Übersicht halber ordnen wir die Handlungsprinzipien, deren Befolgung Literaturinteresse ermöglichen soll, in drei Gruppen; sie betreffen den Abbau der Behinderung bestehender Interessen, Anregungsbedingungen und interessenfördernde Arbeitsformen. Die Trennung dieser drei Handlungsbereiche und damit die Zuordnung einzelner Prinzipien ist nicht eindeutig; schulische Lehr-Lern-Prozesse sind komplex, und ein- und dieselbe Maßnahme kann verschiedene Folgen haben. Auf solche Eindeutigkeit kommt es hier aber auch nicht an, wohl aber auf die in den Prinzipien formulierten Absichten.

1. Zum Abbau der Behinderung bestehender Interessen

Die Befunde haben gezeigt, daß sich Personen unterschiedlich oft und verschieden lang mit ihren Interessengegenständen beschäftigen. Nicht nur zwischen Personen, auch innerhalb ein- und derselben Person sind die Zeitmaße variabel. Bei Zeitmangel kollidieren Interesse und Pflicht (falls nicht zufällig beide sich decken, wovon man aber in der Schule nicht einfach ausgehen sollte). Ein Grund neben anderen für das in der Freizeit stärker verwirklichte Literaturinteresse liegt wohl in der Beliebigkeit der Zeitwahl.

Das Kommando des Stundenplans kann Interesse zum Erliegen bringen, wenngleich sich immer Schüler finden, deren Literaturbegeisterung auch durch aufgezwungene Zeittakte nicht auszutreiben ist.

In diesem Zusammenhang liegt der Einwand nahe, allen müsse schon aus Gründen der Gerechtigkeit zur selben Zeit das Gleiche gelehrt werden, weil andernfalls ein einheitlicher Lernfortschritt und in seiner Folge vergleichbare Leistungskontrolle und Notengebung nicht möglich sei. Abgesehen davon, daß dies schon zwischen den Parallelklassen einer Jahrgangsstufe an ein- und derselben Schule nicht der Fall ist, besagt der Einwand aber zunächst nur, daß die übliche Art der Zensurgebung einer Interessenentwicklung nicht förderlich ist.

Aus Prinzip muß sich daher der Literaturunterricht darum bemühen, subjektiv unterschiedliche Zeitmaße der Beschäftigung mit dem Gegenstand zu ermöglichen. Teilweise geschieht das einfach dadurch, daß häusliche Lektüre unumgänglich ist; dabei kann sich jeder die Zeit einteilen, wie er will. Für die Schule sind aber auch zeitflexible Unterrichtsformen möglich: arbeitsteilige Verfahren für einzelne und Gruppen (Hausser 1980, 1981), damit verbunden differenzierte Betrachtungsschwerpunkte oder Lektürewahl und unterschiedliche Leseintensität von Fall zu Fall. Das führt natürlich dazu, daß nicht alle Schüler dasselbe lernen. Das muß jedoch nicht bedeuten, daß die einen weniger lernen als die anderen. Die Beurteilung orientiert sich entsprechend an solchen thematisch verschiedenen, im Anspruch aber vergleichbaren Lernaufgaben. Die zeitliche und inhaltliche Differenzierung des Unterrichts ist für jüngere Schüler, insbesondere der Grund- und Hauptschule, noch wichtiger als für jugendliche Gymnasiasten und Realschüler; sie sind nämlich stärker auf schulische Anleitung angewiesen und verfügen noch nicht so selbständig über die außerschulische Freizeit.

Verständnisschwierigkeiten treten bei verschiedenen Schülern in mehreren Formen in Erscheinung, wenngleich sie offenbar kein Hauptproblem darstellen. Sie häufen sich begreiflicherweise bei gehobenen Textarten. Mädchen erwähnen sie öfter als Jungen; wahrscheinlich sind sie in dieser Hinsicht sorgfältiger und genauer. Erscheinen die Schwierigkeiten unüberwindlich oder die zu ihrer Lösung nötigen Anstrengungen als zu groß, kommt es zu Lektüreabbrüchen. In deren Folge können längere Lesepausen auftreten.

Aus Prinzip sollte die Schule versuchen, Verständnisschwierigkeiten soweit möglich im Vorfeld zu bereinigen. Da die Lehrer die Texte der Unterrichtslektüre kennen und ungefähr auch einschätzen können, wo sie ihren Schülern Schwierigkeiten bereiten, ist das in gewissem Ausmaß möglich. Aber nicht für alle Fälle und schon gar nicht für die Freizeitlektüre! Über die Vorbereitung in mündlicher oder schriftlicher Form hinaus sind weitere Maßnahmen nützlich: die Einbeziehung der Freizeitlektüre fallweise oder periodisch in die Unterrichts- (bzw. Gruppen-)Diskussion; die Anleitung zum Gebrauch von Nachschlagewerken und Textinterpretationen, die natürlich auch verfügbar sein müssen; die Vermittlung von sinnerschließenden und zusammenhangstiftenden Denkformen und Vorgehensweisen. Schließlich stoßen auch Erwachsene und gebildete Leser auf Verständnisschwierigkeiten – also auch Lehrerinnen und Lehrer – und müßten ihren Schülern eigentlich Hinweise geben können, wie sie selbst in solchen Fällen verfahren. Verständnisschwierigkeiten einzelner, in der Lerngruppe thematisiert, fordern nicht selten zu vertiefter Auseinandersetzung heraus.

Die Erfahrung besagt und Schüleräußerungen belegen die Tatsache, daß Lehrpersonen die Beschäftigung mit literarischen Texten dadurch anzuregen und zu intensivieren versuchen, daß sie auf bevorstehende Prüfungen, Zeugnisse, in unserem Fall auch auf das Abitur hinweisen. Sie instrumentalisieren damit die Lektüre, wenigstens die schulische, als Mittel zum Zweck. Nicht, daß ein bestimmter Text aufgenommen und geistig verarbeitet wird, erscheint dann als wichtig, sondern die Note, die man für das erworbene und wiedergegebene Wissen bekommt. Das ist aber vielleicht noch das geringere Übel verglichen mit den Folgen, die solche Drohung mit dem Mißerfolg auch haben kann. Leistungsangst gefährdet den Lernerfolg. Und daß jemand sich für etwas interessiert, das ihm Mißerfolge in Aussicht stellt, ist vollends ein Unding.

Aus Prinzip wird deshalb ein auf Interessenförderung bedachter Unterricht externe Leistungskontrollen vermeiden, wenigstens in ihrer penetrant öffentlichen Form. Da in der Schule Prüfungen und Noten als unvermeidbar gelten, ist dieser Grundsatz modifiziert anzuwenden. Er trifft ohne jede Einschränkung zu für aufdringliche Instrumentalisierungen des Literaturunterrichts, besonders in der Form der Drohung, aber auch für das lästige „Hinter-einem-her-Sein", und sei es nur durch ständige Anerkennung und in bester Absicht. (Ein Verhalten übrigens, das man bei erziehungsbeflissenen modernen Eltern nicht selten beobachtet.) Der literarische Text bestimmt Inhalt und Art der Auseinandersetzung, das zu erwerbende Wissen dient seinem Verständnis, im Verstehen gedeihen Freude am Text und am eigenen zunehmenden Können; da braucht der Lehrer nicht ständig mit dem Zuckerbonbon zu locken oder mit schlechten Zensuren zu drohen (Deci u. a. 1985). Geht es aber im Literaturunterricht hauptsächlich um den Erwerb abfragbaren Wissens, das bis zur Stunde Null gespeichert und dann wiedergegeben (und alsbald vergessen) wird, dann ist egal, was man liest, wenn man nur zur rechten Zeit das Erwünschte darüber sagen kann.

Der Verzicht auf ständige Zensurengeberei bedeutet nicht, daß Lernleistungen nicht überprüft und Mängel nicht festgestellt werden sollten. Für jeden Lernenden ist es wichtig, über Fehler und Fortschritte informiert zu sein. Wenn Lerngewinne und Kompetenzerweiterung und die mit ihnen verbundenen Gefühlserlebnisse ausbleiben, kommt das intern gesteuerte Lernen zum Erliegen. Die nicht zensierende Rückmeldung über Lernfortschritte verzichtet auf die Anwendung sozialer Bezugsnormen und fördert so Interesse. Im Literaturunterricht ist es ohnehin schwierig, die Schüler immer wieder in Rangfolgen nach identischen Leistungskriterien zu ordnen. Statt dessen bieten sich individuelle Bezugsnormen und dem Gegenstand (Text) gemäßes Verstehen und Können als Kriterien des Lernfortschrittes an.

2. Anregungsbedingungen

Mit diesem Punkt ist das viel umfangreichere Problem der Entwicklung von Interessen angesprochen, zu der die Schule beitragen kann. Es ist allerdings nicht so, daß bestehende Interessen in jedem

Fall der Schule als Verdienst anzurechnen wären und fehlende als Beweis ihres Versagens zu gelten hätten. Vielerlei Einflüsse wirken zusammen: von früher Kindheit an das Elternhaus, die weitere Lebensumwelt, Begegnungen, Erfahrungen, absichtliche Einflußnahmen und Zufälle bis ins hohe Alter. Und eben auch die Schule. Sie ist wichtig, weil sie sorgfältig ausgewertete Gegenstände anbietet und dies in systematischer Ordnung und methodisch überlegt tut.

Eine erste Überlegung betrifft in der Hauptsache gar nicht die Schule, sondern eher das Elternhaus. Sie besagt, daß ein Gegenstand, für den sich jemand interessieren soll, verfügbar und frei zugänglich sein muß; denn die Sache selbst ist die elementarste Anregungsbedingung. Außerdem sind viele Interessen auf Referenzobjekte angewiesen, im Umgang mit denen sie sich erst entwickeln können. In einem Haus ohne Bücher kann sich ein Kind nicht für Bücher interessieren, wenigstens so lange es nicht zur Schule geht. Und wer nie gelernt hat, Vorgängen in der Natur aufzumerken, wird auch nicht mehr über sie erfahren wollen, als das, was er in dumpfer Alltäglichkeit ohnehin bemerkt. Ähnliches gilt für alle möglichen Gegenstände und bedarf keiner weiteren Erläuterung. Denkt man nicht nur an die gymnasiale Oberstufe und den sozialen Hintergrund ihrer Schülerinnen und Schüler, dann wird die Stellvertreterfunktion der Schule auch in dieser Hinsicht deutlich. Sie muß Anregungsbedingungen ersetzen, die in außerschulischen Lebensbereichen fehlen.

Aus Prinzip trägt die Schule Verantwortung dafür, daß die Gegenstände wünschbarer Interessen zugänglich sind. Das ist für das Literaturinteresse von Gymnasiasten kein Problem; Bücher werden gekauft, Bibliotheken stehen zur Verfügung. Wohl aber fehlen Kindern aus literaturfernen und kulturell weniger aufgeschlossenen Familien (und Regionen) elementare Anregungsbedingungen. Deshalb sind Schülerbibliotheken unerläßlich, auch Räume, in denen man nach Belieben ungestört lesen kann. Das Schullesebuch, oft die erste und leider auch einzige Literaturquelle, ist hoch einzuschätzen und kann nicht sorgfältig genug konzipiert sein. Lektüreberichte, Beratung, Möglichkeiten des Büchertausches innerhalb einer Schulklasse eröffnen auch unter (in dieser Hinsicht) ärmlichen Bedingungen einen möglichen Zugang zur Lektüre.

Bezieht man an dieser Stelle ausnahmsweise andere Interessengebiete in die Überlegungen mit ein, in denen Instrumente, Werkzeuge, Geräte gebraucht werden, dann zeigt sich der pädagogische Handlungsbedarf schon deutlicher. Der Gedanke an die Ganztagsschule bietet sich an. Wenn es dort in den unterrichtsfreien Zeiten nicht bloß um Hausaufgabenbetreuung geht, sondern auch um das Angebot von ansonsten schwer zugänglichen Gegenstandsbereichen (Computer z. B. oder physikalisch-chemisches Experimentiergerät), kann die Schule sozial und regional erzeugte Defizite mildern helfen.

Zu einem großen Prozentsatz verdanken die Jugendlichen den Altersgenossen ihre Lektüreanregungen. Der Deutschunterricht hat daran einen noch geringeren Anteil als das Elternhaus. Diese Abkehr von den Autoritäten ist in dem altersspezifischen Bedürfnis nach Selbständigkeit und persönlicher Entscheidung begründet. In Bibliotheken und Buchhandlungen herumstöbern kann man nur, wo es sie gibt, und auch Theaterbesuche und Kinogänge sind Kindern und Jugendlichen in sehr unterschiedlichem Maße zugänglich. Inwieweit das Fernsehen Lektüreanregungen transportiert, durch direkte Hinweise oder durch Literaturverfilmungen, sei dahingestellt.

Aus Prinzip muß die Schule alle denkbaren Anregungsbedingungen nutzen, auch wenn ihr wichtigstes Mittel der literarische Text selbst ist und bleibt. Seine Anregungswirkungen sind zwar nicht immer hoch einzuschätzen, aber die Möglichkeiten der Schule, Lehr-Lern-Prozesse in Gang zu bringen und zu gestalten, dürfen nicht unterschätzt werden. Das gilt vor allem dann, wenn es um die Erschließung solcher Bereiche geht, auf die die Jugendlichen von sich aus nicht aufmerksam werden. Die einflußreichste Anregungsquelle, die Lektüreerfahrung der Altersgenossen, kommt im offiziellen Schulbetrieb zu wenig zur Geltung. Regelmäßig oder von Fall zu Fall gegebene Berichte über besondere Leseerfahrungen vor der Klasse oder in der Kleingruppe würden den Lehrplan nicht gleich in Unordnung bringen, schon deshalb nicht, weil auch in der Freizeit Literatur gelesen wird, die sich in die didaktischen Absichten einfügt. Ein solches Vorgehen könnte überdies die beiden getrennten Lesesphären, Privatlektüre nach Neigung und Schullektüre aus Pflicht, einander näherbringen, und wohl auch die Notwendigkeit ergänzender Schullektüre plausibel machen. In dieser Hinsicht ist das Gymnasium, besonders seine Oberstufe, in einer privilegierten Situation. Im Idealfall kann ein Prozeß wechselseitiger Anregung zustandekommen, in den der Unterricht steuernd, ergänzend, vertiefend eingreift. Andere Schülerpopulationen bleiben viel stärker, wenn nicht ausschließlich, auf Lehrer und Schullektüre als mögliche Anreger verwiesen. Damit bleibt auch die Distanz größer, die sie zu überwinden haben.

Die Entwicklung von Interessen im individuellen Lebenslauf wird in den allermeisten Fällen durch Personen angestoßen und angeleitet, die für den einzelnen besondere Bedeutung besitzen: Eltern, nahe Verwandte, Freunde. Aber auch Lehrerinnen und Lehrer tauchen immer wieder in Beschreibungen von Interessengenesen als Vorbilder auf, zuweilen an hervorragender Stelle. Nun kann man sich nicht per Beschluß zum Vorbild erklären und andere dazu überreden, das auch so zu sehen. Ob also Lehrpersonen als interessenanregende Vorbilder wirken, ist ihrer Willkür entzogen; oft genug wissen sie nicht einmal davon, weder im positiven noch im negativen Sinn. Das heißt aber nicht, sie könnten nicht um ihre mögliche Vorbildwirkung wissen und sich um vorbildliches Verhalten bemühen.

Aus Prinzip kann man davon ausgehen, daß ein Lehrer besonders dann interessenanregend wirkt, wenn er selbst interessiert ist. Wer hingegen mit einer Sache gleichgültig oder gar widerwillig umgeht, kann nicht erwarten, daß er dadurch andere vom besonderen Wert und von den lebensbereichernden Eigenschaften des Gegenstandes überzeugt. Fachlehrer, also auch Deutschlehrer, sind in dieser Hinsicht in einer günstigen Position, denn sie werden ihre Fächer wohl auch aus Neigung studiert haben und nicht ihrem Widerwillen zum Trotz. Wenn auch die Schulroutine die Beziehung zum Fach etwas abkühlen mag, so sind doch die Fächer so reich an geistiger Anregung und ermöglichen immer neue Erfahrungen, daß es Lehrern gelingen könnte, grundsätzliches Interesse an ihrem Fach zu bewahren. Und das sollen sie ihren Schülern zeigen, wie auch ihre Freude, Begeisterung, ihre Zweifel und Unsicherheiten. Im Grund ist die Vorbildwirkung des Lehrers das einfachste didaktische Prinzip. Dafür ist keine Vorbereitung, kein methodisches Kopfzerbrechen nötig, nur der ungekünstelte Vollzug einer Haltung: dem Lehrer ist der Text nicht gleichgültig, er verbirgt seine Teilnahme nicht. Wenn das gelingt, ist für die Anregung von Interesse viel getan.

Nicht nur die Sache selbst und von ihr angerührte Personen wirken als Anreger, auch Medien versuchen, literarische Werke näherzubringen. Von Literaturverfilmungen in Kino und Fernsehen war schon die Rede. Das Theater ist selbst (dramatische) Literatur. Schulfunk, Dichterlesungen, Besprechungen in Tageszeitungen und von Lehrern vorbereitete Arbeitshilfen: sie alle können anregend wirken. Wie unsere Befunde zeigen, geschieht in dieser Hinsicht einiges, zuweilen zuviel des Guten, und manche als Anregung gedachte Unternehmung und manches vorsorglich verteilte Arbeitspapier bewirkt das Gegenteil. Da der Einsatz oft auch und zuweilen notgedrungen opportunistisch erfolgt, verfehlt er die Absicht und gerät zu mehr oder weniger unverbindlicher oder gar langweiliger Unterhaltung.

Im Prinzip sind von den verschiedensten Medien Anregungswirkungen zu erwarten. Aber es wäre falsch, zu denken: je mehr, desto besser. Wichtig ist ihr planvoller Einsatz (außerdem dienen Medien ja nicht nur der Anregung). Der Lebensalltag der Schüler wird von vielerlei Medienangeboten überschüttet, nicht nur von anregenden. Auch deshalb ist ihr wählerischer Einsatz pädagogisch geboten, bevorzugt solcher Angebote, die nicht alltäglich sind. Ihnen wird auch eher die Aufmerksamkeit zuteil, die sie aus der Masse flüchtiger Anreize heraushebt. Und das ist Voraussetzung, wenn Anregungswirkungen ausgehen sollen. Mit dem Unterhaltungs- und Amüsierbetrieb von Fernsehen, Kino und Boulevardsensationen kann die Schule ohnehin nicht konkurrieren. Wählen zu lehren, ist eine Aufgabe der Medienerziehung, die stets mit beispielgebendem Mediengebrauch verbunden ist.

3. Aktiver Unterricht und intentionales Lernen

In den vorausgegangenen beiden Abschnitten war immer schon vom Unterricht die Rede, insofern kommt in diesem dritten kein neuer Gesichtspunkt zur Sprache. Aber wir verengen jetzt das Blickfeld auf Unterrichtsformen, die die produktive Mitarbeit der Schüler begünstigen. Dies geschieht deshalb, weil bei aktiver Unterrichtsbeteiligung Interessenentwicklung eher zu erwarten ist als bei aufgenötigter und widerwillig geleisteter Mitarbeit. Man kennt die faden Schulstunden, in denen ein von der Lehrperson mühselig in Gang gehaltenes Unterrichtsgespräch hauptsächlich Langeweile erzeugt und alle froh sind, wenn endlich die Schulglocke läutet. Vielleicht sind solche Flauten unvermeidlich, aber wir können sicher sein, daß sie pädagogisch nutzlos sind und bestenfalls keinen Schaden anrichten. Die Möglichkeiten, die Schülerinnen und Schüler als Mithandelnde in den Unterrichtsprozeß einzubeziehen, sind nicht so gering, wie sie praktiziert werden. Da fehlt es zuweilen wohl auch an didaktisch-methodischer Phantasie und Risikobereitschaft auf seiten der Lehrer.

Über Kenntnis des Lehrplans und Mitwirkung bei der Lektürewahl oder über Beteiligung an der konkreten Unterrichtsgestaltung berichten unsere Probanden unterschiedlich häufig. Ihre Einschätzung von dergleichen Angeboten und Aufforderungen ist nicht nur positiv. „Der Lehrer wird schon wissen, wie der Unterricht zu machen ist, und was man für das Abitur braucht." Auf die fatalen Folgen der Instrumentalisierung des Literaturunterrichts (und natürlich auch anderer Fächer) haben wir bereits hingewiesen. Sie beschädigt auch die Bereitschaft zur Mitwirkung am Unterricht. Die ablehnende Haltung eines Teils der Schüler kann auch darauf beruhen, daß sie sich keine Verantwortung aufladen lassen wollen, wenn hinterher der Unterricht mißlingt, die Texte langweilig und in ihren Augen unergiebig sind oder der eingeschlagene Weg in Chaos führt. Vielleicht haben sie einschlägige Erfahrungen. Es gibt in unserem Material Beispiele dafür, wie Lehrpersonen über das Angebot hinaus die Mitwirkung der Schüler fördern und damit zur Aktivierung beitragen. Man muß wohl auch annehmen, daß es sehr spät ist, wenn man erst auf der gymnasialen Oberstufe damit beginnt und die Schüler mit einem Geschenk überrascht, das sie eigentlich schon gar nicht mehr haben wollen; es ging ja lange genug auch anders.

Aus Prinzip sollen die Schüler nach Alter und entsprechender Entscheidungsfähigkeit zur Mitgestaltung des Unterrichts herangezogen werden. Das kann nicht bloß die Forderung bedeuten, nach den Vorstellungen des Lehrers mitzuarbeiten, sondern schließt Möglichkeiten der Mitbestimmung und am Ende auch der Mitentscheidung über einzuschlagende Lernwege ein. Daß diese Mitgestaltung den Schülern nicht bloß angeboten wird, sondern von ihnen auch angenommen und genutzt werden kann, ist als pädagogische Aufgabe zu sehen. Man macht es sich zu leicht, wenn man Möglichkeiten bloß eröffnet und nicht auch Sorge trägt, sie gebrauchen zu lernen.

Man kann die Unterrichtsthemen fachspezifisch fassen und sie in den Grenzen des Faches (und in der durch den Stundenplan geregelten Zeit) bearbeiten. Das ist wohl die Regel. Aber die Sachverhalte, die der Literaturunterricht behandelt, stehen oft auch in Zusammenhängen, die das Fach überschreiten. Aus dem Blickwinkel anderer Fächer erhalten sie zusätzliche Bedeutung und erscheinen in einem weiteren Horizont sinnvoll; sie verändern ihre Valenz, je nachdem man sie in dieser oder jener Verbindung betrachtet. Daß Schüler solche Blickerweiterungen schätzen, belegen viele ihrer Aussagen, aber auch die Seltenheit, mit der dies geschieht. Dabei leuchtet doch ein, daß die Betrachtung unter verschiedenen Perspektiven einen Gegenstand jeweils in einem neuen Licht erscheinen läßt und auf diese Weise eher das Bedürfnis weckt, mehr über die Sache zu erfahren. In solcher Neugier können Interessen ihren Anfang nehmen.

Aus Prinzip darf deshalb die fächerübergreifende Perspektive nicht vernachlässigt werden. Zwar bedarf der fächerübergreifende Unterricht in unserem differenzierten Fachlehrersystem besonderer Absprachen und kostet damit Zeit, aber der Gewinn, auch für die anderen Fächer, lohnt die Mühe. Wenn solche Vorhaben von verschiedenen Gegenständen her initiiert werden, kann es an einer Schule zu anregenden Wechselbeziehungen der Lehrinhalte und natürlich auch der Personen kommen. Fachübergreifender Unterricht ist auch die beste Methode, die Schüler einzelne Sachverhalte überschreitendes Denken zu lehren und damit der Beschränktheit des bloßen Fachwissens entgegenzuwirken. In der bestehenden Schulorganisation wird er nicht die Regel sein, aber er ist nicht unmöglich.

Die Didaktik hat Unterrichtsformen entwickelt, die selbstgesteuertes Lernen ermöglichen und begünstigen. In der Schulpädagogik liegt entsprechende Literatur bereit. Unsere Ergebnisse besagen, durchaus im Einklang mit der allgemeinen didaktischen Theorie, daß die Schüler Arbeitsweisen bevorzugen, die forschendes und entdeckendes Lernen gestatten (Wagenschein 1966). Um das zu erreichen, muß der Gegenstand selbstverständlich so vor die Schüler gebracht werden, daß er befragt werden kann und Entdeckungen ermöglicht. Das ist freilich nicht so einfach wie der übliche lehrerzentrierte Frage- und Antwortunterricht, der in der Hauptsache den Gedankengängen des Lehrers folgt und zumindest in dieser Hinsicht den Schülern übrigläßt, das Spiel mitzuspielen. Selbstgesteuertes Lernen sorgt auch eher dafür, daß kognitive Erfahrungen gemacht werden und Lerngewinne sich einstellen, verbunden mit emotionalen Erlebnissen wie Entdeckerfreude und Kompetenzgefühl. Reformpädagogen wie Kerschensteiner (1964), Petersen (1974) und Freinet (1980) haben entsprechende Modelle entwickelt. Daß sie heute vielen Lehrerinnen und Lehrern nicht mehr bekannt sind, liegt nicht an der Untauglichkeit solcher Vorstellungen, sondern an Ausbildungsmängeln. Von den Lehrpersonen ist eben nicht bloß systematische Instruktion gefordert, sondern auch die Kunst anregender Situationsgestaltung.

Aus Prinzip sind deshalb aktivierende Unterrichtsformen zu bevorzugen, insbesondere Entdeckungslernen und Projektunterricht, „diskursive Modelle, schülerzentrierte Didaktik, Diskussionsmethoden, kooperative Verfahren, Peer-learning, Peer-instruction"

(Edelstein 1987, S. 193). In einer solchen Unterrichtsatmosphäre bekommen dann das stille Lesen, die Darbietung besonderer Texte und das aufmerksame Hören ihren eigenen Stellenwert. Der projektorientierte Unterricht ist ein hochentwickeltes didaktisches Verfahren, das es erlaubt, die unterschiedliche Persistenz und Selektivität individueller Gegenstandsbezüge zu berücksichtigen (Frey 1982). Unterrichtsprojekte erfordern sorgfältige Planung, und sie durchzuführen, stellt an die Lehrperson hohe Ansprüche. Es liegt nahe, daß Projekte in aller Regel fächerübergreifend organisiert sind. Wenn mehrere Fächer für die Dauer eines Projektes zusammengezogen sind, läßt sich vielleicht sogar trotz des Stundenplans Blockunterricht einführen. Er hat den Vorteil, daß sich die Schüler nicht alle 45 Minuten auf einen neuen Gegenstand einstellen müssen, der mit dem eben bearbeiteten nichts zu tun hat. Ein gerade für den Literaturunterricht besonders ungeeignetes Verfahren!

Wie eingangs des Kapitels erwähnt, sind die jetzt dargestellten Grundsätze als Elemente einer interessenorientierten präskriptiven Theorie des Literaturunterrichts zu betrachten. Daß sie sich weniger auf inhalts- und mehr auf Verfahrensfragen beziehen, liegt daran, daß sie durch Ergebnisse unserer Untersuchung angeregt sind, und offenbar machen die Inhalte den Schülern weniger Probleme als die Lehr-Lern-Prozesse selbst. Es liegt aber auch daran, daß der Maßstab für angemessene Unterrichtsverfahren ausschließlich der Schüler ist, vorausgesetzt natürlich die Selbstverständlichkeit, daß man Gegenstände nicht mit beliebiger Methodik bearbeiten kann.

Was die Inhalte betrifft, so ist der Schüler keineswegs das Maß aller Dinge. Zwar sind Entwicklungsphasen und Lernvoraussetzungen zu berücksichtigen, ob aber ein Gegenstand, in unserem Fall ein bestimmtes Werk, gelesen, bearbeitet, in geistige Auseinandersetzung genommen werden soll, ist nicht ins Belieben der Schüler gestellt, sondern von Vorstellungen über literarische Bildung und vom Eigenwert des Textes bestimmt. So kann z.B. Literaturunterricht nicht auf Lyrik verzichten, auch wenn kein Schüler Gedichte mag. Man kann das eine oder andere Gedicht behandeln und sich einprägen, aber nicht keines.

Ausführungen wie die des letzten Kapitels begegnen nicht selten dem Einwand, das alles sei in der Schule gar nicht möglich. Die empfohlenen Maßnahmen liefen der bestehenden Schul- und Unterrichtsorganisation zuwider, schafften überflüssige Unruhe und Unsicherheit und seien deswegen falsch. Wer gerne so argumentiert, sollte vielleicht vor seinem endgültigen Urteil innehalten und probeweise wenigstens in Erwägung ziehen, ob womöglich die Forderung nach interessenorientiertem Literaturunterricht – er wurde bislang unterschätzt in seiner Bedeutung für Literaturrezeption und Leseförderung – erheblich stärkere Beachtung finden müßte.

Literaturverzeichnis

Althaus, H.P. et al.: Lexikon der Germanistischen Linguistik. Studienausgabe I–III. Tübingen 1973.

Austin, J.L.: Zur Theorie der Sprechakte. Stuttgart 1972.

Ausubel, D.P.: Das Jugendalter. Fakten – Probleme – Theorien. München 1968.

Ausubel, D.P.: Psychologie des Unterrichts. Bd. I und II. Weinheim u. Basel 1974.

Ausubel, D.P.: The Use of the Advance Organizers in the Learning and Retention of Meaningful Learning. Journal of Educational Psychology 51, 1960, p. 267–272.

Ballstaedt, S.-P./Mandl, M.: Lesen im Jugendalter. Weinheim 1985, S. 160–191.

Bamberger, R.: Kompositionsformen des Jugendbuches. In: Jugendliteratur. Monatsschrift für Jugendliteratur 8, 1958, S. 348ff.

Bamberger R.: Jugendlektüre – Jugendschriftenkunde, Leseunterricht, Literaturerziehung. Wien 1965.

Bamberger, R./Binder, L./Vanecek, E.: Zehnjährige als Buchleser. Untersuchung zum Leseverhalten, zur Leseleistung und zu den Leseinteressen. Wien/München 1977.

Bamberger, R./Vanecek, E.: Lesen – Verstehen – Lernen – Schreiben. Die Schwierigkeitsstufen von Texten in deutscher Sprache. Wien/Frankfurt/M./Aarau 1984.

Bauer, W. et al.: Text und Rezeption. Wirkungsanalyse Lyrik am Beispiel des Gedichtes „Fadensonne" von Paul Celan. Frankfurt/M. 1972.

Bäuerle, D.: Alternativer Unterricht. Reihe Taschenbücher Schulpraxis, Bd. 1102. Stuttgart/Berlin/Köln/Mainz 1980.

Baumgärtner, A.C. (Hrsg.): Lesen – Ein Handbuch. Lesestoff, Leser und Leseverhalten. Lesewirkungen, Leseerziehung, Lesekultur. Hamburg 1973.

Baumgärtner, A.C. (Hrsg.): Deutsches Jugendbuch heute. Velber 1974.

Baumgärtner, A.C.: Jugendliteratur: Terminologie. In: Nündel, E. (Hrsg.): Lexikon der Deutschdidaktik. Düsseldorf 1976 (Karteiform).

Baumgärtner, A.C.: Streitpunkte. Offene Fragen der Literaturdidaktik.

In: Baumgärtner, A.C./Dahrendorf, M. (Hrsg.): Zurück zum Literatur-Unterricht? Literaturdidaktische Kontroversen. Braunschweig 1977, S. 8–23.

Baumgärtner, A.C.: Ansätze zu einem integrativen Literaturunterricht. Ziele – Gegenstände – Methoden. In: Payrhuber, F.-J./Weber, A. (Hrsg.): Literaturunterricht heute – warum und wie? Eine Zwischenbilanz. Freiburg i. Br. 1978. S. 88–103.

Baumgärtner, A./Dahrendorf, M. (Hrsg.): Wozu Literatur in der Schule? Beiträge zum literarischen Unterricht. Braunschweig 1970.

Baurmann, J.: Textrezeption und Schule. Grundlagen – Befunde – Unterrichtsmodelle. Mit Unterrichtsmodellen von Gajda, R./Klimperle K./Schwitzke H. Stuttgart/Berlin/Köln/Mainz 1980.

Baurmann, J./Nündel, E./Schlotthaus, W.: Textrezeption und Textgebrauch. In: Praxis Deutsch, H. 41, 1980.

Beeg, A.: Lese-Interessen der Berufsschüler. München/Basel 1963.

Behr, K. et al.: Folgekurs für deutschlehrer: Didaktik und methodik der sprachlichen kommunikation. Begründung und beschreibung des projektorientierten deutschunterrichts. Weinheim u. Basel 1975.

Behr, K. et al.: Sprachliche kommunikation. Grundkurs für deutschlehrer: Analyse der voraussetzungen und bedingungen des faches deutsch in schule und hochschule. Weinheim/Basel 1978[4].

Beinke, L.: Der Einfluß des Leseverhaltens auf die Bildungsbereitschaft Jugendlicher. In: BuB.H. 12, 1972, S. 1134–1144.

Beinlich, A. (Hrsg.): Handbuch des Deutschunterrichts im ersten bis zehnten Schuljahr. Bd. I 1969[5], Band II Emstetten 1969[5].

Beinlich, A.: Die Entwicklung des Lesers. In: Baumgärtner, A.C. (Hrsg.): Lesen – Ein Handbuch. Hamburg 1973.

Beisbart, O.: Möglichkeiten literaturdidaktischer Entscheidungen. Kritische Untersuchungen zum Problem der literarischen Wertung in der Literaturdidaktik. Bern/Frankfurt/M. 1975.

Beisbart, O. et al.: Textlinguistik und ihre Didaktik. Donauwörth 1976.

Belke, H.: Literarische Gebrauchsformen. Düsseldorf 1973.

Berg, R.: Schülereinstellungen zur Gegenwartsliteratur. In: Braun, D./Krullmann, D. (Hrsg.): Handbuch Deutschunterricht. Bd. 2. Literaturdidaktik. Düsseldorf 1983, S. 143–173.

Birner, H.: Kreative Gestaltungsübungen im Deutschunterricht. Lyrik-Hörspiel. Reihe: Analysen zur deutschen Sprache und Literatur. München 1978.

Biskamp, H.: Was liest die Jugend der Großstadt? Eine psychologische Untersuchung an einem Realgymnasium der Stadt Frankfurt am Main. In: JSW. H. 9/1956, S. 60–62; H. 10/1956, S. 67–69; H. 1/1957, S. 1–3.

Blankertz, H.: Theorien und Modelle der Didaktik. München 1977[10].

Bock, M.: Wort-, Satz-, Textverarbeitung. Stuttgart/Berlin/Köln/Mainz 1981.

Bödecker, H.: Das Leseinteresse Jugendlicher von 11–15 Jahren (Ergebnisse einer Breitenbefragung im Jahre 1955, durchgeführt von der VJA). In: JSW. H. 3/1957, S. 17–21; H. 4/1957, S. 25–27; H. 5/1957, S. 33–36; H. 7/8, S. 49–51; H. 9/1957, S. 57–61; H. 12/1957, S. 85–88; H. 1/1958, S. 1–5.

Bödecker, H.: Dein Lieblingsbuch – Dein Lieblingsautor. Ergebnisse der zweiten Befragung Jugendlicher im Alter von 13–15 Jahren, durchgeführt von der VJA im Jahre 1957. In: JSW. H. 3/1959, S. 17–20; H. 4/1959, S. 25–27; H. 9/1959, S. 49–51; H. 10/1959, S. 57–59; H. 3/1960, S. 18–19.

Bödecker, H./Kreise, F. (Bundesverband, Hrsg.): Autoren lesen vor Schülern. Autoren sprechen mit Schülern. München 1983.

Bödecker, H./Rademacher, G. (Hrsg.): Das Taschenbuch im Unterricht 2. Ravensburg 1977.

Borchmeyer, D./Žmegač, V. (Hrsg.): Moderne Literatur in Grundbegriffen. Frankfurt/M. 1987.

Borchmeyer, D.: Postmoderne. In: Borchmeyer/Žmegač, Hrsg., a.a.O. 1987, S. 306–316.

Braun, P./Krallmann, D.: Beobachtungen zum Schwierigkeitsgrad von Texten. In: Handbuch Deutschunterricht. 2 Bde. Düsseldorf 1983, Bd. 2, S. 175–187.

Bredella, L.: Einführung in die Literaturdidaktik. Stuttgart 1976.

Brinkmann, G. (Hrsg.): Offenes Curriculum – Lösung für die Praxis. Kronberg/Ts. 1975.

Bronsema, G.: Kommunikativer Literaturunterricht: Grundfragen, Lernziele und Inhalte. In: Wolfrum, E. (Hrsg.): Kommunikation. Aspekte zum Deutschunterricht. Baltmannsweiler 1975, S. 20–44.

Bruner, J.S.: The Act of Discovery. In: Harvard Educational Review 31, 1961, S. 21–32.

Buchholtz, E.: Interesse an Literatur bei Schülern der Kollegstufe des Gymnasiums. Ergebnisse und Folgerungen aus einem fachdidaktisch-interdisziplinären Forschungsprojekt. Gymnasium in Bayern, H. 7, 1988, S. 21–24.

Buchreport-Untersuchung zum Leseverhalten von Hauptschülern und Realschülern: Es wird viel gelesen von Glyton bis Simmel. In: Buchreport Nr. 22a, 1977, S. 6–17.

Bürger, C.: Textanalyse als Ideologiekritik: Zur Rezeption zeitgenössischer Unterhaltungsliteratur. Frankfurt/M. 1973.

Burbiel, M.: Romanheftchenkonsum und Deutschnote. In: BfD. H. 1/1974, S. 8–15.

Conrady, P.: Schüler beim Umgang mit Texten. Eine empirische Untersuchung. Kronberg/Ts. 1976.

Csikszentmihalyi, M.: Das flow-Erlebnis. Jenseits von Angst und Langeweile im Tun aufgehen. Stuttgart 1985.

Curricularer Lehrplan für Deutsch in der Kollegstufe. Amtsblätter des

Bayerischen Staatsministeriums für Unterricht und Kultus. München 1976, S. 433–466.

Dahrendorf, M.: Das Leseverhalten Hamburger Volks- und Realschüler und die Ziele der literarischen Bildung. In: Hamburger Lehrerzeitung. H. 10/1967, S. 292–295; H. 11/1967, S. 325–332; H. 12/1967, S. 357–363.

Dahrendorf, M.: Aufgaben des Literaturunterrichts heute und die Sachlektüre. In: Dahrendorf, M. (Hrsg.): Die Sachererzählung in der Schule. Eine Handreichung für Lehrer. Hamburg 1968, S. 9–17.

Dahrendorf, M.: Voraussetzungen und Umrisse einer gegenwartsbezogenen literarischen Erziehung. In: Baumgärtner, A.C./Dahrendorf, M. (Hrsg.) 1970, S. 27–50.

Dahrendorf, M.: Das Mädchenbuch und seine Leserin. Versuch über ein Kapitel „trivialer" Jugendlektüre. Hamburg 1973[2].

Dahrendorf, M.: Trivialliteratur als Herausforderung für eine literaturdidaktische Konzeption, Diskussion Deutsch 2, 1971, S. 302–313.

Dahrendorf, M.: Wirkungen des Lesens. Literarische Wirkung und Literaturdidaktik. In: Baumgärtner, A.C. (Hrsg.): Lesen. Ein Handbuch. Hamburg 1973.

Dahrendorf, M.: Jugendliteratur im gesellschaftlichen, literarischen und pädagogischen Bezugsfeld. In: Haas, G. (Hrsg.): Kinder- und Jugendliteratur. Zur Typologie und Funktion einer literarischen Gattung. Stuttgart 1974, S. 21–60.

Dahrendorf, M.: Literaturdidaktik im Umbruch. Aufsätze zur Literaturdidaktik, Trivialliteratur, Jugendliteratur. Düsseldorf 1975.

Dahrendorf, M.: Texte – Lesen – Unterricht. In: WPB. H. 10, 1976, S. 547–549.

Dahrendorf, M.: Jugendliteratur und Sozialisation. In: Gärtner, H. (Hrsg.): Jugendliteratur im Sozialisationsprozeß. Bad Heilbrunn 1978.

Dahrendorf, M./Schack, W. v. (Hrsg.): Das Buch in der Schule. Hannover 1969.

Dannhäuser, A./Ipfling, H.-J./Reithmeier, D. (Hrsg.): Ist die Schule noch zu retten? Plädoyer für eine neue Bildungsreform. Wilhelm Ebert zum 65. Geburtstag. Weinheim u. Basel 1988.

Das Gymnasium in Bayern. Zeitschrift des Bayerischen Philologenverbandes. Rubrik: Schulen im Ausland. H. 4, 1988.

Deci, L.E./Ryan, R.M.: Intrinsic motivation and self determination in human behavior. New York 1985.

Dehn, W. (Hrsg.): Ästhetische Erfahrung und literarisches Lernen. Frankfurt/M. 1974.

Denk, F.: Literatur in der Schule. Ein Versuch. In: Süddeutsche Zeitung, Nr. 94 v. 23./24.4.1988.

Deutsche Lesegesellschaft e.V. (Hrsg.): Buch und Lesen. Bonn 1978.

Diekershoff, K.-H./Kliemt, G./Diekershoff, S.: Lese- und Fernsehgewohnheiten von Vierzehn- bis Siebzehnjährigen. In: MSP. H. 5/1973, S. 16–20.

Durzak, M.: Plädoyer für eine Rezeptionsästhetik. In: Akzente 18, 1971, S. 487–504.

Edelstein, W.: Förderung der moralischen Entwicklung in der Schule. Möglichkeiten und Grenzen. Z.f.Päd. 33, 1987, S. 185–205.

Eggert, H./Berg, H.C./Rutschky, M.: Literaturrezeption von Schülern als Problem der Literaturdidaktik. In: Dehn, W. (Hrsg.): Ästhetische Erfahrung und literarisches Lernen. Frankfurt/M. 1974, S. 267–298.

Eggert, H./Berg, H.C./Rutschky, M.: Schüler im Literaturunterricht. Ein Erfahrungsbericht. Köln 1975.

Einsiedler, W.: Selbststeuerung und Lernhilfen im Unterricht. In: Neber, H. et al. (Hrsg.): Selbstgesteuertes Lernen. Weinheim u. Basel 1978, S. 192–213.

Escarpit, R.: Das Buch und der Leser. Köln/Opladen 1961.

Faulstich, W.: Die Relevanz der Cloze-Procedure als Methode wissenschaftlicher Textuntersuchung. Ein Beitrag zur Literaturwissenschaft als Sozialwissenschaft. In: Lili, Zeitschrift für Literaturwissenschaft und Linguistik 21, 1976, S. 81–95.

Faulstich, W. (Hrsg.): Kritische Stichwörter zur Medienwissenschaft. München 1979.

Fingerhut, K./Melenk, H.: Über den Stellenwert von „Kreativität" im Deutschunterricht. In: Braun, P./Krallmann, D. (Hrsg.): Handbuch Deutschunterricht. Bd. 2. Literaturdidaktik. Düsseldorf 1983, S. 189–202.

Frank, G./Stephan, J.: Der Schüler als Leser. Textrezeption und Literaturunterricht. Freiburg i.Br. 1979.

Franz, K.: Literatursoziologie. In: Nündel, E. (Hrsg.): Lexikon der Deutschdidaktik (Karteiform 1972ff.). Düsseldorf 1977a.

Franz, K./Meier, B.: Was Kinder alles lesen. Kinder- und Jugendliteratur im Unterricht. München 1980[2].

Freinet, C.: Pädagogische Texte. Reinbek b. Hamburg 1980.

Frenzel, E.: Stoffe der Weltliteratur. Stuttgart 1981[5].

Frey, K.: Die Projektmethode. Weinheim u. Basel 1982.

Gagné, R.: Die Bedingungen des menschlichen Lernens. Beiträge zu einer neuen Didaktik. Hannover 1970[2].

Geißler, R.: Für eine literarische Verfrühung. In: Doderer, K. (Hrsg.): Studien zur Jugendliteratur und literarischen Bildung. Ratingen, 1962, S. 793–800.

Geißler, R./Hasubek, P.: Der Roman im Unterricht (5.–9. Schuljahr). Frankfurt/M. 1968.

Gerlach, D. et al.: Lesen und soziale Herkunft. Eine empirische Untersuchung zum Leseverhalten von Jugend. Weinheim u. Basel 1976.

Giehrl, H.E.: Der junge Leser. Einführung in Grundfragen der Jungleserkunde und der literarischen Erziehung. Donauwörth 1973[3].

Glaser, H./Lehmann, J./Lubos, A.: Wege der deutschen Literatur. Eine geschichtliche Darstellung. Frankfurt/M. u. Berlin 1986.

Gniffke-Hubrig, C.: Textsorten. Erarbeitung einer Typologie von Gebrauchstexten in der 11. Klasse des Gymnasiums. In: DU. H. 1, 1972, S. 39–52.

Graefe, G./Vogel, K.: Massenmedien als Unterrichtsgegenstand. Presse, Film, Funk, Fernsehen, Buch und Unterhaltungsliteratur. Ravensburg 1980.

Grimminger, R.: Abriß einer Theorie literarischer Kommunikation. In: Linguistik und Didaktik 3, 1972, S. 277–293, S. 1–15.

Groeben, N.: Literaturpsychologie: Literaturwissenschaft zwischen Hermeneutik und Empirie. Stuttgart 1972a.

Groeben, N.: Die Verständlichkeit von Unterrichtstexten. Münster 1972b.

Groeben, N.: Wissenschaftspsychologie Dimensionen der Rezeptionsforschung. In: LiLi, Zeitschrift für Literaturwissenschaft und Linguistik 15, 1974, S. 61–79.

Groeben, N.: Die Kommunikativität moderner deutscher Lyrik. In: Heuermann, H. et al. (Hrsg.): Literarische Rezeption. Paderborn 1975, S. 192–214.

Groeben, N.: Verstehen, Behalten, Interesse. Übereinstimmende Antworten und kontroverse Fragen zur Beziehung von Textstruktur, Textverständnis und Lerneffekt, Unterrichtswissenschaft 2, 1976, S. 128–142.

Groeben, N.: Rezeptionsforschung als empirische Literaturwissenschaft. Paradigma – durch Methodendiskussion an Untersuchungsbeispielen. Kronberg/Ts. 1977.

Groeben, N.: Die Verständlichkeit von Unterrichtstexten. Münster 1978[2].

Groeben, N.: Leserpsychologie: Textverständnis – Textverständlichkeit. Münster 1982.

Groeben, N./Hofer, M.: Textverständlichkeit als Konsequenz selbstgesteuerten Lernens. In: Neber, H. et al. (Hrsg.): Selbstgesteuertes Lernen. Weinheim u. Basel 1978, S. 242–259.

Groeben, N./Scheele, B.: Zur Psychologie des Nicht-Lesens. Richtungen und Grenzen der Lesemotivation. In: Göpfert, H.G. (Hrsg.): Lesen und Leben. Frankfurt/M. 1975, S. 82–114.

Grömminger, A./Ritz-Fröhlich, G.: Umgang mit Texten in Freizeit, Kindergarten und Schule. Bessere Lesemotivation durch planmäßigen Einsatz von Kinder- und Jugendliteratur. Freiburg i.Br. 1974.

Gülich, E./Raible, W.: Linguistische Textmodelle. Grundlagen und Möglichkeiten. München 1977.

Haas, G. (Hrsg.): Kinder- und Jugendliteratur. Zur Typologie und Funktion einer literarischen Gattung. Stuttgart 1974.

Haas, G.: Lesen: In der Schule – nicht (nur) für die Schule. In: WPB. H. 10, 1976, S. 585–591.

Haas, G./Burann, J.: Mit Texten umgehen – auf Texte reagieren. In: WPB. H. 11/1977, S. 443–448.

Haas, G. (Hrsg.): Modelle zu erzählerischen und dramatischen Texten in den Sekundarstufen I und II. Stuttgart 1982.

Haseloff, O. W.: Das Buch im Erleben unserer Jugendlichen. In: Lichtenstein-Rother, I. (Hrsg.): Jugend und Buch in Europa. Hamburg 1967, S. 33–70.

Haseloff, O. W. (Hrsg.): Kommunikation. Forschung und Information. Berlin 1969.

Hauser, A.: Kunst und Gesellschaft. München 1983.

Hausser, K.: Die Einteilung von Schülern. Weinheim u. Basel 1980.

Hausser, K. (Hrsg.): Modelle schulischer Differenzierung. München 1981.

Hein, J.: Literaturdidaktik als Rezeptionsforschung? In: Wissenschaft in Hochschule und Schule. Festschrift für J. Scheveling. Köln 1972, S. 61–74.

Hempfer, K.: Gattungstheorie. Information und Synthese. München 1973.

Hentig, H. v.: Spielraum und Ernstfall. Betrachtungen eines Pädagogen über das Verhältnis von Literatur und Wissenschaft. In: Frankfurter Hefte 22, 1967, S. 187–203.

Heuermann, H./Hühn, P./Röttiger, B. (Hrsg.): Literarische Rezeption. Beiträge zur Theorie des Text-Leser-Verhältnisses und seiner empirischen Erforschung. Paderborn 1975.

Heuermann, H./Hühn, P./Röttger, B.: Werkstruktur und Rezeptionsverhalten. Empirische Untersuchungen über den Zusammenhang von Text-, Leser- und Kontextmerkmalen. Göttingen 1982.

Hielscher, H.: Zur Medienbenutzung Jugendlicher – Neue Ergebnisse unter neuen Fragestellungen. In: Welt der Schule – Ausgabe Hauptschule. H. 12, 1970, S. 475–483.

Hillmann, H.: Rezeption – empirisch. In: Müller-Seidel, W. (Hrsg.): Historizität in Sprach- und Literaturwissenschaft. München 1974, S. 433–449.

Hoffmann, F./Berlinger, J.: Die neue deutsche Mundartdichtung. Tendenzen und Autoren, dargestellt am Beispiel der Lyrik. Hildesheim u. New York 1978.

Hoppe, O. (Hrsg.): Kritik und Didaktik des literarischen Verstehens. Kronberg/Ts. 1979[2].

Hopster, N.: Lesen als unterrichtliches Sprachhandeln und als Diskurs. In: WPB. H. 10, 1976, S. 550–558.

Huber, G. L./Mandl, H. (Hrsg.): Emotion und Kognition. München 1983.

Hurrelmann, B.: Lesen und soziale Erfahrung. Unterrichtsmodell 4. Schuljahr. In: Praxis Deutsch, H. 13, 1975.

Hurrelmann, B. (Hrsg.): Kinderliteratur und Rezeption. Beiträge der

Kinderliteraturforschung zur literaturwissenschaftlichen Pragmatik. Baltmannsweiler 1980.

Hurrelmann, B.: Kinderliteratur im sozialen Kontext. Eine Rezeptionsanalyse am Beispiel schulischer Literaturverarbeitung. Weinheim u. Basel 1982.

Hussong, M.: Das Sachbuch. In: Haas, G. (Hrsg.): Kinder- und Jugendliteratur. Zur Typologie und Funktion einer literarischen Gattung. Stuttgart 1974.

Hussong, M.: Zur Theorie und Praxis des Kritischen Lesens. Über die Möglichkeit einer Veränderung der Lesehaltung. Düsseldorf 1973.

Ickler, Th.: Über das Spielerische in der Sprache und seine Entfaltung in der Didaktik des Deutschen als Fremdsprache. In: Jahrbuch Deutsch als Fremdsprache. Wierlacher, A. et al. (Hrsg.): Bd. 8, Heidelberg 1982.

Ide, H. (Hrsg.): Projekt Deutschunterricht. Stuttgart 1971.

Iser, W.: Die Appellstruktur der Texte. Konstanz 1970.

Iser, W.: Der Akt des Lesens – Theorie ästhetischer Wirkung. München 1976.

Jauß, H.R.: Literaturgeschichte als Provokation der Literaturwissenschaft. Frankfurt/M. 1970.

Kerschensteiner, G.: Begriff der Arbeitsschule. Hrsg. von J. Dolch. München 1964.

Klafki, W.: Das pädagogische Problem des Elementaren und die Theorie der kategorialen Bildung. Weinheim u. Basel 1959.

Klimmer, K.H.: Erfahrungen mit Lesetagebüchern. In: Das gute Jugendbuch, H. 2, 1967.

Klingen-Troost, G.: Lesehäufigkeit und Verbreitung von Kioskzeitschriften bei 11 bis 15-jährigen Hauptschülern einer Großstadt. In: Medien- und Sexualpädagogik, H. 2, 1974.

Klotz, V.: Geschlossene und offene Form im Drama. Wien 1963.

Kravar, Z.: Metatextualität. In: Borchmeyer/Žmegač (Hrsg.) 1987, S. 246–249.

Krejci, M.: Projektunterricht. In: Stocker, K. (Hrsg.): Taschenlexikon der Literatur- und Sprachdidaktik. Kronberg/Ts. u. Frankfurt/M. 1976, S. 355–360, Frankfurt/M. 1987², S. 328–332.

Kreuzer, H. (Hrsg.): Sachliteratur. In: LiLi, Zeitschrift für Literaturwissenschaft und Linguistik 40, 1980a.

Kreuzer, H.: Einleitung. In: LiLi, Zeitschrift für Literaturwissenschaft und Linguistik 40, 1980b, S. 7–13.

Krumm, V.: Einzelfallanalyse. In: Schiefele, H./Krapp, A. (Hrsg.): Handlexikon zur Pädagogischen Psychologie. München 1981, S. 95ff.

Lämmert, E.: Rezeptions- und Wirkungsgeschichte der Literatur als Lehrgegenstand. In: Kolbe, J. (Hrsg.): Neue Ansichten einer künftigen Germanistik. München 1973, S. 160–173.

Lehmann, J. (Hrsg.): Umgang mit Texten. Bamberg 1973.

Lehmann, J./Stocker, K. (Hrsg.): Handbuch der Deutschdidaktik. 2 Bde. München 1981.

Liebhart, E.: Ergebnisse, Probleme und Methoden der Wirkungsforschung. In: Baumgärtner, A. C. (Hrsg.): Lesen. Ein Handbuch. Hamburg 1973, S. 231–312.

Link, H.: Rezeptionsforschung. Eine Einführung in Methoden und Probleme. Stuttgart 1976.

Löffler, D.: Zur Spezifik literarischer Interessen. In: WB. H. 10, 1972, S. 70–94.

Lotman, I. M.: Die Struktur literarischer Texte. München 1972.

Lotman, J. M.: Die Struktur des künstlerischen Textes. Frankfurt/M. 1973.

Maier, K. E.: Jugendschrifttum. Formen, Inhalte, pädagogische Bedeutung. Bad Heilbrunn 1973[7].

Maier, K. E./Sahr, M.: Sekundärliteratur zur Kinder- und Jugendtheorie. Baltmannsweiler 1979.

Maletzke, G. (Hrsg.): Einführung in die Massenkommunikationsforschung. Berlin 1975[2].

Mecklenburg, N./Müller, H.: Erkenntnisinteresse und Literaturwissenschaft. Stuttgart 1974.

Meckling, I.: Leseorientierter Literaturunterricht. Rezeptionsanalyse und Produktivität. In: Deutschunterricht, H. 2, 1977, S. 83–103.

Meier, B.: Lese(r)gewohnheiten. In: Stocker, K. (Hrsg.): Taschenlexikon der Literatur- und Sprachdidaktik. Kronberg/Ts. u. Frankfurt/M. 1976, S. 231–235, Frankfurt/M. 1987[2], S. 213–216.

Meier, B.: Soziale Bedingungen und Leseverhalten. In: Bamberger, R. (Hrsg.): Jugendbuch und Jugendbuchtheorie heute. Wien 1976b.

Meier, B.: Standardwerke zur Jugendliteratur. In: Bayerische Schule. H. 20, 1976c.

Meier, B.: Soziokulturelle Aspekte des Leseverhaltens. Eine empirische Untersuchung an Großstadtjugendlichen. Erlangen 1978.

Meier, B.: Leseverhalten unter soziokulturellem Aspekt. Eine empirische Erhebung zum Freizeit-Lesen von Großstadt-Jugendlichen (am Beispiel Nürnbergs). In: Archiv für Soziologie- und Wirtschaftsfragen des Buchhandels. L I, L II, L III (Börsenblatt des Deutschen Buchhandels, Teil A und B), Frankfurt/M. 1981, S. 1325–1588.

Melzer, H./Seifert, W.: Theorie des Deutschunterrichts. München 1976.

Merkelbach, V. (Hrsg.): Politische Lyrik des Vormärz (1840–1948). Interpretationsmuster. Frankfurt/M. 1973.

Merton, R. K./Kendall, P. L.: Das fokussierte Interview. In: Hopf, C. u. Weingarten, E. (Hrsg.): Qualitative Sozialforschung. Stuttgart 1979, S. 171–204.

Mittmann, H.: Leseinteressen der Schüler an berufsbildenden Schulen. Ergebnisse einer Befragung und literaturdidaktische Folgerungen. Frankfurt/M. 1981.

Müller, E.P.: Interaktion im Literaturunterricht. Handlungstheoretische Aspekte der Literaturdidaktik. Kronberg/Ts. 1976.

Müller-Michaels, H.: Literatur im Alltag und Unterricht. Ansätze zu einer Rezeptionspragmatik. Kronberg/Ts. 1978.

Müller-Michaels, H.: Positionen der Deutschdidaktik seit 1949. Königstein/Ts. 1980.

Müller-Michaels, H.: Deutschkurse. Modelle und Erprobung angewandter Germanistik in der gymnasialen Oberstufe. Frankfurt/M. 1987.

Naumann, M.: Gesellschaft – Literatur – Lesen. Literaturrezeption in theoretischer Sicht. Berlin-Ost u. Weimar 1976[3].

Neber, H. et al.: Selbstgesteuertes Lernen. Weinheim u. Basel 1978.

Nentwig, P.: Dichtung im Unterricht. Grundlegung und Methode. Braunschweig 1969[4].

Nibbrig, Chr.L.H.: Warum lesen? Ein Spielzeug zum Lesen. Frankfurt/M. 1983.

Nündel, E. (Hrsg.): Umwelt, Sprache und Schule. In: WPB. H. 4, 1971, S. 185–190.

Nündel, E. (Hrsg.): Lexikon der Deutschdidaktik. Ratingen 1972ff.

Nündel, E.: Zur Grundlegung einer Didaktik des sprachlichen Handelns. Kronberg/Ts. 1976.

Nündel, E./Schlotthaus, W.: Angenommen: Agamemnon. Wie Lehrer mit Texten umgehen. München/Wien/Baltimore 1978.

Nündel, E. (Hrsg.): Lexikon zum Deutschunterricht. Mit einem Glossar. München/Wien/Baltimore 1979.

Payrhuber, F.J./Weber, A. (Hrsg.): Literaturunterricht heute – warum und wie? Eine Zwischenbilanz. Freiburg i. Br. 1978.

Petermann, F./Hehl, F.J. (Hrsg.): Einzelfallanalyse. München 1979.

Petersen, P.: Der kleine Jena-Plan. Weinheim u. Basel 1974.

Pfister, M.: Intertextualität. In: Borchmeyer/Žmagač (Hrsg.) 1987, S. 197–200.

Pfleger, R.: Studien zur Konstituierung einer rezeptionsanalytisch fundierten Literaturdidaktik. Frankfurt/M. u. Bern 1982.

Piaget, J.: Die Äquilibration der kognitiven Strukturen. Stuttgart 1976.

Pielow, W.: Das Gedicht im Unterricht. München 1965.

Pinthus, K. (Hrsg.): Menschheitsdämmerung. Eine Symphonie jüngster Dichtung. Berlin 1920. Neudruck: Hamburg 1948.

Posner, R.: Redekommentierung. In: Funkkolleg Sprache 2, Frankfurt/M. 1973.

Prenzel, M.: Ein theoretisches Modell der Wirkungsweise von Interesse. Institut für Empirische Pädagogik und Pädagogische Psychologie der Universität München 1984.

Prenzel, M.: Die Wirkungsweise von Interesse. Ein Erklärungsversuch aus pädagogischer Sicht. Köln 1988.

Prenzel, M./Krapp, A./Schiefele, H.: Grundzüge einer pädagogischen Interessentheorie. Z.f.Päd., 32, 1986, S. 163–173.

Riedler, R.: Kinder, Dichter, Interpreten: Zehn Minuten Lyrik. Vom angstfreien Umgang mit Gedichten. München 1979.

Ritz-Fröhlich, G.: Weiterführender Leseunterricht in der Grundschule. Bad Heilbrunn 1974.

Roland, D.: Literarische Interessen bei Jugendlichen. In: Pädagogik. Zeitschrift für Theorie und Praxis der sozialistischen Erziehung. 3. Beiheft 1960, S. 30–44.

Rothe, W. (Hrsg.): Deutsche Großstadtlyrik vom Naturalismus bis zur Gegenwart. Stuttgart 1973.

Ruf, H.: Es rauscht der Wald verwirrend aus der Tiefe. Lyrik in der Schule: Spracherfahrung, Existenzerfahrung. In: Süddeutsche Zeitung, Nr. 138 v. 18./19.6.1988.

Rupp, G.: Rezeptionsforschung. In: Stocker, K. (Hrsg.): Taschenlexikon der Literatur- und Sprachdidaktik. Kronberg/Ts. u. Frankfurt/M. 1976, S. 377–383, Frankfurt/M. 1987[2], S. 348–353.

Schanze, H.: Medienkunde für Literaturwissenschaftler. Einführung und Bibliographie. München 1974.

Schiefele, H.: Lernmotivation und Motivlernen. Grundzüge einer erziehungswissenschaftlichen Motivationslehre. München 1978[2].

Schiefele, H.: Interesse – neue Antworten auf ein altes Problem. In: Z.f.Päd., 32 1986, S. 153–162.

Schiefele, H./Prenzel, M.: Interessengeleitetes Handeln: Emotionale Präferenz und kognitive Unterscheidung. In: Huber, G.L./Mandl, H. (Hrsg.): Emotion und Kognition. München 1983, S. 217–247.

Schiefele, H. et al.: Zur Konzeption einer pädagogischen Theorie des Interesses. Institut für Empirische Pädagogik und Pädagogische Psychologie der Universität München 1983.

Schilling, J.: Freizeitverhalten Jugendlicher. Eine empirische Untersuchung ihrer Gesellschaftsformen und Aktivitäten. Weinheim u. Basel 1977.

Schlepper, R.: Was ist wo interpretiert? Eine bibliographische Handzeichnung für das Lehrfach Deutsch. Paderborn 1975[4].

Schmidt, S.J. (Hrsg.): Empirie in Literatur- und Kunstwissenschaft. München 1979.

Schmidt, S.J.: Texttheorie. Probleme einer Linguistik der sprachlichen Kommunikation. München 1973.

Schmidt, S.J.: Grundriß der empirischen Literaturwissenschaft: I. Der gesellschaftliche Handlungsbereich Literatur. Braunschweig 1980.

Schmidtchen, G.: Lesekultur in Deutschland. Ergebnisse repräsentativer Buchmarktstudien für den Börsenverein des Deutschen Buchhandels. In: Börsenblatt für den Deutschen Buchhandel, Frankfurter Ausgabe Nr. 70 v. 30.8.1968, S. 1977–2152.

Schober, O. (Hrsg.): Text und Leser. Zur Rezeption von Literatur. Stuttgart 1979.

Schober, O.: Rezeptionsanalytische Forschungstendenzen in literaturdidaktischer Sicht. In: BfD. H. 4, 1975, S. 101–110.

Schober, O.: Studienbuch Literaturdidaktik. Neuere Konzeptionen für den schulischen Umgang mit Texten. Analysen und Materialien. Kronberg/Ts. 1977.

Schrader, M.: Theorie und Praxis literarischer Wertung. Literaturwissenschaftliche und -didaktische Theorien und Verfahren. Berlin u. New York 1987.

Schulte-Sasse, J.: Literarische Wertung. Stuttgart 1976.

Schuster, K.: Arbeitstechniken Deutsch. Bamberg 1980.

Searle, J.R.: Sprechakte. Frankfurt/M. 1969.

Spinner, K.H.: Das vergällte Lesevergnügen. Zur Didaktik der Unterhaltungsliteratur. In: Hienger, J. (Hrsg.): Unterhaltungsliteratur. Zu ihrer Theorie und Verteidigung. Göttingen 1976, S. 98–116.

Spinner, K.H.: Umgang mit Lyrik in der Sekundarstufe I. Baltmannsweiler 1984.

Staatsinstitut für Schulpädagogik München, Abteilung Gymnasien: Einführung in die Kollegstufe am Gymnasium. Handreichungen für Schüler. Donauwörth 1984.

Stocker, K.: Die dramatischen Formen in didaktischer Sicht. Donauwörth 1979^2 a.

Stocker, K.: Praxis des Literaturunterrichts im Gymnasium. Voraussetzungen. Motivationen, Möglichkeiten, Transfer. Freiburg i.Br. 1979b.

Stocker, K.: Dramatische Texte im Unterricht. In: Wolfrum, E., Bd. 2: Literaturdidaktik. Taschenbuch des Deutschunterrichts. 664 S. Grundfragen und Praxis der Sprach- und Literaturdidaktik, Baltmannsweiler 1980^3.

Stocker, K. (Hrsg.): Die Literatur der Moderne im Deutschunterricht. Königstein/Ts. 1982.

Stocker, K.: Texte verstehen im Kontext der Landeskunde – Anmerkungen zum Text- und Literaturunterricht in Ziel- und Zweitsprache Deutsch. In: Literatur. Sprache. Unterricht. Festschrift für J. Lehmann zum 65. Geburtstag. Bamberg 1984, S. 184–193.

Stocker, K.: Literaturinteresse bei Jugendlichen – ein Zwischenbericht mit Schüleräußerungen in einem Projekt der Deutschen Forschungsgemeinschaft an der Universität München. Blätter für den Deutschlehrer, H. 2 1986, S. 35–51.

Stocker, K. (Hrsg.): Taschenlexikon der Literatur- und Sprachdidaktik. 2 Bde. Kronberg/Ts. u. Frankfurt/M. 1976, 1 Bd. Frankfurt/M. 1987^2.

Stocker, K.: Vom Lesen zum Interpretieren. Texte, Anleitungen, Beispiele für den Deutschunterricht. Frankfurt/M. 1988.

Tergan, S.O.: Der Einfluß von Textverständlichkeit und Orientierungshinweisen auf den Lernerfolg von Funkkollegiaten. Forschungsbericht Nr. 2 des Deutschen Instituts für Fernstudien an der Universität Tübingen. Tübingen 1979.

Wagenschein, M.: Zum Problem des genetischen Lernens. Z.f.Päd. 12, 1966, S. 305–330.

Waldmann, G.: Theorie und Didaktik der Trivialliteratur. München 1973.

Waldmann, G.: Produktiver Umgang mit Lyrik. Eine systematische Einführung in die Lyrik, ihre produktive Erfahrung und ihr Schreiben. Für Schule (Sekundarstufe I und II) und Hochschule sowie zum Selbststudium. Baltmannsweiler 1988.

Walser, F./Schmidt-Müller, U.: Zur Entwicklung literarischer Interessen. In: Z.f.Päd., 32, 1986, S. 362–374.

Warning, R. (Hrsg.): Rezeptionsästhetik. Theorie und Praxis. München 1975.

Weber, A.: Grundlagen der Literaturdidaktik. München 1975.

Weinrich, H.: Für eine Literaturgeschichte des Lesers. In: Merkur. 1967. S. 1026–1038. Auch in: Žmegač, V. (Hrsg.): Methoden der deutschen Literaturwissenschaft. Frankfurt/M. 1971, S. 325–339.

Weinrich, H.: Sprache in Texten. Stuttgart 1976.

Westphalen, K.: Gymnasialbildung und Oberstufenreform. Donauwörth 1979.

Wienold, G.: Semiotik der Literatur. Frankfurt/M. 1972.

Willenberg, H.: Zur Psychologie literarischen Lesens. Wahrnehmung, Sprache und Gefühle in der Textrezeption. Paderborn 1977.

Willenberg, H. (Hrsg.): Zur Psychologie des Literaturunterrichts. Frankfurt/M. 1987.

Willmann, O.: Pädagogische Vorträge. Leipzig 1905.

Wolff, E.: Der intendierte Leser: Überlegungen und Beispiele zur Einführung eines literaturwissenschaftlichen Begriffs. In: Poetica 4, 1971, S. 141–166.

Wünsche, K.: Entdeckendes Lesen. In: betrifft: erziehung. H. 4, 1975.

Zabel, H.: Deutschunterricht zwischen Lernzielen und Lehrplänen. Düsseldorf 1977.

Zimmermann, W.: Deutsche Prosadichtungen unseres Jahrhunderts. Interpretationen für Lehrende und Lernende. Düsseldorf 1973.

Zinnecker, J.: Literarische und ästhetische Praxen in Jugendkultur und Jugendbiographie. In: Jugendwerk der Deutschen Shell (Hrsg.): Jugendliche und Erwachsene '85: Generationen im Vergleich. Bd. 2. Leverkusen 1985.

Žmegač, V.: Wege der modernen Literatur. In: Stocker, K. (Hrsg.): Literatur der Moderne im Deutschunterricht. Königstein/Ts. 1982, S. 11–39.

Žmegač, V.: Moderne/Modernität. In: Borchmeyer/Žmegač (Hrsg.): 1987, S. 250–258.

Anhang

Ein über mehrere Jahre reichendes Projekt war für uns auch schon in seinen Zwischenergebnissen und Erfahrungswerten von Interesse. Sie ließen und sie lassen sich in die Lehrerfortbildung einbringen, da das Leitziel des Projekts, wie mehrfach angeführt, auf eine Verbesserung von Literatur-Unterricht hinauslaufen soll. Eine „Verzögerung" solcher Erkenntnisse und Ergebnisse bis zum Schlußbericht oder zu einer – hier vorgenommenen – Publikation für einen größeren Leser- und Expertenkreis war unnötig.

Solche Zusammenfassungen, Diagramme, Überblicke, Kriterienkataloge und strukturierenden Lernhilfen sind natürlich auch in eigene Publikationen eingeflossen.

Im folgenden soll eine diesbezügliche Auswahl vorgestellt werden, in Form eines Anhangs. Die Derivate dieser Projektbeschreibung könnten Anreiz bieten, die aufgeführten didaktischen, methodischen und empirischen Vorgehensweisen (auch in modifizierbarer Form) zu übernehmen, sie gegebenenfalls weiter zu entwickeln. Der Auswahl-Charakter ist noch einmal zu betonen, und daß es um Anregungen geht.

Unsere Vorschläge haben streiflichtartigen Charakter, sind aus Vorbereitung und Durchführung des Projekts herausgewachsen, waren für Fortbildung wie Ausbildung gedacht, da nur so, auf zunächst indirektem Weg, Einsichten und – eventuell zeitsparende – Unterrichtsanregungen und -hilfen vermittelbar sind. Im einzelnen beziehen sich die Beispiele auf folgende Einzelbereiche des Literatur- und Textunterrichts in der vorgenommenen Reihenfolge:

- Anmerkungen zu Werk und Leben Franz Kafkas
- Zum Phänomen Exil und Exilliteratur in der Forschung
- Übersichten (Information, Lese-Motivation) zur Exilliteratur 1933–1945
- Zur Vermittlung literarischer Texte

- Zeitgenössische Literatur im Deutschunterricht: Lyrik seit 1945
- Anleitungen zur Gedichtinterpretation
- Fragen an literarische Texte (vorzugsweise Prosa)
- Anleitungen zur Befragung von sachbezogenen Texten
- Kennzeichen von Texten der Massenliteratur
- Fächerübergreifendes Vorgehen, Beispiel „Gegenwartsroman"
- Mögliche didaktische und methodische Annäherungen an die Durchnahme der Kleist-Novelle „Michael Kohlhaas"
- Motivation durch Texte: Diskussion und Schreibanlässe zum Thema: Literatur – ist sie am Ende angelangt? (Der „Fall" Wolfgang Hildesheimer)
- Medieneinsatz im Literaturunterricht
- Medien als Mittel und als Gegenstand des Deutschunterrichts
- Tischvorlage zur unterrichtlichen Berücksichtigung von Landeskunde
- Mediale Aspekte und „Bezugsquellen" der Landeskunde
- Hand-out zur Werte-Diskussion (im Sinne der Lehrplan-Präambeln).

Den Anfang dieses Anhangs bildet so der Versuch eines Überblicks über die Neuerungen im Deutschunterricht seit den 70er Jahren; den Abschluß unserer Begleit-Dokumentation bilden dann (a) innovative Aspekte zur Ergänzung des Literaturunterrichts und (b) Fremdbeobachtungen – Desiderate und Chancen der Fortbildung. Der zuletzt genannte Abschnitt ist gedacht als eine Auflistung von Schwerpunkten, die sich abzeichnen, die für Ausbildung und Fortbildung wichtig werden dürften (90er Jahre).

Erkenntnisse vor allem aus der zweiten Projektphase (Interviewaussagen von Kollegiaten) waren der Ausgangspunkt für solche Überlegungen.

Fachwissenschaftliche Grundlegung

- Schwerpunkte aus germanistischer Literaturwissenschaft, Linguistik (Psycho-, Sozio-, Pragmalinguistik) und Mediävistik (ältere deutsche Sprache und Literatur)
- Ersetzen des Allround-Lehrers durch den Lehrer mit Fachstudium
- Dreigleisigkeit des Gesamtstudiums: Fachwissenschaft, Erziehungswissenschaften, Fachdidaktik

Zielsetzungen des Deutschunterrichts

- Wechsel der Konzeptionen, „Trends", Richtungen und Ideologien
- Emanzipationsdebatte
- Betonung der Wertorientierung
- Ausgleich zwischen der pragmatischen (zweckorientierten) und der ästhetischen Dimension des Lebens
- erkennbar stärkere Rückbesinnung auf die Literatur (und ihre historische Dimension und Tradition)
- polyästhetische Erziehung

Lernzielorientierung des Unterrichts

- Lehrpläne mit Lernzielen, -inhalten, Unterrichtsverfahren, -kontrollen
- projektorientierte (längerfristig gesehene) Unterrichtsplanung
- Bedeutung des exemplarischen und des kategorialen Lernens
- spiralcurriculares Vorgehen (Arbeitsweisen mit verbindlichen und mit fakultativen Lernzielen)
- Anerkennung des kognitiven, affektiven und psycho-motorischen Bereichs in Erziehung und Unterricht

Kommunikationstherorie

- Anwendung des Kommunikationsmodells auf viele Bereiche des Sprach- und auf einzelne des Literaturunterrichts
- Fragen der primären und der sekundären Kommunikation
- betroffene Teilbereiche des Deutschunterrichts sind vor allem das (kommunikative) Schreiben, ferner das Sprechen und das Spielen
- Betonung des Pragmatischen (Sprache und Benutzer) und des Situativen in Sprache, Sprechen, Spielen (Bedeutung von Rollen- und Planspiel)
- Produktion, Distribution und Rezeption von Texten (mit Auswirkungen besonders auf Rezeptions- und Wirkungsforschung)
- Semiotik (Zeichenlehre); sprachliche und nichtsprachliche Zeichensysteme

Skizze und Versuch einer Bestandsaufnahme kritisch zu prüfender Neuerungen im Deutschunterricht seit den 70er Jahren

Deutsch als „Handlungsfeld"

- Theorie des sprachlichen Handelns
- Zusammenhänge des sprachlichen mit dem sozialen Handeln
- Bedeutung von Idiolekt, Soziolekt, Dialekt, Aufwertung der Mundart
- Auswirkung auf Lernziele, Organisations- und Arbeitsformen, auf Materialien und Kontextmaterialien
- Neudefinitionen von Kommunikations-, Sprechakt- und Rollentheorie
- Reflexion über sprachliches Handeln; Bereiche der Metakommunikation; situative, integrierte, kommunikative Grammatikmodelle
- Erschließen didaktischer Erkenntnisse für Erwachsenenbildung (Andragogik)

Textarbeit in neuer Bedeutung

- Berücksichtigung sachbezogener (pragmatischer, expositorischer) Texte und von Texten der elektronischen Medien
- Ergänzung fachwissenschaftlicher Methoden durch fachdidaktische Positionen (literarische Texte, ihre Umsetzung im Unterricht)
- Massenliteratur und „triviale" Texte sind in den Lehrplänen angesprochen
- Textlinguistik mit Auswirkungen auf Sprach- und Textsorten und auf die Diskussion zu den Bedingtheiten des Literaturunterrichts
- Diskussion um Videotext, Bildschirmtext und ihre Zuordnung (Print-/elektron. Medien)
- Fortschreiten über die Textanalyse hinaus zur Textproduktion
- Semantik (Wort-, Satz-, Textsemantik)

Fachspezifische Medienpädagogik

- Medien als Mittel *und* als Gegenstand des Deutschunterrichts
- Ergebnisse der Medienwissenschaft, der empirischen Forschung (u. a. zur Lesersoziologie)
- Einsatz von Hardware und Software (darunter Dokumente der Unterrichtsmitschau)
- Ergebnisse von Kommunikations-, Handlungswissenschaft und pädagogischer Kybernetik
- Fachübergreifende Aspekte
- Synopsis der Inhalte musischer Fächer

Deutsch als Zweitsprache

- Bedeutung für Kinder nichtdeutscher Muttersprache in der Bundesrepublik
- Fürsorgepflicht von Politik, Kulturpolitik, Öffentlichkeit, Schule auch für Rücksiedler, Neueinwanderer, Migranten, Asylanten
- Integrationsleistung von Sprache und Kultur, von Sprache zur Kultur
- Didaktik und Methodik von Deutsch als Muttersprache und Deutsch als Zweitsprache
- Kooperation mit Lehrstühlen für Deutsch als Fremdsprache (Zielsprache)
- Kontakte mit dem Goethe-Institut

Beispiel 1:

Anmerkungen zu Werk und Leben Franz Kafkas

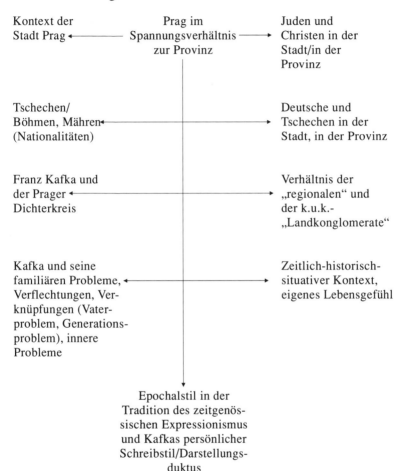

Kontext der Stadt Prag ← Prag im Spannungsverhältnis zur Provinz → Juden und Christen in der Stadt/in der Provinz

Tschechen/ Böhmen, Mähren ← → Deutsche und Tschechen in der Stadt, in der Provinz (Nationalitäten)

Franz Kafka und der Prager Dichterkreis ← → Verhältnis der „regionalen" und der k.u.k.- „Landkonglomerate"

Kafka und seine familiären Probleme, Verflechtungen, Verknüpfungen (Vaterproblem, Generationsproblem), innere Probleme ← → Zeitlich-historisch-situativer Kontext, eigenes Lebensgefühl

Epochalstil in der Tradition des zeitgenössischen Expressionismus und Kafkas persönlicher Schreibstil/Darstellungsduktus

Beispiel 2:

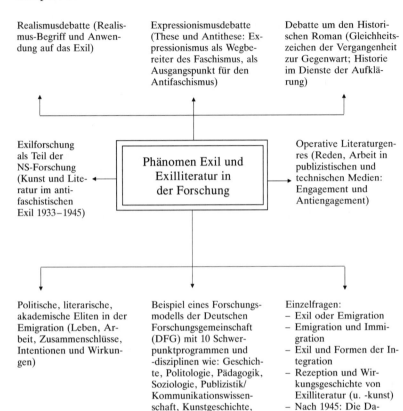

Realismusdebatte (Realismus-Begriff und Anwendung auf das Exil)

Expressionismusdebatte (These und Antithese: Expressionismus als Wegbereiter des Faschismus, als Ausgangspunkt für den Antifaschismus)

Debatte um den Historischen Roman (Gleichheitszeichen der Vergangenheit zur Gegenwart; Historie im Dienste der Aufklärung)

Exilforschung als Teil der NS-Forschung (Kunst und Literatur im antifaschistischen Exil 1933–1945)

Phänomen Exil und Exilliteratur in der Forschung

Operative Literaturgenres (Reden, Arbeit in publizistischen und technischen Medien: Engagement und Antiengagement)

Politische, literarische, akademische Eliten in der Emigration (Leben, Arbeit, Zusammenschlüsse, Intentionen und Wirkungen)

Beispiel eines Forschungsmodells der Deutschen Forschungsgemeinschaft (DFG) mit 10 Schwerpunktprogrammen und -disziplinen wie: Geschichte, Politologie, Pädagogik, Soziologie, Publizistik/Kommunikationswissenschaft, Kunstgeschichte, Theater-, Literaturwissenschaft, Musik- und Medizingeschichte

Einzelfragen:
– Exil oder Emigration
– Emigration und Immigration
– Exil und Formen der Integration
– Rezeption und Wirkungsgeschichte von Exilliteratur (u. -kunst)
– Nach 1945: Die Daheimgebliebenen und die Zurückkehrenden

238

Beispiel 3: Übersichten (Information, Lese-Motivation) zur Exilliteratur

Thomas Mann (1875–1955)

Biographische Daten und Fakten (Exilzeit)

1933 Emigration, zuerst nach Sanary in Südfrankreich, dann nach Küsnacht bei Zürich, dort Aufenthalt bis 1938
1934 Erste Reise in die USA (Fortsetzung des Romans „Joseph und seine Brüder", Band II)
1936 Aberkennung der deutschen, Annahme der tschechischen Staatsbürgerschaft
1938 Thomas Mann geht in die USA, zunächst als Gastprofessor an die Universität von Princeton, N. Y.
1939 Roman „Lotte in Weimar"
1940 Thomas Mann und seine Familie ziehen nach Kalifornien, in den Westen der USA
1941 Bau und Bezug des eigenen Hauses in Pacific Palisades (Los Angeles); dort Verbleib von 1942 bis 1952
1942 Radiosendungen an die „Deutschen Hörer"; kultureller Berater in Washington (Library of Congress)
1943 Abschluß der Tetralogie „Joseph und seine Brüder" (Band IV)
1944 Erwerb der amerikanischen Staatsbürgerschaft; Erzählung „Das Gesetz"
1947 Roman „Doktor Faustus. Das Leben des deutschen Tonsetzers Adrian Leverkühn, erzählt von einem Freunde"
1949 „Die Entstehung des Doktor Faustus. Roman eines Romans"; Besuch im Nachkriegsdeutschland
1952 Rückkehr nach Europa (in die Schweiz)
1955 Thomas Mann stirbt in Zürich/Schweiz

Zum Gesamtwerk von Thomas Mann

„Der kleine Herr Friedemann" (1898), Novellensammlung – „Die Buddenbrooks" (1901), Roman – „Tristan" (1903), Novelle – „Tonio Kröger" (1903), Novelle – „Königliche Hoheit" (1909), Roman – „Der Tod in Venedig" (1912), Novelle – „Betrachtungen eines Unpolitischen" (1918) – „Von deutscher Republik" (1922), Rede – „Vom Geist der Medizin" (1925) – „Der Zauberberg" (1924), Roman – „Deutsche Ansprache. Ein Appell an die Vernunft" (1930 – Josephsroman: „Joseph und seine Brüder" (1933–43) Romane: „Die Geschichten Jakobs" (1933), „Der junge Joseph" (1934), „Joseph in Ägypten" (1936), „Joseph der Ernährer" (1943) – „Die Kunst des Romans" (1939) – „Lotte in Weimar" (1939), Roman – „Die vertauschten Köpfe" (1940), indische Legende – „Doktor

Faustus" (1947), Roman – „Der Erwählte" (1951), Roman – „Bekenntnisse des Hochstaplers Felix Krull" (1954), Roman.

Lion Feuchtwanger (1884–1958)

Biographische Daten und Fakten (Exilzeit)

1933 Feuchtwanger ist auf Vortragsreise in den USA, als Hitler die Macht ergreift; Plünderung seines Hauses, Ausbürgerung, Aberkennung des Doktortitels, Vermögens-Beschlagnahme

1933–1940 Feuchtwanger hält sich in Sanary in Südfrankreich auf, tritt bei Kongressen gegen die Nationalsozialisten und als Sprecher der Exilanten auf; Weiterführung der literarischen Arbeit

1936 Feuchtwanger, Bert Brecht und Willi Bredel begründen die (in Moskau herausgegebene) Exilzeitschrift „Das Wort"

1937 Reise Feuchtwangers nach Moskau, Bericht darüber

1940 Internierung des Autors durch die Franzosen nach dem Einmarsch deutscher Truppen in Frankreich; mit Hilfe von Freunden und durch den Einsatz seiner Frau Marta gelangt Feuchtwanger über Marseille, die Pyrenäen, Nordspanien und Portugal in die USA

1941 Niederlassung in Pacific Palisades in Kalifornien (in der Nähe von Thomas Mann)

nach 1945 Ehrungen und Auszeichnungen für Lion Feuchtwanger durch die Bundesrepublik, durch die DDR und durch seine Heimatstadt München

1958 Feuchtwanger stirbt am 21. Dezember in Pacific Palisades (Los Angeles)

Zum Gesamtwerk von Lion Feuchtwanger:

Der tönerne Gott (1911), Roman – Thomas Wendt (1919), dramatischer Roman – Die häßliche Herzogin Margarete Maultasch (1923), Roman – Jud Süß (1925), Roman – Die Petroleum-Inseln (1927), Drama – Der Wartesaal (1930–1939), Romantrilogie: Erfolg. Drei Jahre Geschichte einer Provinz (1930), Die Geschwister Oppermann (1933), Exil (1939); Josephus-Trilogie (1932–1945), Romantrilogie: Der jüdische Krieg (1932), Die Söhne (1935), Der Tag wird kommen (Das gelobte Land) (1945) – Der falsche Nero (1936), Roman – Das Wort (1936–1939), polit.-lit. Zeitschrift, zusammen mit Brecht und Bredel – Moskau (1937), Reisebericht – Unholdes Frankreich (1942), autobiographisches Tatsachenbuch (später erschienen unter dem Titel: Teufel in Frankreich, 1954) – Simone (1944), Roman – Waffen für Amerika (1947/48), zweibändiger Roman – Goya oder der arge Weg der Erkenntnis (1951), Roman – Narrenweisheit oder Tod und Verklärung des Jean Jacques Rousseau (1952), Roman – Spanische Ballade (Die Jüdin von Toledo) (1955), Roman – Jefta und seine Tochter (1957), Roman.

Franz Werfel (1890–1945)

Biographische Daten und Fakten (Exilzeit)

13.3.1938 Einmarsch der deutschen Truppen in Österreich. Der „Anschluß" ist vollzogen; Franz Werfel hält sich in Italien auf
1938 Flucht in die Schweiz (Zürich)
1938 Übersiedlung nach Paris
Juli 1938 Übersiedlung in die „Emigrantenkolonie" Sanary in Südfrankreich
1939 Politische Reden und Aufsätze zum Tagesgeschehen
1940 Umzug nach Marseille nach der Kapitulation Belgiens (28. Mai 1940)
Nach dem Einmarsch der deutschen Truppen in Frankreich:
18.6.1940 Flucht aus Marseille, über Carcassonne, Biarritz, Hendaye, St. Jean de Luz, Pau nach Lourdes (27.6.); über Spanien und Portugal auf der „Nea Hellas" nach Amerika (13.10.)
30.12.1940 Ankunft in Los Angeles
26.8.1945 Tod von Franz Werfel in Beverly Hills/Los Angeles

Zum Gesamtwerk von Franz Werfel

a) Epik

„Nicht der Mörder, der Ermordete ist schuldig" (Novelle, 1920) – „Verdi" (Roman einer Oper, 1924) – „Barbara oder die Frömmigkeit" (Roman über Krieg, Nachkriegszeit und Habsburg-Untergang, 1929) – „Der Abituriententag" (psychoanalytisch angelegte Novelle, 1928) – „Die Geschwister von Neapel" (Raumroman über sechs Lebensläufe, 1931) – „Die vierzig Tage des Musa Dagh" (Werfels Roman-Hauptwerk, über die Armenier-Türken-Kämpfe von 1915, geschrieben 1933) – „Der veruntreute Himmel" (Roman, 1939) – „Das Lied von Bernadette" (Roman über Lourdes, 1940/41) – „Stern der Ungeborenen" (utopischer Roman aus dem Jahre 1945; postum 1946).

b) Lyrik

„Der Weltfreund" (1911) – „Wir sind" (1933) – „Einander" (1915) – „Gerichtstag" (1919).

c) Dramatische Werke

„Troerinnen" (Neudichtung nach Euripides, 1915) – „Der Spiegelmensch" (magische Trilogie, Versuch einer „Faust"-Bearbeitung, 1920) – „Juarez und Maximilian" (historisches Drama, 1924) – „Paulus unter den Juden" (1926) – „Jakobowsky und der Oberst" („Komödie", 1943) – Opernbearbeitungen, Libretti.

Beispiel 4:

Zur Vermittlung literarischer Texte

>Materialien<

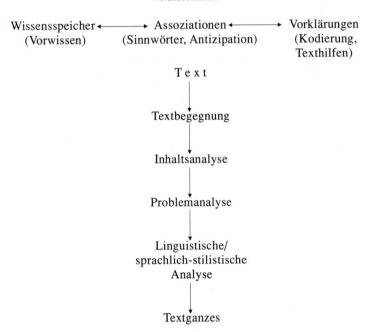

Wissensspeicher ⟷ Assoziationen ⟷ Vorklärungen
(Vorwissen) (Sinnwörter, Antizipation) (Kodierung, Texthilfen)

T e x t

Textbegegnung

Inhaltsanalyse

Problemanalyse

Linguistische/
sprachlich-stilistische
Analyse

Textganzes

Weiterführung

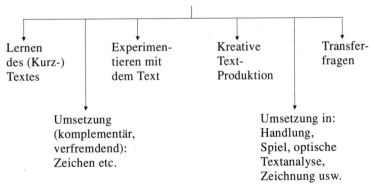

Lernen des (Kurz-) Textes

Experimentieren mit dem Text

Kreative Text-Produktion

Transferfragen

Umsetzung (komplementär, verfremdend): Zeichen etc.

Umsetzung in: Handlung, Spiel, optische Textanalyse, Zeichnung usw.

Beispiel 5:

Zeitgenössische Literatur im Deutschunterricht:
Anleitung – Vermittlung – Motivation
(Seminarpapier)

Lyrik seit 1945 im Überblick

Darstellung einiger Tendenzen, Strömungen

I. *Kontinuität der Tradition – lyrische Restauration*
   – bis etwa 1950: Blüte formalistischer Tendenzen (des Sonette-Unwesens)
   – Flucht und Ausflucht ins Gedicht unabhängig von zeitgeschichtlichen Entwicklungen und Erschütterungen oder unangemessene Ästhetisierung
   W. Bergengruen (1892–1964), R. A. Schröder (1878–1963), G. v. le Fort (1876–1971), R. Hagelstange (1912–1984)

II. *Überwindung der Tradition*
   – Übergang zu freieren Formen, Rhythmen
   – Verwendung von verfremdeten Bildern
   – knappe, prägnante Ausdrucksweise
   – Hereinnehmen des unmittelbaren Zeitgeschehens
   M. L. Kaschnitz (1901–1974), Dagmar Nick (1926)

III. *Natur- und Landschaftslyrik*
   – Fortsetzung der naturmagischen Schule (schon vor 1945)
   – Einbeziehung von mythischen, mystischen Elementen
   – Eliminierung der Person
   – Natur wird bis ins kleinste Detail geschildert
   – Gefahr eines rein dekorativen Charakters des Gedichts (Bildungsschmuckstück)
   Oskar Loerke (1884–1941), W. Lehmann (1882–1968), P. Huchel (1903–1981), G. Eich (1907–1972), K. Krolow (1915), Ch. Lavant (1915–1973), H. Piontek (1925)

IV. *Hermetische Lyrik*
   – Herauslösung des Gedichts aus jedem gesellschaftlichen Zusammenhang
   – Verwendung von Irrationalismen, Antiintellektualismen, metaphysischen Chiffren
   – Hypertrophierung des lyrischen Ich
   – entzieht sich weitgehend dem allgemeinen Verständnis
   G. Benn (1886–1956), P. Celan (1920–1970), R. Ausländer (1905), N. Sachs (1891–1970), I. Bachmann (1926–1973)

V. *Das spielerische Gedicht*
   - vom Dadaismus beeinflußt
   - gelenkte verbale Konfiguration (Wortspiel)
   - unablässige, scheinbar groteske Sinnverschiebung
   H. Arp (1887–1966), Einfluß auf:
   G. Grass (1927): Die Vorzüge der Windhühner (1956)
   P. Härtling (1933): Yamins Stationen (1955)
   P. Rühmkopf (1929): Irdisches Vergnügen in g (1959)
   W. Höllerer (1922): Gaspard (1959)
   G. B. Fuchs (1928–77): Brevier eines Degenschluckers (1960)

VI. *Experimentelle und Konkrekte Lyrik*
   - antigrammatische Poesie
   - Konzentration auf die „buchstäbliche" Existenz des Wortes
   - Zerbrechen der traditionellen Verschmelzung von optischen, akustischen und semantischen Elementen
   H. Heißenbüttel (1921), F. Mon (1926): experimentelle Lyrik
   E. Gomringer (1925), C. Bremer (1924): konkrete Lyrik

VII. *Die gesellschaftskritische, politische Lyrik*
   - der Agitation ist alles andere untergeordnet, auch Kunst und die Ausdrucksmittel der Lyrik
   - alltägliche Sprache, rigoros, unmißverständlich
   - das Ich tritt zurück
   - „Heiße" Themen werden angesprochen
   B. Brecht (1898–1956), H. M. Enzensberger (1929), E. Fried (1921), W. Biermann (1936), F. C. Delius (1943), A. Astel (1933)

VIII. *Pop-Gedicht – Neue Sensibilität – Neue Subjektivität*
   - Zurücknahme des Kunstanspruchs
   - oft funktionslose Ableitung von Prosa zu Verszeilen (Flattersatz): „zum Großteil metrisch naiv und formal von tödlicher Monotonie und Spannungslosigkeit" (Hartung)
   - das erlebende Subjekt in seinem Alltag tritt in den Vordergrund (oft Distanzlosigkeit gegen sich selbst)
   - natürliches, ungezwungenes Sprechen ohne Symbol und Metapher (Parlandostil)
   R. D. Brinkmann (1940), N. Born (1937), G. Herburger (1932), J. Theobaldy (1944), Ch. Derschau (1939)

IX. *Wiederkehr der Formen*
   - Form als metrische Struktur und strophische Konvention, auch als einmalige individuelle Strukturfindung:
   L. Harig (1927), K. Krolow (1915)

Beispiel 6:

Anleitungen zur Gedichtinterpretation

Inhalt/Gehalt

- Inhalte
- Ideengehalt
- Motivliche Einordnung
- Personen und Konstellationen
- Subjektivität der Aussage
- Erlebnisbereich
  „Objektivität" der Aussage
- Kognitiver Bereich
- Wertbezug (objektiv, subjektiv)
- Affektiv-emotiver Bereich
- Situationsbezüge
- Personenbezüge (z. B. Adreßfaktoren, Appellstrukturen)
- Zusammenhang (Kongruenz oder Verfremdung von Titel und Inhalt)
- Makro- und Mikrostrukturen im Text
- Gliederung, Aufteilung, Einteilung (inhaltlich, gedanklich, erlebnis-episodenhaft)

Form/Gestalt

- Frage nach der Gattung/Genre des Gedichts (z. B. Ballade, Sonett, Ode)
- Versart, Metrum, Rhythmus
- Verhältnis von Metrik und Syntax
- Besonderheiten der Lautung
- Semantische und polysemantische Wertigkeiten
- Bevorzugte Wortarten (Adjektive, Substantive usw.)
- Stilistische Besonderheiten (substantivisch; Verben; ohne Verben)
- Stilistische Ausprägungen (Geschlossenheit, „Hektik", Vorgefertigtes usw.)
- Bilder, Metaphern, Symbole, Chiffren
- Besonderheiten: Wortbildung, Wortstellung
- Sinn- oder stimmungstragende Wörter und Wendungen
- Kodierungen (Äquivalenzklassen der Wörter)
- Verhältnis zur Wirklichkeit
- Gesellschaftsbezogenheit (z. B. Lyrik des Engagements)

Bezüge

- Merkmale eines Persönlichkeitsstils, eines individuellen Duktus
- Erlebnis- bzw. Ereignis- oder Stimmungs-Hintergrund
- Gedankliche Botschaft/ästhetischer Diskurs
- Zu einer Epoche, einem Ereignis: gesellschaftskonforme, -konträre, -indifferente Einstellung
- Stellenwert im Schaffen, im Gesamtwerk eines Autors (erlebnishafter, situativer, biographischer Schreibanlaß)
- Entstehungsgeschichtliches; Umformungen, Neufassungen
- Normative Grundzüge oder bewußte Abweichungen
- Historische Dimension, geschichtliche Voraussetzungen des Gedichts
- Vergleich mit motivgleichen, -ähnlichen, -kontrastiven lyrischen Texten der gleichen (oder unterschiedlichen) Zeit
- Wirkungsgeschichte des Gedichts (Interpretationen, eventuelle Realisationen, Wirkungen)

Beispiel 7:

Fragen an literarische Texte (vorzugsweise Prosa)

- Handlungsverlauf, Inhalt, Motiv
- Gestaltung der Personen, der Protagonisten/Antagonisten
- Faktoren von Ort und Zeit des Geschehens
- Zunächst auffallende sprachliche Mittel der Darstellung
- Funktionen dieser sprachlichen, auch rhetorischen Mittel
- Frage nach herausgehobener Verwendung von Wortarten (Substantive, Adjektive, Verben; Kodierungen besonderer Art; Fachsprachliches)
- Satzarten, herausgehobene Verwendung von besonderen Sprechakten; Syntax
- Vergleiche, bildhafte Ausdrücke; Metaphorik des Textes
- Kern-Problematik epischer (auch dramatischer, lyrischer) Texte
- Merkmale der literarischen Gattung, Gattungsform, des literarischen Genres
- Über den Text hinausweisende Faktoren: Autor, Gesamtwerk; kontextuale Bezüge, die aus dem Text zu erschließen oder für sein Verständnis einzubringen sind
- Verhältnis von erstem Eindruck, Gesamteindruck bei Kern- und Gelenkstellen
- Frage nach Motiven, Leitmotiven, Schlüsselwörtern und -begriffen
- Bezüge aus dem Text zum Titel der Ganzschrift
- Analyse der Einleitung (Eröffnung, Exposition), des Abschlusses, der „offen", auch fragmentarisch, „geschlossen" oder in unterschiedlichen Fassungen vorliegen kann
- Frage nach dem Perspektivismus des Erzählers (z. B. auktoriale Erzählsituation; Ich-Perspektive, „echt" oder fiktiv; personale Erzählsituation); Möglichkeiten der Abweichung, Vermengung, des Wechsels von Erzählperspektiven innerhalb eines Werkes oder Textes
- Auffälligkeiten von Gliederungselementen in einem Werk
- Frage nach epochenspezifischen Gestaltungsmitteln
- Sozio-kulturelle Bezüge, Wirklichkeitsebenen; Notwendigkeit einer Verifizierung oder Falsifizierung des Dargestellten (z. B. Intention des Autors; Gültigkeit und Auswahl bei dokumentarischer Literatur)
- Träger von Gedanken, Ideen, Lehren, Doktrinen; Art der Darstellung von Personen, Haltungen, Konstellationen, Gruppierungen (was tun sie, was sagen sie, was sagen andere über sie, gibt es Stellungnahmen des „echten" oder des erkennbar fingierten Autors)
- Berücksichtigung von typographischen Belangen, von Wort-Bild-Relationen
- Erhellendes Stellen von Texten in Sequenz-Zusammenhänge, die entsprechen oder verfremden (Kongruenzen, Oppositionen)
- Wirkungsaspekte, in- und ausländische (Literatur-)Kritik zum Text.

(Stocker 1988; S. 52f.)

246

Beispiel 8:

Anleitungen zur Befragung von sachbezogenen Texten

1. Fragen zu Herstellung und Herkunft des Textes:
   a) Herkunft: Autor – Zeitbezug – Anlaß – Umstände – „Organ" – Verbreitung (Distribution)
   b) Autorintention: Erkennbare Absicht – verschleierte Absicht – Zweck- und Zielsetzung – Gesagtes und/oder Gemeintes – Ausgesprochenes, nicht oder indirekt Ausgesprochenes
   c) Einstufung und Bestimmung der Textart/Textsorte (z. B. informativer/sachbezogener, appellativer Text)
   d) Frage nach auffallenden inneren (sprachlichen) oder äußeren (formalen) Text-Strukturen, Frage nach auffallenden Textformanten einzelner Abschnitte.

2. Fragen zum Inhaltlichen:
   a) Welches Thema, welcher Sachverhalt, welches Motiv steht im Vordergrund?
   b) Frage nach Titel, Untertitel, Einteilung, Kernformulierung(en), Kernsätzen
   c) Frage nach Aufbau und Gliederung: Makro-/Groß- und Mikro-/Kleinstruktur oder -gliederung des Textes – Frage der Gedankenfolge – Möglichkeit und Notwendigkeit von Benennungen/Zwischentitel(n), Hypothesen
   d) Geht es um Informationen, Fakten, Hypothesen, Thesen, Vermutungen?
   e) Gibt es „Absicherungen" durch Zitate, ist dialektische Gedankenführung gegeben?

3. Fragen zu Sprache und Stil:
   a) Satzbau/Syntax: Sind bestimmte Satzmuster bevorzugt? Lassen sich Sprechakte erkennen wie Aussage-, Frage-, Behauptungs-, Empfehlungshandlungen usw.? – Verhältnis von Gleichordnung (Parataxe) und Unterordnung (Hypotaxe) im Satzbau?
   b) Semantik/Bedeutungsschema: Frage nach dem Wortschatz – Kodierung und Subkodierung (Fachwortschatz, Fremdwörteranteil, Grad der Einfachheit oder Kompliziertheit)
   c) Rhetorischer Bereich: Frage nach den rhetorischen Mitteln
   d) Gesamtcharakterisierung: Sprachschichten, Verständlichkeit, Funktion einzelner Textteile im Gesamtrahmen; Spuren von Idiolekt (unverwechelbare Sprache), Dialekt (Mundartliches), Soziolekt (Gruppensprache).

4. Fragen zur Textaufnahme und -rezeption:
   a) Mediale „Herkunft" des Textes: Buch, Zeitschrift, Lesewerk, Text-
      buch, Anthologie, Zeitung; Art der Zeitung; Printmedium oder
      elektronisches Medium der Vermittlung?
   b) Frage der Zielgruppe, des Adressatenkreises: Ist eine Zielgruppe,
      ein Publikum angesprochen, erkennbar (Inhaltliches, Formales,
      Sprachliches als Schlüssel); Frage der intendierten und tatsächlich
      erreichten Zielgruppe
   c) Textwirkung: Kognitive oder affektiv/emotive Bestimmtheit, Hand-
      lungsanstoß, Frage von beabsichtigter und erzielter Wirkung
   d) Ist etwas bekannt zur Wirkungsgeschichte des Textes oder der Texte
      (zeitgenössisch, historisch, inländisch, ausländisch, wissenschaft-
      lich, publizistisch, politisch, usw.)?

5. Textinterne und textexterne Faktoren:
   a) Einordnung des Textes (z.B. historisch, gesellschaftlich)
   b) Frage nach (vergleichbaren) motivgleichen, motivähnlichen, kon-
      trastiven Texten (oder konträren Auslegungen, Deutungen)
   c) Auseinandersetzung mit dem Text: Differenzierungsmöglichkeiten,
      Begründungen zum Pro und Contra des Inhalts; inhaltsorientierte,
      dann problemorientierte Auswertung; dialektische Sondierungen,
      Frage nach dem persönlichen Urteil und der persönlich-individuel-
      len Einschätzung und Wirkung.

(Stocker 1988, S. 45f.)

Beispiel 9: Fächerübergreifendes Vorgehen (Beispiel: Gegenwarts-
             roman)

Didaktische Reflexion zum Einbau eines Romans in den Unterricht –

aufgezeigt am Beispiel Alfred Andersch:
„Sansibar oder der letzte Grund"

(Anregungen zur Auswahl)

– Einbau des Romans gemäß Lehrplanvorgaben; schulartenspezifisches
  Vorgehen
– Behandlung des Romans im Rahmen von „Gegenwartsromanen"
– Motivbeispiel zur Thematik „Flucht" und „Exil"
– Motivbeispiel: Menschen in der Bewährungsprobe der Diktatur
– Problemkreis: Der Dichter und die Gesellschaft
– Problemkreis: Der Künstler in der Gesellschaft
– Problemkreis: Leben in der Diktatur (vgl. Hans Werner Richter: „Die
  Stunde der falschen Triumphe")
– Motivlich entsprechende, gattungsunterschiedliche Werke, Texte oder
  Ganzschriften zu dieser Rahmenthematik

- Leben und Werk von Alfred Andersch: Grundgedanken seines Werkes
- Schulfunksendung über Alfred Andersch (1914–1980) und sein Werk (Schwerpunkt: Roman „Kirschen der Freiheit"), Bayerischer Rundfunk
- Problemkreis „Entartete Kunst"; die (traurige) Rolle Münchens (Ausstellung in den Hofgartenarkaden 1936)
- Aktualität: Probleme der inneren und der äußeren Emigration
  a) Kontextbezüge; geschichtliche Aspekte
  b) Antizipatorisch (vgl. George Orwell: „1984")
  c) Aktuell, gegenwartsbezogen (vergleichbare Situation ist leider in einer Reihe von Ländern der Welt gegeben)
- Affektive Annäherung – jedoch nicht im Sinne einer Lebenshilfe – an den Roman und die dort geschilderten Schicksale
- Bei der Diskussion: von der Inhaltorientierung zur Problemorientierung
- Möglichkeiten der graphischen/optischen Textanalyse (die Handlungsstränge des Romans)
- Lernziele des Literaturunterrichts in Anwendung auf den Roman von Alfred Andersch „Sansibar oder der letzte Grund"
- Lichtbilderbeispiele speziell zu Ernst Barlach (1870–1938) Plastiken
- Fächerübergreifende Fragestellungen
  a) Parallelen zur Musik
  b) Parallelen zur Kunst: Barlach auch als Romancier (postum: „Der gestohlene Mond", 1948) – und als Dramatiker („Die Sintflut", 1924)
- Fächerverbindung zur Zeitgeschichte (Geschichte des Dritten Reiches) und zur Sozialkunde
- Themenkreis (didaktische Reihe, literarische Texte/Kernstellen): Menschen in der Bewährung, in der Verfolgung, in Grenzsituationen.

Beispiel 10:

Kennzeichen von Texten der Massenliteratur können sein:

- Massenliteratur als „Gebrauchsliteratur", einmal gelesene, dann weitergeliehene, -verschenkte oder weggeworfene „Verschleißware".
- Der Warencharakter ist offenkundig; Verkaufszahlen sind wesentlicher als Qualität, der „Wert" liegt in der Umsatzquantität.
- Der „Seriencharakter" gilt für Hefte, Romane und vor allem für Fernsehserien und für die „soap operas": adaptierte und synchronisierte wie eigensprachliche und -produzierte.
- Schon die Aufbruchssituationen (Einleitungen) und Gestaltungen der Schlüsse können klischeehaft sein.
- Die Adjektiv-Substantiv-Koppelungen als Zweier- (der würdige, alte

Herr) bzw. Dreierfiguren (der rauschende, glitzernde, muntere Bach) sind auffallend; Anreicherungen des Wortschatzes sind mit Vorliebe den Bereichen von Technik, Wissenschaft und Medizin entnommen.

- Freund- und Feindbild, Antagonisten und Protagonisten sind Bestandteile eines Weltbildes, das eher auf Beharrung, nicht auf Veränderung zielt.
- Kennzeichnend ist die „Vorhersagbarkeit" von Handlungs-, Motiv-, Charakterisierungs-, Wort- und Strukturklischees (in Makro- wie Mikrostrukturen).
- Typisch ist die Häufung des Episodischen, der Aktionen („action"), der Geschehensabläufe.
- Bemerkenswert ist die Vertauschbarkeit von Rollen, Vorstellungen, Problemen, von Räumlichem (Vergangenheit: z.B. Ritter; Gegenwart und Zeitgeschichte: z.B. Landser; Zukunft: Science-fiction-Welt), sind unterschwellig vermittelte, nicht immer „harmlose" und keineswegs unpolitische oder ideologiefreie Tendenzen.
- Von Interesse sind dabei jeweils die Strategien der vorgeführten Konfliktbewältigung.
- Das „entdeckende" Lernen kann schon ansetzen bei einer exemplarischen Auflistung von vorkommenden Familien-, Orts- oder Autorennamen (bzw. -pseudonymen), beim Analysieren der Titelblätter („Titelseitensemantik") und der dort verwendeten Zeichensysteme (Photos, Zeichnungen, Symbole, Farben, Kompositionen, Druck, Blickfang, Blickführung).

Möglichkeiten des methodischen Vorgehens sind vorschlagsweise:

- Vorlage eines Einzeltextes, eines Heftes, einer „Ganzschrift", Auswertung ergiebiger Kernstellen –
- Herausarbeiten von Gesichtspunkten und Ansätzen zum Selberfinden von Beurteilungs-Kriterien –
- Kritisches Vergleichen mit der Wirklichkeit (Bergszene, Strand; Inland, Ausland; Stadt- oder Landmilieu; Berufs- und Arbeitsplatz usw.) –
- Die Vergegenwärtigung von Schlagertexten ist der wohl kürzeste Weg zur Frage nach einer „Lebenshilfe", die der „Literatur" selbst kaum zugestanden wird oder werden sollte –
- Versuch einer – möglicherweise auch graphischen – Darstellung von schematischer Charakterisierung, von Personenkonstellationen (Ingroup, Outsider usw.) –
- Die Zeichensysteme Wort und Bild (z.B. bei Comics), die Kongruenz von Text und musikalischer Begleitung (bei Schlager und Schnulze) und die Text-Bild-Komponente bei Unterhaltungsstoffen (Illustrationen, Photobeigaben) sind Ansatzpunkte der unterrichtlichen Interpretation von Beispielen der Massenliteratur.

(Stocker 1988, S. 54f.)

Beispiel 11:

Heinrich v. Kleist
– Leben, Biographie
– Prosawerke und Schriften
– Dramen
– Kleist oder das „absolute Ich" (Günter Blökker)
– Kleist und der „Kohlhaas"-Stoff (Beitrag zum Verständnis Kleists)
– Kleists Intentionen: (vgl. Schluß der Novelle)
– Kleist als Typus des „tragischen Dichters"

Die Novelle
– Begriff
– Formen
– Bedeutung im 19. Jahrhundert
– Kleist als Novellenschreiber
– Zur Geschichte der Novelle (vom 14. bis ins 20. Jahrhundert)

Michael Kohlhaas
– Entstehung, Hintergrund, Inhalt des Werkes
– Erzähltechnik (Chronikstil): Frage der Kodierung
– Kohlhaas-Rezeption
– Symbolcharakter des Kohlhaas (Frage nach der „Kohlhaas-Natur" als Anlage oder Existenzform)

Geschichte und Sozialkunde
– Das geschichtliche „Vorbild" des Hans Kohlhaase
– Recht, Rechtauslegung und Strafvollzug im Brandenburg des 16. Jahrhunderts
– Fragen von Recht und Gewalt
– Fragen zu Widerstand, Widerstandsrecht, „-pflicht"
– Faustrecht, Selbsthilfe; Naturrecht und objektives Recht
– Dichtung und Wahrheit: zur Gestalt von Martin Luther

Mögliche didaktische und methodische Annäherungen an die Kleist-Novelle „Michael Kohlhaas"

Werks-Diskussion
– Fragen von Recht und Unrecht, Schuld und Freiheit
– Gegenüberstellung (Kernstellen) von konträren Kohlhaas- bzw. Kleistdeutungen Interpretationsebenen: 16. Jahrhundert, 1810, heutige Sicht
– problemorientierte Wertung bzw. Auswertung
– Berücksichtigung der Wirkungsgeschichte dieser Novelle
– mediale Rezeptionsformen (Adaption oder freie Gestaltung für Film, Fernsehen, Hörbild)

Rezipientenbefragung
– Schriftliche Fixierung von Gedanken (bei der Lektüre: mit oder ohne Leitfragen)
– Reflexion über den Vergleich zwischen ersten Eindrücken beim Lesen und Ergebnissen der Durchnahme
– eventuelle Revision der eigenen Eindrücke, Erfahrung, Wirkung, Meinung

Literaturunterricht
– Motivationsebenen
– Frage nach den Transfermöglichkeiten
– exemplarische Durchnahme
– kategoriale Behandlung
– Frage nach strukturierenden Arbeitshilfen (Biographie, Werksverzeichnis)
– Arbeitsformen, Arbeitsteilung

Arbeitsgemeinschaft
– Kleist und seine Zeit, Kleist in seiner Zeit
– Medieneinsatz
– Frage nach Entwicklung und Entwicklungsformen dokumentarischer Literatur

Beispiel 12:

Alternativ-Vorschläge zur didaktisch-methodischen Konzeption von Dramenunterricht im Sekundarbereich I und II

(1) Vorschläge zur Einführungs- bzw. Anknüpfungs- und Motivationsphase (Sekundarbereich I)

    (a) Klärung der unterrichtlichen und außerunterrichtlichen Voraussetzungen. Vorarbeit, Kenntnisstand, Erwartungs-, Erfahrungs- und Motivationshorizont der spezifischen Zielgruppe:

- Ausgehen von bereits bekannten bzw. behandelten Lese- und Lektürestoffen (Texte, Ganzschriften)
- Auszüge aus dramatischen Texten (Kern- und Gelenkstelleninterpretation)
- Filme (Kurzfilme, Spielfilme, Jugendfilme, Unterrichtsfilme, Filmsequenzen)
- Erscheinungsformen von Comics (Wortebene bei Denk- und Sprechblasen, paralinguale Ebene der „Peng"-Wörter; Kommentierebene, Zwischen-, Überleitungs- bzw. Moderatorentexte)
- Hörspiel (einfachere Hörspiele, auch Kriminalhörspiele, literarische Hörspiele, experimentelle Hörspiele als Beiträge zum Hörverstehen)
- dramenkundliche Schulfunksendungen (Reihen zum Dramenunterricht, zur Theaterpädagogik, zur allgemeinen Medienkunde)
- Fernsehstücke (Fernsehspiele, Fernsehadaptionen; kontrastive Beispiele zu Fernsehrealisationen; Beispiele zu visualisierter Literatur)
- Sendungen des Schulfernsehens (theaterkundliche Reihen, Einzelsendungen; punktuelle, serielle Sendungen zur Theaterkunde)
- epische und lyrische Texte, die Besonderheiten dramatischer (dialogischer, monologischer) Texte
- Beispiele zu dramatisierten Texten und zur Textsortenlehre (z.B. Interview, Auskunft; kontrastive Behandlung von autorbezogenen, sachbezogenen und adressatenbezogenen pragmatischen Textbeispielen)
- Inszenierungsbeispiele, Inszenierungsvergleiche (zum gelesenen, behandelten, gesehenen, gehörten Text)
- Analysen zur „gesprochenen" Sprache (Gesprächsstrategien, Gesprächsverlauf; Argumentations- bzw. Sachstrukturen, Erlebnisstrukturen, Appellstrukturen) in dramatisierten Texten
- Beispiele von verbaler und non-verbaler Kommunikation (Sprechakte, Sprechhandeln, kontextabhängige und kontextunabhängige Sprache, pragmatischer Sprachgebrauch in typischen Sprechsituationen)

- von der Textanalyse zur Textproduktion (Fixierung von Höhepunkten, „spannende Darstellung", Anfertigen von Reportagen, von Exposés im Anschluß an die Behandlung des textualen Prozesses; von der Idee zum Exposé, zum Treatment, zum Drehbuch mit seiner verbalen und seiner technischen Spalte)
- Erarbeiten von eigenen, selbstgestalteten Ausdrucksformen (Sprechen auf Band, Nutzen von Tonträgern)
- Erarbeiten von Analyse-Modellen zu „geschlossenen" und „offenen" Dramenformen (Klotz, 1963) zu dramatischen Texten (Kurzformen, Großformen des „abendfüllenden" Dramas)
- Analysen zu gesprochener bzw. gehörter Dichtung (Sprechplatten, Schallplatten, Originalaufnahmen, Vergleiche verschiedener Sprecher und Aufnahmearten aus verschiedenen Inszenierungen und Jahrzehnten).

(b) Bereich von Spiel, Theater- und Medienkunde

- Einbringen von Erfahrungen mit Rollenspielen (gelenkte und freie Formen des Rollenspiels)
- Planung und Durchführung von Planspielen (Festlegen spezifischer Formen der Vorgehens-„Dramaturgie")
- Ausgehen von Erfahrungen und Beobachtungen zum herkömmlichen Schulspiel (mit seinen vorgegebenen, zu lernenden „Rollen)
- Übungen zum Sprech-(Wort-)Theater, dann zur Pantomime (als Beispiel non-verbaler Spielform)
- Szenenanspiel (Kerndialoge, Expositionen und Dramaneröffnungen zu älteren und modernen Stücken, sofern diese sprachlich wie inhaltlich keine Überforderung darstellen)
- Rahmenaktivitäten zu und Antizipation von Aufführungen (Choreographie, Bühnenbild, Fragen der inneren und äußeren Dramaturgie, Lese-, Stell-, Beleuchtungsproben; Szenenwechsel bei „offener" Bühne und bei geschlossenem Vorhang)
- Beobachtungen bei Laienspieltagen, bei Aufführungen von Schul- und Laienbühnen, Gastspielen, bei Darbietungen von Jugend- und Kindertheater
- Querverbindungen zum Kunsterziehungs- und Musikunterricht (Ansprechen von Versuchen zu einem – auch multimedial konzipierten – „Gesamtkunstwerk": als Synthese verschiedener Kunstdisziplinen)
- Einbeziehen und Umsetzen von Grundlagen der Medienkunde (Fragen der Realisation von geschriebenen zu inszenierten Werken)
- Einführung in die Theaterkunde (Entwicklungsphasen der Bühne, Vorstellungen des Totaltheaters, Beispiele von Bühnenarchitektur früherer Jahrhunderte und vor allem der Gegenwart)
- Theaterbegehung (Gesamtheit der Theatergebäude, Bühnen, Neben- und Betriebsräume)

- Besuch einer Bühnenprobe in einem kommunalen, staatlichen oder privaten professionellen Theater (am fruchtbarsten: mit anschließender Aussprache)
- Vorbereitung und Nacharbeit einer in das Unterrichtsgeschehen (Lektürevorhaben) einbezogenen Theateraufführung (Möglichkeit der vorausgehenden oder anschließenden Lektüre, der Interpretation greifbarer Kritiken usw. vor oder nach dem Theaterbesuch)
- Hinzunahme von Vorankündigungen, Programmheft-Beiträgen, Kritiken, lokalen und überregionalen Rezensionen zu verschiedenen Aufführungen
- Inszenierungsvergleiche (auch bei Theater- und Fernsehinszenierungen, Hörspielbearbeitungen, evt. unter Beachtung textualer Eingriffe; Erörtern von Fragen werkgerechter Inszenierung)
- Beispiele zur Bühnenaussprache (dialektfreie Aussprache; Anleitungen, Einsatz von Übungsschallplatten)
- Analyse von Bild- oder Diapositivbeispielen zur kulturgeschichtlichen Entwicklung der Bühne (Freilichttheater, Raumtheater) und zu wichtigen Stationen der europäischen und außereuropäischen Theatergeschichte und -tradition.

(2) Vertiefungs- bzw. Ergänzungsphase (Sekundarbereich II)

(a) Anknüpfung, Erweiterung, Vertiefung von früher (möglichst gemeinsam) Behandeltem, Angesprochenem, Aufgeführtem, Beobachtetem;

(b) zusätzliche Möglichkeiten (Kollegstufe; verstärkte, engagiertere, selbstverantwortliche Schüleraktivität in Spielgruppen und Arbeitsgemeinschaften, in Grund- und Leistungskursen).

- Vergleiche von – auch konträren – Interpretationen ausgewählter Dramen (als Ergebnisse z.B. verschiedener Analyseverfahren und Methoden)
- Lehrplananalysen zu Abschnitten über dramatische Texte (unter Berücksichtigung sogenannter Lektüre-Kanons aus verschiedenen Jahrzehnten des 20. Jahrhunderts, aus einzelnen Bundesländern, falls greifbar aus deutschsprachigen Ländern, aus dem Ausland; Abklärungen mit dem Fremdsprachenunterricht)
- Text und Exegese (Dramen und ihre Kommentierung durch Autoren, durch Literaturwissenschaft und Literaturkritik, durch Vergleich der Ergebnisse sprach- und ideologiekritischer Auslegungen)
- Beschäftigung mit der regionalen und überregionalen „Theaterlandschaft" (als Teil der öffentlichen Kulturszene, auf die hingeführt bzw. die einbezogen werden sollte: als Komponente einer systematischen „outdoor education" und zur Auseinandersetzung mit dem öffentlichen Kulturbetrieb)

- ausgewählte Streiflichter zur Theater- und Dramengeschichte (wiederum als Teil der Theater-, Kultur- und Literaturgeschichte im Sinne eines mehr diachronen, geschichtlichen Aspekts)
- Überlegungen zu Anwendungsmöglichkeiten linguistischer Ergebnisse (wie z.B. Sprechhandeln, Sprechakttheorie, Semiotik und Kommunikationstheorie) auf den Gesamtbereich dramatischer Texte; Klassifizierung von Textarbeiten und von – dominierenden – Textformanten innerhalb eines Textes, von Elementen der Textbildung
- Anwenden kreativer didaktischer Möglichkeiten auf ausgewählte dramatische Texte (Herstellung von „Oppositionen" zu szenischen Text-Sequenzen, zu anderen literarischen Textbereichen: in unterschiedlichen Intentionen, in anderer poetischer Strukturierung bzw. Kodierung, in Fremd- bzw. Originalsprache oder Übertragung, in „trivialer" Aufbereitung nach Struktur, Motiv, angewandtem Soziolekt oder verändertem Sprachduktus verschiedener Fassungen)
- Auseinandersetzung mit der (künstlerisch wie kommerziell und bildungspolitisch bestimmten) Theaterszene der Gegenwart
- Bestimmen von Differenzierungsmöglichkeiten nach Neigung und Leistung (für Angehörige von Grundkursen und Leistungskursen in Kolleg- bzw. Studienstufen)
- Ergebnisse aus der Sekundärliteratur, z.B. zu Rezeptionsweisen und -gruppenspezifischer Aufnahme dramatischer Formen, zu Distributoren und Distributionsverfahren (Literatur zwischen Kunst und Geschäft, Experiment und Kommunikation, Postulaten und Kalkulation)
- Textarbeit an Beispielen (Dialektik; Antithetik; Stilebenen; Rhetorik, Stilistik)
- Kontakte mit Vertretern des Kulturlebens (des geistigen Lebens, des Theaters, einzelner Bühnen, der Kultur- und Touristikreferate)
- intensive Planung von Theaterbesuchen (mit und ohne Leitfragen, mit oder ohne vorherige Lektüre, mit selbständig erstellten Kritiken und anschließenden Besprechungen, mit dem Herausarbeiten kategorialer, transfer-begünstigender Kenntnisse und Einsichten).

(nach: Stocker, 1981[3], S. 664 ff.)

Beispiel 13:

Motivation durch Texte. Diskussion und Schreibanlässe zum Thema: Literatur – ist sie am Ende angelangt? (Der „Fall" Wolfgang Hildesheimer). Vergleichstext: Hofmannsthals „Chandos"-Brief (1902).

(Anmerkungen von Wolfgang Hildesheimer zum Schreiben – heute; Thematik: „Der Mensch wird die Erde verlassen")

Abschnitt 1: Vorspann

Auch in diesem Frühjahr überschwemmt eine Flut von Neuerscheinungen den Buchmarkt. Doch viele der großen Namen fehlen. Verstummt sind berühmte Dichter der Nachriegsära: von Max Frisch oder Wolfgang Koeppen, von Günter Grass oder Heinrich Böll nichts Neues in Sicht. In den finsteren Zeiten nach der Wende, im Zeichen neuer Atomraketen und sich verschärfender Konflikte im Innern fällt immer mehr Schriftstellern das Träumen und Phantasieren schwer. Der politische Kampf vor Ort – in Bonn oder im schwäbischen Mutlangen hat für viele die Arbeit am Schreibtisch zweitrangig werden lassen.

Einer der namhaftesten Autoren unserer Tage, der Büchner-Preisträger Wolfgang Hildesheimer, hat nun erklärt, endgültig mit dem Schreiben aufzuhören. „Ich glaube, daß der Mensch in wenigen Generationen die Erde verlassen wird", prophezeit der 67jährige, der als Romancier („Tynset"), Biograph („Mozart") und Erzähler („Lieblose Legenden") zu internationalem Ruhm kam.

Abschnitt 2: Aussagen von Wolfgang Hildesheimer

Der Schriftsteller unserer Zeit hat von unserer Realität keine Ahnung mehr. Die Genetiker und die Biotechniker in Deutschland und den Vereinigten Staaten haben ihre Regierungen mehr oder weniger wissen lassen, daß, wenn sie auf ihrem Gebiet mit ihren Forschungen weiter so vorwärtskommen, von dem Begriff der Menschheit, so wie wir ihn benutzen und gewöhnt sind, bald nicht mehr die Rede sein wird. Schon heute ist es doch möglich, menschliche Gene zu manipulieren. Das ist eine Entwicklung, die nicht mehr aufzuhalten ist (…)

———

Es ist wohl kein Zufall, daß einige der besten Autoren mit dem Schreiben aufgehört haben. Vielleicht haben sie nicht einmal bewußt aufgehört. Aber es geht eben nicht mehr. Denken Sie an Wolfgang Koeppen oder Günter Grass, auch wenn der immer wieder anfängt, anzufangen versucht (…)

———

Gewiß, Endzeitstimmungen gab es auch schon in der Vergangenheit. Es gab aber nicht die wissenschaftlichen Möglichkeiten, das Maß ihrer Berechtigung nachzuweisen. Heute kann man das. Heute steht uns alles zur Verfügung, ganze Apparaturen, und es kann kein Zweifel mehr bestehen, daß die Schäden, die heute entstehen, nicht mehr zu reparieren sind. Wenn ganze Wälder vernichtet werden, werden sie für immer vernichtet. Die Katastrophen unserer Tage sind irreversibel. Das ist der große Unterschied zu früher. Wie gesagt: Der Mensch wird in Bälde die Erde verlassen haben. Mag sein, vielleicht kommen eines Tages wieder Menschen, oder es bleiben auch einige übrig. Aber diese Übriggebliebenen werden sich nicht gerade um Shakespeare oder Mozart kümmern.

———

(Aus: „Stern", Heft 16 v. 12. 4. 1984)

Beispiel 14:

Medieneinsatz im Literaturunterricht

Fragen nach einem „Medieneinsatz" im Literaturunterricht sind mit recht unterschiedlichen Auskünften quittiert worden. Von der Beliebtheit und vom Erinnerungswert her gab es nämlich relativ wenig Resonanz. Am ehesten dort, wo Medien im Medienverbund eingesetzt wurden, waren die Eindrücke nachhaltiger. Keinesfalls darf es beim Medieneinsatz um etwas Additives gehen, um eine gewisse „Vollständigkeit". Die Mittel, Materialien oder Software für solche textergänzenden Maßnahmen – denn nur darum kann es sich handeln, nicht um zunehmende „Textferne" bei proportionaler Bilddominanz – rekrutieren sich in der Regel aus (a) überregional erhältlichen Medien der Landesbildstellen, Kreisbildstellen z. B., aus (b) vor Ort beschafften Materialien (Schulen), (c) aus dem Fundus des/der Unterrichtenden sowie (d) aus Möglichkeiten, die die Schüler einlösen können (Prinzip des aufsammelnden Unterrichts, Projektorientierung).

Das Angebot scheint auf dem Mediensektor jedenfalls weit größer zu sein als die Nachfrage, zumindest vom Unterrichtenden her. Es sieht (mit Beispielen versehen) von den theoretischen wie materiellen Möglichkeiten her so aus:

– Lesebuch (literarisch, philosophisch, sozialgeschichtlich usw.)
– Ganzschriften (epische, dramatische Texte; fakultative und Pflichtlektüre)
– Anthologien (vorwiegend für Lyrik, weniger für Prosa geeignet, Kurzprosa ausgenommen; Überblicke, Entwicklungen, Vergleiche)
– Zeitungen, Zeitschriften, Fachzeitschriften, Kulturzeitschriften (was für den Englisch- oder Französisch-Unterricht „landeskundlich" unerläßlich ist, sollte gerade auch im Himblick auf Literaturbeilagen zu Tageszeitungen etc. auch im muttersprachlichen Unterricht gegeben sein)
– Diapositive (von der Theaterkunde und Medienkunde bis zur Typographie von Texten oder als Hintergrundinformation zu Dichter-Biographien)

- Tondiareihen (von Klassenfahrten; mit dokumentarischem Charakter; zur Auswertung von Exkursionen, Führungen)
- Overhead- oder Tageslichtprojektor (es gibt inzwischen eine regelrechte „Foliendidaktik": „vorbereitet", „entstehend", „gemeinsam erarbeitet" als die drei Grundvarianten; Biographisches, inner- und interkulturelle Verflechtungen und Einflüsse, strukturierende Lernhilfen, auch zur Vortragsunterstützung); Demonstration „optischer" Textanalysen, Aufbau von Büchereien eigener und fremder Kulturen
- Schallplatten, Kassetten, Tonband; Tonträger (Vertonungen von Literatur; Vortrag von Lautgedichten; Rezitationen berühmter Schauspieler und Sprecher; geschmacksästhetische Vergleiche; Lieder, Gedichte; Produktionen der heutigen „Liedermacher")
- Schulfunk und Rundfunk (laufende Programme mit punktuellen Enrichment- und mit seriellen oder Kursprogrammen)
- Schulfernsehen und Fernsehen (Direktübernahmen; zeitversetzte Aufzeichnungen im Zeichen der „Stundenplanbarriere" und bei ausdrücklich schul- und gruppeninternem Gebrauch; Theaterinszenierungen, Büchervorstellungen, Literaturberichte, Kulturkommentare, Autorengespräche, Lesungen); Video
- Lehr- und Unterrichtsfilme, Spielfilme, Kurzfilme (hergestellt oder in Auftrag gegeben z. B. durch das FWU (Institut für Film und Bild in Wissenschaft und Unterricht/Sitz München; zu beachten sind bei Spielfilmen die Bestimmungen über Vorführungen oder Filmbesuche während der Unterrichtszeit)
- Unterrichtsmitschau (Anregungen zur Diskussion, zur sachlichen Kritik; Gespräche über Themen wie „Wozu Klassik heute?", „Wozu Lyrik heute?"; Möglichkeiten für Unterrichtsanalyse und Selbstkontrolle)
- Bildplatte (sie scheint sich erst durchsetzen zu müssen, hätte eventuell den Unterrichtsfilm ablösen können)
- Schüleraktivitäten, Schülerhilfen, Lernhilfen, Arbeitsblätter, Arbeitshefte, Arbeitsmappen, Sammelmappen (verwiesen sei auf die im Projekt verwendeten und ausgewerteten Aufzeichnungen in den Lesetagebüchern der Kollegiaten).

Soviel zu den medialen Möglichkeiten. Verwiesen sei mit Nachdruck auf die Tatsache, daß das neue Medienrecht erst einmal Klärung bringen muß im Hinblick auf die rechtliche Gesamtsituation. Solange die besten und gefragtesten, die sinnvollsten Unterrichtsmöglichkeiten (Inszenierungsvergleiche; Beispiele zum Regietheater zum Unterschied vom Kollektivstil; Aufführungen in verschiedenen Ländern und Kulturen; Sequenzbetrachtung von Ausstellungen) blockiert sind durch die rechtlichen Bedenken und Einspruchsmöglichkeiten (Löschpflicht für zeitlich „zurückliegende" Sendungen sowohl des Schulfunks als auch des Schulfernsehens und erst recht die Problematik beim Einbau des „regulären" Funks und Fernsehens von Hörspielen bis zu adaptierten oder originalen Fernseh-Spielen und -inszenierungen) ist ein vertieftes Eingehen auf Chancen und Möglichkeiten sinnwidrig, weil verfrüht.

Beispiel 15:

Medien aus lernpsychologischer Sicht
- Kompaktinformation über ein „geschlossenes" Thema
- Informationen aus verschiedenen Perspektiven, Ansätzen oder Teilaspekten
- feststehende Sende- bzw. Empfangszeiten (gesetzter Programmraster)
- unabhängig verfügbare, von Rezipienten jederzeit einsetzbare (abrufbare) Medien (Video-Bänder)
- gleichzeitiges Miterleben (Live-Sendung, Direktübertragung)
- nachträgliche, zeitlich versetzte Übermittlung (Aufzeichnung)
- Medien, die eine innere Eigenleistung (Konzentration, Mitschreiben etc.) erfordern
- Sekundärmedien, die mehr oder weniger nebenher (begleitend) „registriert" werden
- schulische bzw. privat-häusliche, fakultative Rezeption
- Medien mit „Einweg-Kommunikation" wie z.B. Fernsehen, Rundfunk
- Medienprogramme mit der Möglichkeit einer direkten Rückmeldung (Feedback), wie z.B. Hörer- oder Zuschauerbeteiligung

Unterrichtsrelevante Medien
a) Personale Medien (mit menschlichen Informationsträgern bzw. -vermittlern):
- Lehrkräfte
- Schüler
- Referenten, Autoren, Gäste, Experten
b) vortechnische Medien
- Bildbände
- Modelle
- Faksimile-Drucke
- Programme, Kataloge
- Anthologien, Textsammlungen
- Print-Medien
c) Technische Medien
- auditive Medien
Rundfunk, Tonträger, Sprechplatten, Kassetten)
- visuelle Medien
(Diapositive, Projektionen, Diagramme, Folien, optische Textanalysen)
- audio-visuelle Medien
(Tonfilm, Fernsehen, Ton-Bild-Schau, Unterrichtsmitschau)

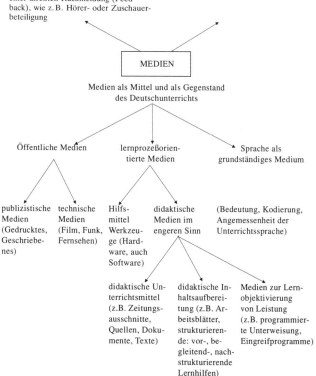

Beispiel 16:

Tischvorlage zur unterrichtlichen Behandlung von Landeskunde

Problemstellung als Aufgabe und Ziel (Überbegriff: Landeskunde)

Landeskunde bedeutet Auseinandersetzung mit den Lebensbereichen und Lebensformen des Zielsprachen-Raumes unter Einschluß von Sachverhalten, Verhaltensweisen, Handlungsabläufen, Normen, „Mentalitätskunde", Wertvorstellungen; Literatur wird als wichtiger Teil der Landeskunde erkannt –

Lernziele: Landeskunde steht im Dienste von Spracherziehung, Kulturerziehung, Sozialerziehung; die Ziele sind deshalb fachspezifisch, interdisziplinär, pädagogisch –

Begriffliches: Man sollte unterscheiden zwischen einem erweiterten (deutschsprachige Länder: DDR, Österreich, Schweiz, Südtirol) und einem verengten (aber hier primären) Landeskunde-Begriff (Bundesrepublik Deutschland) –

Textauswahl als Problem und Aufgabe: Welche Texte sollen ausgewählt werden (Thematik, Zielgruppe, Schwierigkeitsgrad) –

Verantwortung jedes Referenten: Welches Deutschlandbild soll vermittelt werden (Literatur z.B. als Funktion, als ästhetischer Diskurs, Wort-Bild-Kohärenz, Intention und Idee des Schreibers; Frage der Subjektivität und Frage der Vereinbarkeit mit dem Ziel der Objektivität) –

Landeskunde, zu verstehen als (exemplarischer) „Stoff", als „Lehrgang" oder eben als „Prinzip" (Landeskunde als Dokumentation oder als Verstehensgrammatik) –

Vermittlungsaufgabe: Kulturkundliche Elemente und Inhalte – z.B. der Literatur als Erfahrung kultureller, ästhetischer und polyästhetischer Kompetenz –

Grammatik und Raster: Unterricht als Informations- bzw. Mitteilungs- und Meinungsgrammatik (Verifizierung oder Falsifizierung des Begriffs durch Erfahrungsraster – auch im Sinne der „erlebten Landeskunde") –

Kulturelle Landeskunde: Gebrauchs-, Informations-, Meinungsraster in Printmedien (Presse; Zeitung, Zeitschrift) und in elektronischen Medien (z.B. Film, Video, Fernsehen) –

Abhängigkeiten: Deutsch als Zielsprache bzw. Fremdsprache oder als „Fremdsprache" (Entfernungsunterschiede; Motivations- Interessenunterschiede: Situation des Lerners im „Inland" oder im Ausland) –

Grad der „Fremdheit": Unterrichtsgestaltung und Themenwahl nach Gleichheiten, Ähnlichkeiten; Begriff der „Fremdheit"; Ergebnisse der

vergleichenden Landes-Wissenschaft (Kulturparallelität oder -differenzie-
rung) –

Vorgehensweise: Lineares oder zirkelhaftes (dabei: spiralcurriculares)
Vorgehen; Schwerpunktbildung (Exemplarik) oder Versuche mit didakti-
schen Reihen (mit pragmatischen Textsorten, literarischer Gattungen oder
Genres).

Beispiel 17: Mediale Aspekte und „Bezugsquellen" der Landeskunde (Leitidee: Aufsammelnder, vergleichender,
klassifizierender Unterricht)

Graphisch-bildhaft	*Textual*
Statistiken (z.B. Shellstudien)	Zeitungen
Tabellen	Zeitschriften, Illustrierte
Kataloge (Wortschatz)	Fachzeitschriften: Zielgruppen
Inhaltsverzeichnisse	Journalistische Schreibformen
(Standardwerke)	Kommunikative Schreibformen
Diagramme	Literarische Dokumente
Bestsellerlisten (Literatur,	Beispiele von Massenliteratur
Sachbücher)	Textsortenbeispiele: autor-, sach-,
Karikaturen	adressatenbezogen
Rezepte	Informationen, Video-, Teletexte;
Broschüren (Tourismus,	Bildschirmzeitung
Städtewerbung)	Sonderformen der appellativen
Umfrageergebnisse	und verhaltenssteuernden Texte
Aufstellungen	Religiöses Schrifttum
Stadtpläne	Geisteswissenschaftliche Texte
Tourenbeschreibungen	Naturwissenschaftliche Texte
(Textsorte: Auskunft)	Lehrbuchteste (Lese-, Sprach-
Führungsrouten	buchtexte, Schulbücher)
Landkarten	Kinder- und Jugendschrifttum
Flußdiagramme	Liedertexte (Volkslieder usw.)
Reduzierte Modelle (Linguistik)	Witze, Graffiti
Graphiken	Werbung: Wirtschaftswerbung,
Photographien (dokumentarisch,	politische, Public Relations-
landeskundlich, künsterlich)	Werbung
Collagen, Fruttagen	Interviews, Kommentare
Programme: Theater, Konzerte,	(Wort-, Printmedien)
Festspiele	Biographien, Autobiographien
Veranstaltungsprogramme	Texte mit Dimension: Manifeste
Comics (in allen Varianten)	Texte aus Vergangenheit und Ge-
Gebrauchsanweisungen	genwart; Zukunftsantizipation

Graphisch-bildhaft	*Textual*

Gemälde-, Bildreproduktionen
Handlungsanweisungen
Bildwerbung, wirtschaftlich;
    politische Wahlwerbung
Zeichen und Zeichensysteme
    (Beiträge zur Semiotik)
Piktogramme
Posters
Speisen-, Getränkekarten
Grundriß-, Aufrißskizzen
	Texte nach Sachgebieten (Politik, Wirtschaft, kulturelles Leben, Sport, Freizeit, Tourismus, Kontakte, Unterhaltung, Kommunikation).

Beispiel 18:

Überlegungen zu Werten und Wertsystemen als Teil der didaktischen Reflexion und Analyse

Erkenntnis: Wertorientierung als pädagogische Aufgabe

Grundwerte
(vgl. deren Aufnahme in die Verfassung, etwa in die Artikel 131 und 135 der Bayerischen Verfassung)

als *objektive Werte*
(Was ist gültig, verbindlich, Ziel eines richtigen Wollens)

Dazu: *subjektive Werte*
(Hoch-Wertung durch den einen, Ab- oder Niedrigwertung beim anderen, dabei auch wieder: innere und äußere Werte)

Unterscheidungen im modernen „Wertverständnis"

Werthierarchie:
– Utilitaristischer Wert oder „Dienstwert", Gebrauchs- oder Tauschwert
– hedonischer oder Lustwert
– ästhetische Selbst-Werte (z.B. schön/häßlich)
– personale Selbst-Werte (z.B. sittlich/unsittlich)
– soziale Werte und Wertbereiche (Einfühlungsvermögen, Mitgefühl, Rücksichtnahme, Fairneß; Kooperations- und Kommunikationsbereitschaft; gewaltlose, faire Konfliktregelung, Abbau und Freiheit von Vorurteilen, Beachten sozialer Ordnungen)
– traditionell und übereinkommensmäßig geschätzte, anerkannte Werte (wie: Solidarität, Hilfsbereitschaft, Mitmenschlichkeit, Verpflichtung auf das Gemeinwohl, Bereitschaft und Fähigkeit zum Frieden, zur Toleranz)
– Krönung im Wert des Absoluten

Aufgaben in Schul-, Aus-, Fort- und Weiterbildung:

Allgemein a) – Wertklärung – Wertfindung, Wertorientierung – Werteerfahrung – Werthaltung

Schulisch b) – Wertungsprobleme – Wertungsveränderungen – Wertungspositionen – Lehrplan und „heimlicher" Lehrplan – Wertungskompetenz – Werte-„Transport" – Wertunruhe im Sinne produktiver Offenheit.

Beispiel 19:

Innovative Aspekte zur Ergänzung des Literaturunterrichts

(a)

– Verträglichkeit des Lehrplans mit der getroffenen Textauswahl
– Literaturkanon und curriculare Selbstentscheidung
– Historizität/Perennität und die Notwendigkeit des Einbeziehens von Aktualität
– Gegenläufige Prinzipien: der (überbrückbare) Kontrast zwischen Exemplarik und enzyklopädischem Anspruch
– Denkbare Orientierungsmöglichkeiten: Literaturwissenschaft und, vor allem, Literaturkritik; Rezensionen in den Printmedien
– Besprechungen in den elektronischen Medien (Rundfunk, Fernsehen)
– Nachrichten für den Lehrer (Rundfunk, Schulfunk; Fernsehen, Schulfernsehen; Informationen für den Lehrer)
– Publikationen der Sekundärliteratur: Arbeitsreihen; Verlagsprospekte; Buchhandlungen, Außenwerbung; Plakate
– Verfolgen des aktuellen Angebots: Feuilletons (SZ, FAZ; Literaturbeilagen)
– Modelldenken bei der Information wie bei der Motivation; Fragen der ideellen wie der materiellen Vermittlung; Kindlers Literaturlexika; Reihe „Text und Kritik" usw.)
– Programmzeitschriften der Medien: Verfilmungen, Adaptionen im Film und im Fernsehen
– Textreihen; dazugehörig: Vorankündigung, Besprechung/Inhaltsorientierung, Kritik zu kulturellen Veranstaltungen
– Neuinszenierungen (Bühne): Hinweise in der Wochenzeitung „DIE ZEIT"
– Gefahr der „Fossilierung" von Literatur, des „Einfrierens" (Frisch „Biedermann und die Brandstifter"; Dürrenmatt „Die Physiker"; Andersch „Sansibar oder der letzte Grund"; Plenzdorf „Die neuen Leiden des jungen W."; Kipphardt „In der Sache J. Robert Oppenheimer"; Frisch „Andorra")

- Schüler-Mitberatung (TV- und Presseservice; Vorstellen neuer Bücher, Kontakte mit Bibliotheken)
- Inanspruchnahme von Service-Leistungen (z.B. Marbacher Literaturarchiv)
- Kataloge, Aufstellungen (Institut Jugend Film Fernsehen, München; ferner Staatliche Landesbildstellen Süd und Nord und der umfangreiche Katalog mit FWU-Produktionen)
- Literaturpreise (z.B. Büchner-Preis, Chamisso-Preis, Hörspielpreis der Kriegsblinden; Jugendbuchpreis; staatliche und private Förderung)
- Autorenlesungen, „Dichterlesungen", live oder in Aufzeichnung (E. Jandl, bei Suhrkamp)
- Literaturgeschichten, die freilich schon „überholt" sind (im direkten Aktualitätsanspruch), wenn sie erscheinen; Fortsetzungsreihen: „Kritisches Lexikon zur Gegenwartsliteratur"
- Zeitschriften, literarische Zeitschriften, Fachzeitschriften (von „Kürbiskern" über „Die Sirene" und „Tintenfisch" oder „Theater von heute" bis „Praxis Deutsch")
- Weilheimer Modell (mit Lesungen, Vorträgen, Leseheften, Plakaten, Verbindung von Schulen mit öffentlichen Instanzen; cf. Denk 1988)
- Service: Hörerbetreuung des Rundfunks (Manuskripte zu einzelnen Sendungen, in begrenzter Zahl vorrätig)
- Programmhefte von bekannten deutschen Bühnen und über bemerkenswerte Inszenierungen
- Orientierungen über das Rezeptionsverhalten in Schule und Öffentlichkeit („Börsenblatt für den Deutschen Buchhandel")
- Trendbeobachtungen nicht nur in der Bundesrepublik, sondern im gesamten deutsch-sprachigen Raum: – Programm: Arbeitskreis „Literatur in der Schule" (Weilheim/München 1990)
- Nutzen der angebotenen epischen, lyrischen, dramatischen, essayistischen Textbeispiele in Feuilletons
- Literarische „Untergrund"-Bewegungen (Samisdat-Literatur; Exilliteratur 1933–1945 und von heute)
- Neuerscheinungen von Autoren nicht-deutscher Herkunft in deutscher Sprache (s.o.: Chamisso-Preis; Förderpreise) aus: Türkei, Griechenland, Italien, Spanien, Jugoslawien, Iran u. a.
- Programme wie „Autoren besuchen Schulen" (Bödecker-Kreis)
- Kritisch zu prüfen und zu verwerten: Bestseller-Listen für Belletristik und für Sachbücher
- Literarische „Moden": Bücher im Gespräch (z.B. Umberto Eco „Der Name der Rose")
- Wertungsaspekte, Wertungsdiskussion (Simmel, Konsalik, Burk usw.: zwar offenbar viel-gelesen, aber kaum irgendwo „besprochen")
- Glanz oder Elend der immerhin meinungsbildenden Literaturkritik – mit der Möglichkeit von Plagiaten (cf. Görtz in K. Stocker 1982)
- Notwendigkeit des Erstellens von strukturierenden Lernhilfen (vorbe-

reitend, begleitend, abschließend/zusammenfassend) im Sinne einer prospektiven Literaturdidaktik
- Richtziel der ästhetischen Kompetenz, der selbständigen Weiterführung: von der Motivierung zur Motivation; Transfer-Wirkungen
- Einbeziehen von „harmonisierender" wie sozialkritischer Mundartdichtung (vgl. Zeitschrift „Literatur in Bayern") in den Unterricht
- Fachdidaktisch bestimmte Sekundärliteratur (mit empfohlener Vorsicht vor den nächstbesten Handreichungen, Stundenbildern, Rezepten und immer neuen „Reihen")
- Einladungen/Vorträge/Fortbildung an und mit Literaturwissenschaftlern, soweit sie sich der Literatur der jüngsten Zeit „stellen"
- Anregung, als Ziel, für selbständig-weiterführendes Lesen, für zukunftsorientiertes Lernen, für das Prinzip des life-long learning.

(b)

Trendbeobachtungen – Desiderate und Chancen der Fortbildung

Schwerpunkte, die sich abzeichnen, die für Ausbildung und Fortbildung wichtig werden dürften (90er Jahre)

Themen:

- Frauenliteratur (mit Berücksichtigung von Frauensprache)
- Metatextualität (Situation, in der ein Text über sich selbst reflektiert; immanente Poetik; Autoreferentialität)
- Intertextualität (Bezug von Texten auf andere Texte: Zitat, Anspielung, Übersetzung, Adaption, Parodie usw.)
- Literatur des Experiments
- Exilliteratur
- Alëatorik und Sprachspiel incl. konkrete Dichtung
- Lesen und literarisches Aufnehmen als kognitives wie emotives Erfahren und Lernen
- Dokumentarische Literatur und ihre Formen
- Simultanismus: vergleichende Beobachtungen in Kunst und Literatur
- Imagismus in der Literatur (besonders der Gegenwartsliteratur)
- Postmoderne und was darunter zu verstehen ist (Blick auch auf die Architektur)
- Poststrukturalismus, Folgen und Folgerungen
- Zunehmende Bedeutung der Rezeptionsästhetik und -pragmatik
- Medien und Literatur
- Innovation und Literatur
- Montage und Collage im sprachlichen/literarischen Bereich
- Utopie und Antiutopie: Entwürfe als Abbild und als Sinnbild
- Neue Medien und ihre Faszination: Video-Clips und ihre Wirkung
- Die „Zitate" (Wesen, Formen, Intentionen) in literarischen und in elektronischen Texten und Programmen

- Die „Neue Subjektivität" in der Literatur
- Modelle in der angewandten Linguistik
- Bedeutung der Leserforschung für den Literaturunterricht
- Empirische Ergebnisse zum Literaturinteresse bei Jugendlichen (DFG-Projekt); (Willenberg u. a., Groeben)
- Literarisches Verstehen
- Behandlung religiöser Texte im Unterricht
- Analysen zu adressatenbezogenen, appellativen, dann vor allem zu verhaltenssteuernden Texten
- Biographische Literatur und ihre zunehmende Bedeutung in der Literatur der Gegenwart
- Produktiver Umgang mit epischen, lyrischen und dramatischen Texten
- Textdiagnostik: Klassifizierungshilfen
- Das „essayistische Prinzip" in der Literatur; Formen, Vorformen
- Operative Literatur (Wesen, Formen, Intentionen)
- Verfeinerungen von Wort-Bild-Relationen (vor allem im pragmatischen Bereich)
- Anwendungen und Auswirkungen der Semiotik
- Von der Pragmalinguistik zur rhetorischen Analyse (Analyse und Produktion)
- Spielen mit Sprache und Sprachspiele
- Erörtern der Frage (anhand von Textbeispielen und didaktischen Reihen): Ist Literatur vorwiegend Text, Information, Kommunikation?
- Literatur als soziales Dokument
- Literatur und Sprachkritik, Literatur und Publizistik, Literatur und Politik, Literatur und Medien
- Sprachkritische Sekundärliteratur und ihre Aufarbeitung
- Interkulturelle Inhalte, Vorgehensweisen, Annäherungsmöglichkeiten
- Chancen, Probleme, Möglichkeiten der Textverarbeitung mittels Computer (für schulartenspezifische Ausbildung)
- Frauensprache, Männersprache; Bedeutung der Altersmundarten
- Literatur der Dritten Welt; Übertragungen von Texten/Werken mit übernationalem Anspruch, über den europäischen Fremdsprachenbereich hinaus
- Schriftsteller über das Schreiben; Lernbarkeit des Schreibens (vgl. Kursprogramme zum Prosa-Schreiben, angeboten von W. Kempowski)
- Ausländische Deutungen literarischer Werke aus der Bundesrepublik
- Interkulturelle Verstehensprozesse anhand ausgewählter Texte oder Medien.

REIHE PÄDAGOGIK

K.-H. Braun/K. Müller/
R. Odey (Hrsg.)
Subjektivität –
Vernunft – Demokratie
Analysen und Alternativen zur
konservativen Bildungspolitik.
1989. 335 S. Br. DM 38,–
ISBN 3-407-34030-3
Eine bildungspolitische, erziehungswissenschaftliche und
schulpraktische Positions-
bestimmung der Bildungs-
reform.

Ekkehard von Braunmühl
Antipädagogik
Studien zur Abschaffung der
Erziehung. 6. Aufl. 1989.
294 S. Br. DM 36,–
ISBN 3-407-34018-4
Das erste Buch zur Antipäd-
agogik, das eine breite Dis-
kussion innerhalb der Päd-
agogik ausgelöst hat.

Christian Büttner
Mit aggressiven
Kindern leben
2., unveränd. Aufl. 1989.
187 S. Br. DM 28,–
ISBN 3-407-34016-8
Dieser Band versucht zu
ergründen, ob kindliche
Aggression mit pädagogi-
schen Mitteln beeinflußbar
ist.

Ch. Büttner/A. Ende (Hrsg.)
Lebensräume für Kinder
Entwicklungsbedingungen
für Kinder im ausgehenden
20. Jahrhundert. Jahrbuch
der Kindheit, Bd. 6.
1989. 258 S. Br. DM 36,–
ISBN 3-407-34033-8
Welchen Raum geben
Erwachsene Kindern, was
halten sie überhaupt für
kindgemäß?

Ch. Büttner/A. Ende (Hrsg.)
Und wenn Sie nicht
gestorben sind …
Lebensgeschichten und
historische Realität. Jahrbuch
der Kindheit, Bd. 5.
1988. 228 S. Br. DM 29,80
ISBN 3-407-34022-2
Das 5. Jahrbuch der Kindheit
behandelt historische und
aktuelle Aspekte von Kindheit.

Johannes Claßen (Hrsg.)
Erich Fromm
und die Pädagogik
Gesellschaftscharakter
und Erziehung.
1987. 202 S. Br. DM 34,–
ISBN 3-407-34013-3
Dieser Band will helfen, den
Beitrag Fromms zur pädagogischen Diskussion zu
erschließen.

L. van Dick/
H. Keese-Philipps/
U. Preuss-Lausitz (Hrsg.)
Ideen für
Grüne Bildungspolitik
1986. 225 S. Br. DM 29,80
ISBN 3-407-34001-X
Diese Veröffentlichung will
eine kritische Diskussion
über ein neues Bildungskon-
zept eröffnen.

Peter Fauser
Pädagogische Freiheit in
Schule und Recht
1986. 261 S. Br. DM 36,–
ISBN 3-407-34000-1
Lernen bedarf der Freiheit.
Welche pädagogische Frei-
heit Lehrer brauchen und
ob das Recht die pädago-
gische Freiheit sichert oder
der Schule Fesseln auferlegt,
das wird kontrovers beurteilt.

Andreas Flitner
Für das Leben –
Oder für die Schule?
Pädagogische und
politische Essays.
1987. 256 S. Br. DM 26,–
ISBN 3-407-34012-5
Analysen und Stellungnah-
men zu zentralen pädagogischen und politischen Problemen der heutigen Schule.

U. Herrmann/J. Oelkers (Hrsg.)
Pädagogik und
Nationalsozialismus
1989. 346 S. Br. DM 46,–
ISBN 3-407-34025-7
Gibt es eine spezifisch natio-
nalsozialistische Pädagogik?
In welchen Beziehungen von
Kontinuität und Diskontinuität
steht sie zu pädagogischen
Traditionen?

Klaus Hurrelmann
Warteschleifen
Keine Berufs- und Zukunfts-
perspektiven für Jugend-
liche.
1989. 193 S. Br. DM 34,–
ISBN 3-407-34020-6
Ein Überblick über die aktuellen Forschungsergebnisse
zur Lage Jugendlicher in der
Bundesrepublik.

Jäger/Horn/Ingenkamp (Hrsg.)
Tests und Trends 7
Jahrbuch der pädagogischen
Diagnostik.
1989. 181 S. Br. DM 56,–
ISBN 3-407-34032-X
Eine kritische Bestandsaufnahme der Konstruktion und
Anwendung von Tests und
anderen Untersuchungsver-
fahren sowie eine Diskussion
neuerer Entwicklungen und
deren Konsequenzen.

REIHE PÄDAGOGIK

Wolfgang Klafki (Hrsg.)
**Verführung –
Distanzierung –
Ernüchterung**
Kindheit und Jugend im
Nationalsozialismus –
Autobiographisches aus
erziehungswissenschaftlicher
Sicht.
1988. 263 S. Br. DM 38,–
ISBN 3-407-34015-X
Erziehungswissenschaftler
reflektieren ihre Kindheit im
Nationalsozialismus.

Günter Kutscha (Hrsg.)
**Bildung unter dem
Anspruch von Aufklärung**
Zur Pädagogik von Herwig
Blankertz. Studien zur Schul-
pädagogik und Didaktik,
Bd. 1. 1989. 256 S. Br.
DM 46,–
ISBN 3-407-34028-1
Schüler und Freunde Herwig
Blankertz setzen sich mit
zentralen Aspekten seines
Werkes auseinander.

R. Lempp/H. Schiefele (Hrsg.)
Ärzte sehen die Schule
Untersuchungen und
Befunde aus psychiatrischer
und pädagogisch-psycholo-
gischer Sicht.
1987. 261 S. Br. DM 32,–
ISBN 3-407-34008-7
Ärzte zeigen, wo sich die
Schule falsch entwickelt hat.

W. Melzer/G. Neubauer (Hrsg.)
Der Kibbutz als Utopie
1988. 279 S. Br. DM 34,–
ISBN 3-407-34023-0
Der Band behandelt die
historischen Wurzeln, den
Wandel und die Perspektiven
der Lebens- und Lernbedin-
gungen im Kibbutz.

Ulf Preuss-Lausitz u.a.
**Kriegskinder, Konsumkinder,
Krisenkinder**
Zur Sozialisationsgeschichte
seit dem Zweiten Weltkrieg.
2., überarb. Aufl. 1989.
222 S. Br. DM 34,–
ISBN 3-407-34024-9
Ein eindrucksvolles Bild über
die Fülle der Veränderungen
in den Sozialisationsbedin-
gungen.

Karlheinz Rebel (Hrsg.)
**Wissenschaftstransfer
in der Weiterbildung**
Der Beitrag der Wissens-
soziologie. 1989. 170 S. Br.
DM 48,–
ISBN 3-407-34029-X
Was kann die Wissenssozio-
logie zur theoretischen Fundierung des Wissenstransfers
in Weiterbildung und Fernstu-
dium beitragen?

Horst Rumpf
Mit fremdem Blick
Stücke gegen die
Verbiederung der Welt.
1986. 219 S. Br. DM 29,80
ISBN 3-407-34005-2
Lesestücke, die sich gegen
rasche Einordnungen sperren
und wenig glatte Lösungen
anzubieten haben.

Karlheinz Scherler
Elementare Didaktik
Vorgestellt an Beispielen aus
dem Sportunterricht.
Studien zur Schulpädagogik
und Didaktik, Bd. 2.
1989. 236 S. Br. DM 46,–
ISBN 3-407-34027-3
Eine Anfängern verständliche
didaktische Propädeutik mit
Beispielen aus Sportunter-
richt und -didaktik.

Hubertus von Schoenebeck
Antipädagogik im Dialog
Einführung in antipädagogi-
sches Denken. 2., verbess.
und erw. Aufl. 1989. 222 S.
Br. DM 34,–
ISBN 3-407-34026-5
In pädagogischer Kritik und
antipädagogischer Replik
werden die Positionen der
Antipädagogik verdeutlicht.

Klaus Sochatzy
**»Wenn ich zu bestimmen
hätte ...«**
Die Erwachsenenwelt im
Meinungsspiegel von Kindern
und Jugendlichen –
Eine empirische Bestands-
aufnahme.
1988. 498 S. Br. DM 48,–
ISBN 3-407-34017-6
Eine empirische Bestands-
aufnahme der Lebensrealität
von Kindern und Jugendli-
chen in der Bundesrepublik.

Charles A. Wedemeyer
Lernen durch die Hintertür
Neue Lernformen in der
Lebensspanne. Mit einem
Vorwort von Hans Tietgens.
2., überarb. und erg. Neuaus-
gabe 1989. 267 S. Br.
DM 39,80
ISBN 3-407-34031-1
Bildung und Erziehung müs-
sen sich der Herausforderung
nichttraditionellen Lernens
stellen.

Rainer Winkel
Gespräche mit Pädagogen
Bildung – Erziehung – Schule.
1988. 249 S. Br. DM 32,–
ISBN 3-407-34021-4
Leben und Werk von Pädago-
gen, einbezogen in pädago-
gische Leitfragen.

BELTZ